필립 가렐, 찬란한 절망

필립 가렐,
찬란한 절망

필립 아주리, 니콜 브르네즈, 도미니크 파이니 외 13인

현실문화

차례

김은희

필립 가렐, 찬란한 절망
– 영화와 전시 사이에서

국립현대미술관은 필립 가렐의 작품 16편을 MMCA필름앤비디오 영화관에서 상영함과 동시에 전시 공간에서 가렐의 흑백영화 세 편을 설치 작품으로 재구성하였다. 프랑스의 경제상황이 악화되어 있던 1968년 6월, 경제적인 제약 때문에 약간의 필름만으로 촬영되었고 사운드 작업이 불가능해 소리가 들리지 않는 영화가 된 〈폭로자〉와, 더 이상 이 세상에 존재하지 않는 세 여성, 진 세버그, 니코, 티나 오몽의 우울한 숨결을 가까이서 바라보게 하는 〈처절한 고독〉이 전시장 안쪽에 3채널, 2채널의 형태로 놓여 있다. 시나리오 없이 촬영되었지만 파편화된 이야기들이 단 하나의 축, 어쩌면 가렐 자신의 무의식의 흐름을 따라 이어지는 듯한 〈그녀는 조명등 아래서 그토록 많은 시간을 보냈다…〉가 전시장의 오브제처럼 놓인 35mm 영사기로 상영된다.

그런데 전시를 목적으로 제작되지 않은 가렐의 작품이 전시로 구성되는 것을 생경하게 여기는 분들도 있을 수 있겠다. 아카이브 전시가 아닐 경우, 실제로 우리는 전시 공간에 설치될 수 있는 잠재적 가능성이 있는 영상 작품들의 미학적 당위성에 의문을 가질 수 있다. 장 콕토(Jean Cocteau)의 영화가 전시 공간의 오브제가 될 수도 있고 장뤼크 고다르(Jean-Luc Godard)의 영화가 설치 작품이 될 수 있다면 그 작품들의 형식 또는 구조가 현대미술이 사유해볼 만한 담론을 이끌어내기 때문일 것이다. 매체의 특성과 결합된 동시대 미술 담론의 유형이 담론 생산자들 간의 암묵적인 공조로 이루어질 때 미학의 평준화라는 오류가 일어날 수도 있지만, 일단 이러한 미학의 평준화를 배제하고 생각해볼 필요가 있다. 전시 공간에 설치되는 영화란 단순히 영화에서 확장된 형태의 전시에 머물지 않는다. 여러 대의 8mm 혹은 16mm 영사기를 설치하거나 찢어진 스크린 또는 수직 구조의 스크린에 이미지를 투사하는 식의 확장영화 혹은 싱글채널 영화를 다중채널로 재구성한 전시 형태는 익숙하다. 그러나 영화란 무엇인가란 질문에 무의식 깊은 곳의 울림처럼 반응하는 작품들이 있다면 그 울림을 전시 공간

안에서도 느낄 수 있도록 유도하는 전시 또한 있을 수 있다.
다시 말해 영화적 요소를 차용한 영상 설치 작품이 아니라
'이것은 영화다'라는 지시적 언명을 물리적 성질로 환원하는
공간 구성을 목표로 하는 경우가 그것이다. 극장 스크린으로
상영될 때 이미지를 통해 지각할 수 없는 물리적 성질, 결국은
이미지 프레임 너머로 발화되는 비물질적인 영역의 것들이 전시
공간 안에선 반대로 지각될 수도 있다. 전시 공간의 대상과의
물리적 거리감은 그것을 가능하게 한다. 우리는 극장 상영이
부여하는 시간적 구속력을 벗어나서 영화를 생각할 수는
없다. 한 작품 전체를 결과적으로 형성하는 시간의 지속성을
관객들은 견뎌내야만 한다. 영화는 일시에 파악될 수 없다.
그리고 이러한 구속력은 전시장에서 재현되기 힘들다. 가벽을
설치하고 극장처럼 어둡게 밀폐된 공간을 재현할 수는 있지만
굳이 전시장에서 재현할 이유는 없다. 그러나 이야기를 생산하는
이미지의 운동성에 집중된 영화적 시간 경험 자체를 시각화시킬
수 있다면 극장용 싱글채널인 영화 작품은 전시의 오브제가
될 수 있다. 따라서 이미지의 운동성을 구성하는 요소들(색,
빛, 리듬, 거리 등)을 열린 공간 안으로 다시 끌고 오는 것은
퍼포먼스에 가깝다. 현존하는 사물의 이미지와 투사된 이미지를
지각할 때의 차이란 프레임의 제한성에서 비롯된다. 프레임
안에서 움직이는 투사된 이미지가 이미지를 영사하는 도구인
영사기와 빛을 받는 면(스크린)이 결합된 현상이라면 극장의
어둠은 도구를 잊게 만드는 마법을 발휘한다. 반면 전시는 일정한
시간 길이의 한 영화가 재현하는 움직임의 속도가 허구임을
자연스럽게 드러낸다. 실재를 재현하는 도구적 장치인 카메라가
1초에 몇 프레임을 촬영했는지를 떠나서 이미지의 운동성은
환영에 가깝다. 약간의 시간차를 두고 재생되는 3개의 화면을
통해 사건의 전후를 동시에 보게 된다면 우리는 선형적인 시간의
법칙을 벗어난 흑백의 환영을 보게 된다.

침대와 아무도 없는 숲과 서늘한 길을 오가는 젊은 부부, 그리고
그들의 자식인 어린아이의 행동을 쫓는 〈폭로자〉는 한 가족이
통과해가야 할 삶의 여정을 아이가 부모에게 느끼는 결핍과
반항의 양면적 감정을 축으로 압축한다. 단출한 공간 배경은
단순히 제작비가 부족해서 실용적으로 선택된 결과이면서 동시에
실패한 68혁명의 혼란을 반영하기도 한다. 의도하든 그렇지 않든
역사성이 공간의 알레고리로 작용하는 경우, 수사학적 선택이
아닐지라도 가렐이 직접 말한 것처럼 그리 공들여 찍지 않았기
때문에 반대로 어떤 외부적 변수에도 영향 받지 않을 가렐
영화의 고유한 형태가 여기서 드러난다. 들뢰즈가 말한 대로
"가렐이 영화 속에서 표현하고자 하는 것은 세 개의 몸(남자,
여자, 아이)과 관련되며"[1] "아이의 존재 자체가 문제의 출발이다."
아이는 〈기억 속의 마리〉, 〈비밀의 아이〉에도 등장하며 〈그녀는
조명등 아래서 그토록 많은 시간을 보냈다…〉에서도 비록 한
인물로 출연하지는 않지만 실제 그의 아들인 루이를 안고 찍은
가렐의 사진과 함께 아들의 탄생이 가져온 변화를 언급한다.
가렐에게 영향을 미친 프로이트의 이론을 들먹이지 않더라도
그의 영화에서 아버지와 아들, 그리고 아내 혹은 어머니라는
존재는 무의식을 지배하는 힘을 가진 거대한 존재이다. 그러나
이 존재들은 감정의 흐름을 매개하는 추상적 존재처럼 움직인다.
〈폭로자〉가 세 개의 몸을 빌린 우화 같은 퍼포먼스처럼 비친다면
전시장에 나란히 놓인 세 개의 프레임은 결국 과거, 현재, 미래의
구분을 무력화시키는 장치가 될 수 있다.

〈처절한 고독〉은 배경을 명확히 알 수 없는 공간 안에서
자신들만의 시간을 가지는 인물들을 직접 카메라 뒤에서
촬영하며 지켜보는 것 같은 착각을 일으킨다는 점에서 당시

1　　Gilles Deleuze, *Cinéma 2, L'Image-temps*, Les Éditions de Minuit, 1985, pp.258-259;
(한국어판) 『시네마 2 – 시간-이미지』, 이정하 옮김, 시각과 언어, 2005.

가렐에게 고다르만큼이나 중요한 영향을 미친 앤디 위홀의 작품을 연상시킨다. 하지만 앤디 위홀의 영화가 인물들의 감정이 행동으로 드러나는 순간을 재현한다면, 〈처절한 고독〉 속에선 인물들의 심리적 상태를 가공하지 않은 침묵의 순간들 속에서 지켜보게 된다. 앤디 위홀(Andy Warhol)의 〈첼시걸(The Chealsea Girl)〉(1966)에서 눈물을 흘리던 니코와 〈처절한 고독〉 속에서의 니코는 다르다. 〈처절한 고독〉에서 우리는 보다 차분하게 인물의 상태를 지켜보기 때문이다. 물론 이 영화의 주인공은 진 세버그(Jean Seberg)일 수밖에 없다. 그녀의 내면을 가득 채운 슬픔은 감추어지지 않고 그 처연함은 너무나 강렬해서 우리는 숨을 죽이고 지켜보게 된다. 가렐은 특히 침묵의 순간을 통해 여배우들의 동요하는 감정의 흐름을 전달하는 데 탁월하다. 〈그녀는 조명등 아래서 그토록 많은 시간을 보냈다…〉와 〈더 이상 기타 소리를 들을 수 없어〉에서 가만히 앉아 있던 미레이유 페리에(Mireille Perrier)의 모습, 〈비밀의 아이〉와 〈그녀는 조명등 아래서 그토록 많은 시간을 보냈다…〉에서 안느 비아젬스키(Anne Wiazemsky)의 모습을 상기해보면 가렐의 카메라는 보여주기 위해 촬영한다기보다 인물의 숨소리를 들으며 무언가를 기다리는 것처럼 놓여 있다. 〈처절한 고독〉은 간헐적으로 포커스가 안 맞거나 노출이 안 맞는 거친 화면으로 구성되어 있다. 진 세버그의 초상화는 거울 속 얼굴을 물끄러미 바라볼 때의 낯선 막막함을 돌려주기 위해 좌우가 뒤바뀐 거울을 펼친 것 같은 데칼코마니 형태로 전시장 구석에 설치되었다. 진 세버그의 클로즈업된 얼굴은 잉마르 베리만(Ingmar Bergman)의 〈페르소나(Persona)〉(1966)에서의 리브 울만(Liv Ullmann)과 비비 안데르손(Bibi Andersen)의 클로즈업된 얼굴을 떠올리게 한다. 상처와 외로움, 끝나지 않은 열망과 바닥을 알 수 없는 불안이 진 세버그의 마음을 점령한다. 그 순간의 클로즈업은 베리만의 〈페르소나〉에서처럼 신경쇠약증에 걸린 여자의 모습으로 나타난다. 이미지를 보는 순간 다음 장면으로

관객의 추론을 유도하는 기호가 필요 없는 영화들이 있다. 가렐이
극적 내러티브를 수용하기 전의 영화들은 작가의 어지러운
내면의 흐름을 따라가는, 마치 자동기술에 의지해 완성된 것처럼
만들어졌다. 이야기를 상상하지 않을 때만 촬영된 순간의
존재감에 집중할 수 있다. 한순간을 형성하는 존재의 밀도가
높아진다면 이미지는 마치 시간의 연속성이 사라진 뒤의 추상적
운율처럼 남을 수 있다.

> 그토록 내가 그대를 꿈꾸었기에
>
> 그대의 환영과 더불어 얼마를 걷고 이야기하고 잠들었는지,
>
> 더 이상 내게 아무것도 남은 것이 없을 것이나,
>
> 당신 삶의 해시계 위를 경쾌하게 산책하고 또 산책할 그림자보다
>
> 백 배 더 어두운 환영 중의 환영이 되는 일만이
>
> 아직 남아 있을 뿐.[2]
>
> – 로베르 데스노스(Robert Desnos)

〈그녀는 조명등 아래서 그토록 많은 시간을 보냈다…〉에서
가난한 젊은 영화감독인 주인공은 샤를르 페로(Charles Perrault)의
동화 『백설공주』의 연출을 의뢰 받고 그의 옛 애인 크리스타는
마약중독에서 간신히 벗어난다. 그의 현재 애인 마리는 아이를
임신하고, 아이를 낳은 얼마 후 자살한다. 간단히 이야기를
요약하기엔 여러 개의 꿈이 뒤섞인 이 영화에서 가렐은 직접
등장해 샹탈 애커만(Chantal Akerman)을 만나기도 하고 자크
드와이옹(Jacques Doillon)을 만나기도 한다. 주인공이 오랜만에
옛 애인 크리스타를 만났을 때 데스노스의 시「그토록 내가
그대를 꿈꾸었기에(J'ai tant rêvé de toi)」를 읊조린다. 준비된
시나리오는 없었지만 어쩌면 가렐의 머리에 떠도는 온갖 주제들이

2 　로베르 데스노스(Robert Desnos), 「신비스런 여인에게(À la mystérieuse)」, 『육체와
재물(Corps et Biens)』, Poésie/Gallimard, 1930.

대사로 변형되어 나온 건지도 모른다. 어찌 보면 비이성적이고
혼란스런 이 영화는 현실과 촬영 현장, 촬영이 진행 중인 영화
속 현실과 꿈이 액자에서 액자로 먹이사슬처럼 연결되어 있다.
데스노스의 시구처럼 모든 에피소드가 환영 중의 환영처럼
지나간다. 실제로 이 영화는 10년간 함께했던 연인 니코와의
헤어짐과 아들 루이의 탄생이 맞물리는 가렐 인생의 전환기를
반영한다. 극적으로 연결되는 내러티브를 수용하기 시작한
〈비밀의 아이〉 이후에 이 영화를 만들었지만, 〈비밀의 아이〉보다
훨씬 복잡하고 개인적인 작품이다. 데스노스는 마치 강신술처럼
자동기술에 자신을 맡기고 무의식 속에서 언어를 끄집어내려 했다.
데스노스의 시처럼 이 영화의 파편화된 조각들을 연결하는 것은
드라마의 논리가 아니라 가렐 자신의 무의식일 수 있다. 논리적
계획보다는 직관에 전적으로 의지한 가렐의 마지막 실험 작품인
셈이다. 조명을 전혀 사용하지 않고 촬영된 이 영화의 이미지들은
불연속적으로 연결되며 갑자기 모든 소리가 사라지고 무음 상태로
영화가 지속되기도 한다. 촬영을 개시하기 위해 치고 빠지는
슬레이트(slate)를 노출하기도 하고 현장에서 연출하고 있는 가렐을
보여주기도 한다. 그런데 이런 식의 격자구조가 '영화는 영화다'를
말하기 위한 장치로 느껴지지 않는다. 장뤼크 고다르의 〈여자는
여자다(Une femme est une femme)〉(1964)에선 인물들이 마치 '나는
허구다'를 말하기 위해 연극무대 위에서처럼 움직이지만 가렐의
〈그녀는 조명등 아래서 그토록 많은 시간을 보냈다…〉는 형식을
위해 내용을 맞춘 인위적 느낌이 없다. 영화 현장은 곧 가렐 자신의
삶이며 그 안과 밖을 배회하는 인물들은 절망 속에서 각자의
길로 나아간다. 빛이 들어오고 있는 창가에 서서 담배를 피우던
가렐에게 고통이 복통처럼 엄습한다. 그의 몸을 마비시키는 것
같은 고통은 창가에서 들어오는 빛에 산란되어 사라지는 것 같다.
창문은 열려 있고 빛이 들어오고, 가렐의 절망은 새로운 여정을
시작하며 흩어진다.

감각적인 방식으로 영화를 바라보아야 합니다.
(머리로) 문제를 제기하면서 보지 말아야 한다는 거죠.
사막을 걸을 때 희열을 느끼듯 그냥 그렇게 바라보아야 하죠.[3]

– 필립 가렐

필립 가렐이 자키 레이날(Jackie Raynal), 세르주 바르(Serge Bard) 등과 결성한 일종의 영화 제작 그룹이라고 할 수 있는 '잔지바르(Zanzibar)'시기에 만든 영화들은 68혁명과 함께 시작했다. 반자본, 무정부주의를 꿈꾸며 혁명과 반란의 영화를 제작하려 했던 이들의 프로젝트는 오래가지 못했지만 가렐은 파솔리니가 꿈꾸었던 시적 영화[4]의 또 다른 가능성을 실험한다. 무정부주의 아방가르드 영화처럼 보이는 〈처녀의 침대〉 또는 〈내부의 상처〉가 이때 만들어졌다. 기실 이 영화들은 신성모독이나 반문화, 혹은 파시즘에 대한 변증법적 저항의 이미지를 보여준다기보다는 이미지의 속성이 어떻게 추상적 운율로 내재화될 수 있는지를 보여준다. 파솔리니(P. P. Pasolini)가 이론적으로 추상적 개념 영화에 접근했다면 가렐은 스스로 추상적 존재가 되려 한 셈이다. 배우의 행동이 기호체계의 분석 진단을 받아 어떤 상징성을 획득하는 것이 아니라 그 육체가 스스로 시적 정서를 대표하는 식이다. 그의 영화가 좌우 진영 어디에도 이념적으로 속하지 않는 이유는 단지 추상적 존재들의 현실을 바라보았기 때문이지도 모른다.

가렐의 영화는 특별한 스타일과 서사구조를 개척하려는 야망에 가득 찬 작품이 아니다. 그의 작품들은 우리가 정의 내릴 수

3　제라르 쿠랑(Gérard Courant), 〈디뉴의 필립 가렐(첫 번째 여행)[Philippe Garrel à Digne(Premier Voyage)], 1979.

4　시적 영화(Cinema di poesia): 피에르 파올로 파솔리니는 '자유간접 담론'을 실천하는 카메라-의식의 영화를 지향했다.

없는 가렐이라는 한 개인의 감수성, 고통, 절망, 정적, 욕망이
담긴 영화적 시간을 구축한다. 따라서 무언가를 제시하지 않고
카메라가 지나간 그 시간 속에 응집된 에너지로 남아 있다. 특히
그의 초창기 흑백 작품들 〈폭로자〉, 〈처절한 고독〉, 〈그녀는
조명등 아래서 그토록 많은 시간을 보냈다…〉는 인간 실존의
무게를 움직이는 배우의 몸과, 감추어졌지만 드러날 수밖에
없는 정서적 양상을 통해 찾아낸다. 구상과 비구상의 중간
어디쯤에 위치한 가렐 영화의 미스터리는 인간적 존재라는
공통의 절망에 직면한 한 개인의 아름다운 탄식과 같고 그
순간은 하나의 오브제로서 텅 빈 공간에 놓인다.

Philippe Garrel
A Dazzling Despair

필립 가렐과 잔지바르 그룹

나는 스무 살입니다. 지금까진 서툴렀지만 앞으론 더 나아질
겁니다.

– 생쥐스트(Saint-Just)의 서서시 「오르강(Organt)」의 서문, 1787년 [1]

프랑스는 여러 혁명을 겪어왔다. [혁명을 통해] 확립된 질서는
다시 일단의 젊은 좌파 전사들에 의해 무너지고 새로운 질서가
확립되기를 반복하였다. 가장 유명한 1792년의 혁명은 군주제를
무너뜨리고 프랑스의 '제1공화국'을 탄생시켰다. 현재 프랑스는
제5공화국 체제로 운영된다. 가장 최근에 일어난 혁명은 약
50년 전인 1968년 5월에 일어났다. 당시 학생과 공장노동자
들은 프랑스 사회를 멈춰 세웠다. 1792년, 1830년, 1848년,
1871년에 그랬던 것처럼 1968년에도 파리 거리에 바리케이드가
세워지고 시민과 경찰 사이에 가두 전투가 일어났다. 그 해에
필립 가렐은 20살이었다. 그는 비폭력적인 사람으로 혁명에
거의 가담하지 않았지만,[2] 이 시기는 그의 인생과 작업에 지울
수 없는 흔적을 남겼다.

1968년 5월의 혁명은 또한 영화라는 장르와 분리될 수 없는
사건이었다. 혁명이 일어나기 3개월 전인 2월 9일에 앙리
랑글루아(Henri Langlois)가 시네마테크 프랑세즈의 관장직에서
해임되었다. 사실 시네마테크 프랑세즈는 1936년에 앙리

---

1   루이 앙투안 레옹 드 생쥐스트(Louis Antoine de Saint-Just, 1767년 8월
25일–1794년 7월 28일)는 프랑스 혁명기에 활동한 정력적인 인물로 공포정치를 선동한
대표적 인사들 중 가장 어린 나이였다. 1960년대 일부 젊은 프랑스 영화감독들이 그의 혁명
정신에서 동질감을 느꼈다.
2   "나는 비폭력적인 사람으로 많은 일에 가담하진 않았다. 다만 어느 지하실에서
열린 '3월 22일 시위'를 위한 모임에 참석했고 영화 〈혁명의 순간들〉을 만든 단체에 참여했을
뿐이었다. 이 작품은 혁명을 기록한 영화였다. 우리는 바리케이드를 보여주는 것이 가당치
않다고 생각했다. 시위자들의 발을 찍은 후 공화국 공안 기동대에 의해 점령당한 파리의
다리들을 촬영했다." 필립 가렐, 토마스 레스퀴르(Thomas Lescure), 『심장 대신 카메라(Une
caméra à la place du cœur)』, Admiranda/Institute of l'Image, Aix-en-Provence, 1992년, p.47.

랑글루아가 자신의 집 욕조에 필름통을 보관하기 시작하면서
설립된 것이나 마찬가지였다. 그는 누벨바그 영화감독들의
멘토이자 영웅이었다.[3] 그는 영화 예술과 영화 필름의 보관과
전시를 위해 매우 열정적으로 활동한 인물이었다. 여러 세대의
영화감독들이 파리의 월름 거리에 있던 그의 영화 상영관에서
영화의 역사에 대해 배웠다. 1968년 2월에 당시 문화부장관이었던
앙드레 말로(André Malraux)가 국립영화기록보관소를 설립하여
랑글루아를 대신하려 했다. 이에 대항하여 장뤼크 고다르, 알랭
레네(Alain Resnais), 자크 리베트(Jacques Rivette). 프랑수아
트뤼포(François Truffaut), 그리고 많은 다른 영화감독들이
학생들을 모으고 탄원을 하며 닫혀진 시네마테크 밖에서 시위를
벌였다. 또한 장 르누아르(Jean Renoir), 로베르 브레송(Robert
Bresson), 찰리 채플린(Charlie Chaplin), 오손 웰스(Orson Welles),
로베르토 로셀리니(Roberto Rosselini), 프리츠 랑(Fritz Lang),
그리고 제리 루이스(Jerry Lewis)도 이들에게 지지를 보냈다. 4월
22일에 랑글루아는 복직되었고 시네마테크는 5월 2일에 다시
문을 열게 되었다. 그러나 그 즈음에 이르러 저항의 정신이 이미
파리는 물론 프랑스 전역의 대학과 공장에 퍼져 있었다. 3주 동안
약 1천만 명의 학생과 노동자 들이 파업에 동참했는데 이 규모는
프랑스의 실제 노동인구의 $2/3$에 해당하는 수치였다.[4]

젊은 필립 가렐은 이 혁명이 일어나기 몇 년 전부터 이미 영화를
만들어오고 있었다. 그는 14살 때 첫 단편영화를 만들었는데 이후
이 영화를 없애버렸다. 현재 그의 필모그래피에 실린 단편영화
〈어울리지 못하는 아이들〉은 그가 16살 되던 해인 1964년에

　　　3　"멋진 아나키스트이며 전 세계와 끊임 없이 전쟁 중에 있으며 가난한 활동가들
외에는 친구가 없는 엄청난 사람." 필립 가렐, 앞서 인용한 책 p.67. 앙리 랑글루아는 크리스마스
때마다 가렐의 영화를 상영했다.
　　　4　루이 메낭(Louis Menand), 「혁명 후에(After the Revolution)」"《뉴요커(The New
Yorker)》, 2003년 10월 20일

만들어졌다. 가렐은 〈노인과 소년(Le Vieil Homme et l'Enfant)〉을
만든 클로드 베리(Claude Berri)의 보조자였고 베리의 영화에서
촬영하고 남은 필름 조각을 모아 자신의 단편영화를 만들었다.
1967년에 클로드 베리는 가렐이 첫 독립 장편영화 〈기억 속의
마리〉를 만드는 일을 도와주었다. 가렐은 이 영화의 주제에
대해 "새로운 세대가 겪는 트라우마를 마리가 묘사하고 있는
것"이라고 했다.[5]

1968년 4월에 가렐은 프랑스 남부지방에서 열린 제4회
예르국제청년영화페스티발에서 〈기억 속의 마리〉를 개봉했다.
관객들은 이 작품에 야유를 보냈지만 심사위원들은 그에게
대상을 수여했다.[6] TV 기자들이 수상식 후 가진 저녁식사 시간에
인터뷰를 하기 위해 그를 찾았을 때 그는 "나는 영화감독이
아닙니다. 나는 영화에 관심이 없어요. 나는 예언자입니다"[7]라고
말했다고 한다. 가렐은 이 영화제에서 자신과 같은 세대의
영화감독과 예술가들을 만났다. 그는 알랭 주프로이(Alain
Jouffroy), 세르주 바르, 자키 레이날, 파트리크 드발(Patrick Deval)
등과 느슨한 연대를 형성하여 '잔지바르'라는 이름으로 영화
제작을 위한 협력을 도모하게 되었다. 이들은 또한 25세의 후원자
실비나 브아소나(Sylvina Boissonnas)도 만나게 되었다. 부유한
은행가 집안 출신인 그녀와 그녀의 남자형제는 1968년 4월에
당시의 반자본주의, 비물질주의, 혁명적 정신에 동조하는 예술
프로젝트에 기부해야겠다고 결심했다.[8] 그녀의 도움과 후원을
받아 세르주 바르, 자키 레이날, 파트리크 드발 등 여러 감독들이

5   필립 가렐과의 인터뷰, 「둘러싸인 진공(Cerclé sous vide)」, 《카이에 뒤 시네마
(Cahiers du Cinéma)》 204, 1968년 9월, p.46.

6   예르국제청년영화페스티발의 대상.

7   필립 아주리(Philippe Azoury), 『필립 가렐 작업의 본질(Philippe Garrel en
substance)』, Capricci, Paris, 2013년, p.23

8   필립 아주리, 「잔지바르의 손길(Un zeste de Zanzibar)」, 《리베라시옹(Libération)》,
2001년 6월 6일.

35mm 영화를 제작하기 시작했다. 가렐은 〈폭로자〉, 〈집중〉,
〈처녀의 침대〉, 〈내부의 상처〉를 만들었다. 브아소나는 2년에
걸쳐 이 그룹의 영화감독들이 만든 13편의 작품에 재정적 후원을
했고 자신도 영화를 만들었다.[9]

또한 잔지바르 그룹에는 화가들[프레데릭 파르도(Frédéric Pardo),
다니엘 폼므뢸르(Daniel Pommereulle), 올리비에 모세(Olivier
Mosset)], 배우들[(베르나데트 라퐁(Bernadette Lafont,) 장피에르
칼퐁(Jean-Pierre Kalfon), 피에르 클레망티(Pierre Clémenti)], 패션
모델들[주주(Zouzou), 카롤린 드 방데른Caroline de Bendern)]도
속해 있었다. 잔지바르라는 이름은 마오쩌둥주의 정부가 들어선
어느 아프리카의 섬 이름에서 가져온 것이다(당시 마오쩌둥은
파리 지식인들의 혁명에 영감을 주었다).[10] 그리고 이들 모두의
공통점은 바로 브아소나의 수표책이었다.[11] 이 그룹에 속한
젊은 예술가들은 파리에서 일어나고 있는 폭동들을 자신들의
35mm 장편영화에 담았는데, 이들의 영화는 대개 느리고
조용하고 인상적이며 부분적으로는 누벨바그[12]에 대한 반발적
성격도 지녔다. 이들은 자신들의 영화에 제목이나 크레디트를
포함시키지 않았으며 의도적으로 상업적 유통을 거부했다.[13]
잔지바르 영화들은 감독들마다 상당히 다르지만 공통적인

---

9   샐리 쉐프토(Sally Shafto), 「새롭고 새로운 물결(The New, New Wave)」, 《가디언(The
Guardian)》, 2002년 2월 9일.
10   이 그룹은 잔지바르에 갈 계획을 세웠었다. 그들은 아프리카를 통해 그곳에
가려고 했는데 세르주 바르가 알제리아의 수도 알제에서 갑자기 이슬람으로 개종해버렸다.
그는 메카를 순례하는 회교도가 되기 위해 메카가 있는 동쪽으로 방향을 틀었고 이후 압둘라
시라드즈(Abdullah Siradj)라는 이름으로 활동했다.
11   잔지바르 그룹의 역사가 샐리 쉐프토에 따르면 브아소나가 영화감독들에게
백지수표를 주었다고 한다. 하지만 가렐이 기억하기로는 그녀는 일주일에 한 번씩 촬영장을
찾아와 촬영진과 배우들에게 직접 현금을 나누어주었고 그들은 이에 고마워했다고 한다.
12   키런 콜리스(Kieron Corliss), 「잔지바르에 도착하기 전까지 쉼 없이(No Rest'til
Zanzibar)」, 《베르티고(Vertigo)》, vol. 2 issue 3, 2002년 여름.
13   자키 레이날, 필자와의 대담. 하지만 가렐은 크레디트가 너무 비쌌다는 것을
인정한다.

미학을 공유했었다. 이 작품들 모두 1968년 3월부터 1969년 12월 사이에 만들어졌으며 종종 같은 촬영진과 배우들에 의해 만들어졌다. 이 작품들은 눈으로 보는 시이며 자주 수수께끼 같고 무관심에 가까운 개인적 자유를 지지하는 급진적인 정치적 메시지(내부로부터의 조용한 혁명)를 기저에 담고 있다.[14] 1968년 4월에 만들어진 세르주 바르의 〈너를 파괴하라, 침묵하는 소총이여(Détruisez-vous, le Fusil Silencieux)〉는 68혁명의 징후를 보여주고 시위가 시작된 낭테르 대학에서 촬영되었다. 이 영화에서 알랭 주프르와가 낭테르 대학의 원형극장에 서서 학생 혁명에 관한 글을 낭독하는데 이 장면은 다가오는 혁명의 때를 확실히 보여주는 징조가 되었다. 파트리크 드발의 영화 〈머리 없는 사람(Acéphale)〉은 1968년 7월에 촬영되었다. 이 영화 제목은 '머리 없는'이란 뜻의 그리스어에서 왔는데, 아마도 한 세대 전체가 통찰력과 방향감각을 상실한 것을 상징하는 것 같다.[15] 자키 레이날의 〈두 번(Deux fois)〉은 "옛날 옛날에(once upon a time)"라고 시작되는 고전적 동화를 부정하며, 각 장면을 두 번씩 반복했다.

잔지바르 영화의 원칙들 중 하나는 역할을 교체할 수 있다는 것이었다. 배우와 기술자 들이 감독이 되었고, 감독들이 다른 감독들의 작품에서 연기를 했다. 또 다른 원칙은 영화가 관객을 자극해야 한다는 것이다. 이들의 작품은 오락거리나 예술이

---

14 "1968년과 1969년 사이에 만들어진 잔지바르 영화들(〈너를 파괴시커라〉, 〈머리 없는 사람〉, 〈집중〉, 〈폭로자〉, 〈두 번〉 등)은 공통점이 있는데, 하나 하나가 양면성을 지닌 채 끔찍한 무엇인가를 말한다는 것이다. 이 작품들은 새로운 시대의 르네상스의 탄생을 선포한다." 파트리크 드발의 〈머리 없는 사람〉의 Re:Voir 판(板) DVD 소책자에 포함된 필립 아주리의 글 「정찰병(L'éclaireur)」에서 인용됨, 2007년.

15 "1968년의 전반적 분위기 때문에 우리는 모의하고 지하 활동을 하고 비밀 모임을 열고 사회를 전복시키고 문제를 일으키고 기득권층을 없앨 수 있는 것은 무엇이든 도모하였다." 파트리크 드발, 「68혁명 속 드발: 파트리크 드발과의 인터뷰(Deval in '68: An Interview with Patrick Deval)」, 《영화의 의미(Senses of Cinema)》, issue 48, 2008년.

아니었고 사회에서 어떤 진정한 역할을 할 수 있도록 관객의 의식을
일깨우려 하였다. 그렇게 하면서 각 감독이 전체 잔지바르 그룹을
대표하며 작가주의 시네마의 개념을 넘어서게 되었다. 잔지바르의
많은 작품들은 단 한 번만 상영되었거나 보관소에서 분실되었다.
하지만 이 작품들의 단명은 잔지바르 그룹의 미학에 완벽히
부응하는 것이었다. 이 작품들은 후대를 위해 만든 것이 아니었으며
그것 자체로 혁명의 행위였다. 가장 눈에 띄는 예는 세르주 바르의
〈여기 지금(Ici et Maintenant)〉이다. 세르주 바르는 영화 장르(영화는
언제나 이전의 다른 곳에 대한 것이다)와 관련하여 이 제목을
설명했다. 그의 영화는 우리의 반응을 유도하며 관객을 바라보는
여배우의 클로즈업을 20여 분간 보여준다.

필립 가렐은 잔지바르 그룹에서 가장 경험이 많은 감독으로
이미 자신만의 미학을 충분히 발전시킨 상태였다. 그는 장뤼크
고다르의 모든 작품을 보았으며 그를 자신의 멘토로 여겼다.
가렐은 〈알파빌(Alphaville)〉이 개봉된 해인 1965년에 이 작품을
보았던 것을 기억한다. 이 영화가 끝날 때까지 가렐을 포함하여
단 네 명만이 극장에 남아 있었다. 그는 이 작품 속 이미지의
미학과 이야기의 정치성에 깊은 인상을 받았다. 이 작품은
반상징적(anti-symbolic) 캐리커처로 뒤틀려버린 전형적 인물들이
등장하는 SF 느와르 영화였다. 가렐은 이 작품을 보는 동안
자신이 장래에 영화감독이 될 것이며 그 또한 매우 적은 수의
관객을 갖게 되리라는 것을 알게 되었다.[16]

---

16 "나는 16살이었고 영화 〈알파빌〉을 상영하는 극장에 우연히 앉아 있게 되었다.
위대한 혁신가 장뤼크 고다르가 누벨바그의 중심인물이었다는 것은 오늘날 누구나 인정하는
사실이다. 하지만 당시에 이 운동은 사회에서 크게 주목을 받지 못하는 운동이었다. 나는 영화가
시작되고 10분이 지나자 내 앞에 앉아 있던 커플이 일어나 떠났던 것을 여전히 기억하고 있다.
결국 그 극장에는 4명만이 남아 있었다. 그날 나는 내가 영화감독이 될 것이라는 것을 알았고
무엇이 나를 기다리고 있는지 직감했다." 필립 가렐, 위의 책 2, p.34.

68혁명으로 가렐의 영화나 그의 작업을 규정할 수는 없지만 (그는
브아소나를 만나기 전에 이미 두 편의 장편영화를 만들었다),[17]
브아소나가 제작자로서 그에게 제공한 자유와 당시 친구들의
창의적 정신은 그의 창조 활동에 자원이 되어주었고 그의 경력에
성장을 위한 배경을 제공해준 것은 사실이다. 그는 영화계에
알려지기 전에 이미 아방가르드적이고 언더그라운드적인 인물로
알려져 있었다(장 으스타슈Jean Eustach와는 반대되는 길).[18]
그가 경력 초기에 행했던 실험들은 후기에 만든 픽션 영화들에서
보이는 개인적 성찰에 영향을 미쳤는데, 이 중 많은 작품들이
혁명적 청년의 주제로 되돌아갔다.

가렐은 68혁명 기간 동안 두 개의 작품을 촬영했다. 첫 번째
작품은 35mm 필름으로 파리에서 발생한 시민과 경찰과의 대치
상황을 간략히 촬영한 것으로, 6분짜리 뉴스 영화 〈혁명의
순간들〉로 만들어졌다. 그와 나란히 알랭 주프로이와 자키
레이날도 각각 작품을 만들었다. 이 영화는 시위 중인 학생들의
다리와 파리 다리 위에 서 있는 경찰들을 보여준다. 시위가
계속되고 5월이 끝나가자, 가렐은 혁명에 희망이 없음을
감지하고 소규모의 배우팀과 촬영팀을 이끌고 독일로 가 60분
길이의 무성 흑백 영화 〈폭로자〉를 촬영했다. 여배우 베르나데트
라퐁이 독일 가는 것을 주저하자 가렐이 이렇게 말했다고 한다.
"압니다. 혁명이 끝나지 않았다는 거. 하지만 이미 결정적 유머가
무엇인지 알고 있는 이 마당에 이 코미디가 끝나기를 기다려봐야
뭐하겠어요?"[19] 가렐은 4월에 열린 프랑스 예르(Hyères) 지역

17 필립 가렐, 필자와의 대담, 2015년 7월 15일.
18 필립 가렐, 《메트레(Mettray)》, nouvelle série no.6, 2013년 9월.
19 베르나데트 라퐁, 『영화의 약혼녀(La Fiancée au cinéma)』, Olivier Orban, Paris,
1978, p.114. 베르나데트 라퐁, 『내 인생의 로맨스: 추억(Le Roman de ma vie)』, Flammarion, Paris,
1997, pp.124-125. Re: View(파리, 2001) 판 DVD 소책자에 실린 샐리 쉐프토의 글 「〈폭로자〉
그리고 잔지바르 영화들에 대한 간략한 소개(Le Révélateur et une brève introduction aux films
Zanzibar)」에서 인용됨.

페스티발에서 배우 베르나데트 라퐁과 로랑 테르지에프(Laurent Terzieff)를 알게 되었고 자신의 작품에 출연시켰던 것이다. 1968년 독일의 검은 숲은 전쟁을 떠오르게 한다(일부 장면은 분명히 전장이 환기되도록 촬영되었다). 하지만 진짜 갈등은 세대들 사이에서 일어나는 갈등이다. 구세대가 독일과의 전쟁 이후 균형을 찾으려고 애쓰는 반면 젊은 세대는 자신들의 독립을 위해 조용한 전쟁을 선포하고 있다. 영화 속 아이는 순진하고 순수하지만 자신의 핵가족을 상대로 폭력적으로 대항하고 마침내 고독과 사색 속에서 자유를 찾는다.

가렐의 네 번째 장편영화인 90분 길이의 〈집중〉은 3개월 후인 1968년 8월에 72시간 동안의 마라톤 촬영으로 만들어졌다. 이 영화의 배경은 고문실과 같은 공간으로, 그 공간에 추운 방과 뜨거운 방이 있고 그 방들 사이에 침대가 놓여 있다. 이곳에서 장피에르 레오(Jean-Pierre Léaud)와 주주가 연기하는 인물들이 35mm 필름 조각으로 그들의 혈관을 자르고 만다. 오늘날 가렐은 이 영화를 보는 것을 괴로워하고 이 영화의 상영을 거부한다.[20]

독립영화 제작이라는 것은 1968년에 프랑스에서 아직 잘 알려지지 않은 작업 방식이었다. 당시 영화산업은 견고한 성과 같았다. 부자 제작자나 연줄이 있는 사람들만이 영화 장비나 현상소에 접근할 수 있었다.[21] 가렐이 잔지바르 그룹과 맺었던 관계는 이 요새에 들어갈 수 있는 열쇠가 되었다. 브아소나는 자신의 후원으로 만든 영화들의 필름을 잔지바르 프로덕션에

---

20 "우리는 두 배우 장피에르 레오와 주주를 본다. 그들은 무선 마이크에 연결되어 있고 추운 방과 뜨거운 방으로 나뉜 아파트에 갇혀 있다. 그 두 방은 고문실이다. 두 공간 사이에는 레일로 둘러싸인 침대가 놓여 있다. 주주가 죽은 채 누워 있고 레오는 필름 조각으로 자신의 혈관을 자른다. 밀폐된 공간은 확실히 영화 그 자체를 나타내고, 고문으로 고통받고 있는 코미디언들은 관객에게 불편함을 안겨줄 것이다." 필립 가렐, 위의 책 2, p.47.

21 위의 책 p.17.

속한 국립영화센터에 보관했다.[22] 이 기간 동안 가렐은 자신의 필모그래피를 두 배로, 그 다음에는 네 배로 늘려나갔다.

브아소나는 가렐에게 이러한 자유를 주었는데, 가렐은 68년 혁명 때 세워진 바리케이트를 촬영하는 것을 거부했고 그의 영화가 장엄해지는 것을 피했다. 그는 자신의 영화가 샹젤리제 거리가 아닌 지하에 있기를 원했다. 그는 관객을 만족시키지 않았다.[23] 사실 자신의 영화가 관객들에게 불편함을 주기를 원했다.[24] 굳이 이야기를 전달하려 하지 않았고,[25] 자신의 인물들이 어느 계층이나 이상을 의미하거나 상징하는 것도 피했다. 그는 극적인 상황을 원하지 않았다. 그가 말한 것처럼 그의 작업은 장소와 시간을 찾고 그것을 배우팀과 촬영팀을 위해 세상의 중심인 것처럼 연출하는 것으로 이루어졌으며 나머지 일들은 신나게 돌아가는 카메라가 처리했다.[26] 가렐은 영화의 기본 골격을 구성하는 긴 테이크를 선호했다. 그는 편집을 피했고 그의 숏(shots)은 논리적이면서 직관적인 연속성에 잘 들어맞았다. 모든 창조적인 일들은 카메라가 돌아가는 동안 일어났다.[27] 그는 시나리오를 쓰지 않았고 6개월마다 3일에서 일주일씩 카메라를 들고 한 편의 영화를 만들어내곤 했다. 그 짧은 기간 동안 한 편의 영화가 만들어진

22 〈폭로자〉의 Re:Voir 판 DVD 책자에 실린 샐리 쉐프토의 「폭로자와 잔지바르 그룹에 관한 간략한 소개」에서 인용됨.

23 "관객들이 극장을 떠나지 않게 하려면 불행히도 우리는 관객들이 동일시를 느낄 수 있는 영화를 만들어야 한다." 위의 책 2, p.40.

24 "영화는 관객들이 즐거움을 발견하는 곳에 있어서는 안 된다. 하지만 오늘날의 영화는 자본주의 체계에 따라 즐거움을 추구해왔다. 영화는 관객을 불편하게 만드는 기능을 갖추고 있어야 한다. 영화는 연못에 던져진 돌과 같이 부르주아가 머무는 곳에 던져져야 한다. 관객들이 견딜 수 없는 것이어야 한다." 필립 가렐, 위의 책 5, p.54.

25 "프랑스에서는 이야기를 담지 않은 영화를 위한 경제법이 없다." 필립 가렐, 위의 책 2, p.49.

26 필립 가렐과의 인터뷰, "예술은 정말 물질적인 것이다."《시네마(Cinema)》72 #169, 1972년 9월/10월, p.88.

27 위의 책 5, p.48.

것이다. 이 시간이 끝나면 영화 촬영도 끝났다.[28]

가렐은 웅장한 이야기를 피했지만 그가 선택한 장소와 장면 들은
그 자체로 장관을 이루는 경우가 많았다(아이슬란드의 사막과
독일 바바리아의 숲, 영화 〈집중〉을 위해 만들어진 무대(침대와
추운 방과 뜨거운 방), 배우가 처음 시작했던 장소로 다시
돌아가는 동안 그 장면이 원형의 트랙에서 촬영되고 있음을
갑자기 드러내는 긴 트래킹 샷). 그의 드라마에는 픽션이 없을 수
있지만 그의 픽션에는 드라마가 있다.

잔지바르 그룹은 가렐의 경력에서 짧은 기간 동안 함께했었고,
프랑스 68혁명은 시작된 지 몇 주 만에 끝나고 말았다. 대부분의
잔지바르 영화감독들은 1969년 이후에 더 이상 영화를 만들지
않았지만 가렐은 지금까지 계속 만들고 있다. 그리고 그의 영화는
많은 프랑스의 혁명들처럼 많은 변화를 겪었다. 오늘날 그는
시나리오를 쓰고 그의 영화는 이야기를 전한다. 또한 그는 영화
제작 준비로 여러 달을 보내고 연습과 촬영을 위해서도 여러
주를 보낸다. 그는 부자 제작자들과 만나고 티켓 판매에도 관심을
갖는다. 영화 제작은 그의 생계이고 그래서 그는 일정한 규칙에
따라 활동한다. 그럼에도 불구하고 관객은 여전히 그의 영화의
중심에서 독립 정신과 아나키즘과 반란과 혁명의 씨앗을 발견할
수 있다.

---

28 위의 책 26, p.87.

어울리지 못하는 아이들

1964 | 15min | 35mm | N/B

"언제나 그랬다. 첫 작품을 만들 때부터 마이너가 되고자 한 건 아니었다.
나는 그냥 아웃사이더였을 뿐이다. 나는 여전히 첫 작품을 기억하는데, 그것은
1964년에 만든 단편영화였고 제목은 '어울리지 못하는 아이들'이었다. 내가
16살 되던 해에 이 영화를 만들었는데 이 작품은 다른 누군가의 영화와 함께
텔레비전에 방영되었다. 이 일로 다른 영화의 감독이 인터뷰를 하였고 마침내
내 차례가 되었을 때 방송국 관계자들은 내가 너무 다르고 너무 독창적이어서
인터뷰를 하지 않겠다고 알려왔다. 그들은 내게 관심이 없었던 것이다. 나의
시작이 이러했다. 나는 언제나 다른 사람들로부터 별난 사람으로 취급되었다.
그래서 말하자면 이런 대우 때문에 나는 영화계의 아웃사이더로서 영화를
만들게 된 것이다…."

– 필립 가렐

기억 속의 마리

1968 | 74min | 35mm | N/B

1960년대 말은 롤랑 바르트, 자크 라캉, 기 드보르, 마르크스, 그리고
코카콜라의 전성기이자 앙리 랑글르와와 프리드리히 빌레름 무르나우(F. W.
Murnau)가 활동하던 시대였다. 당시 조용한 젊은이였던 필립 가렐은 자신의
첫 장편영화 〈기억 속의 마리〉를 만들었다. 오늘날의 시선에서 볼 때 이 영화는
옛날 영화처럼 느껴진다. 과거의 논쟁들, 배우들의 연기에 거리를 둔 시선, 파리
도로를 내달리던 딱정벌레 모양의 시트로엥 자동차는 이제 낡은 유산이
되었지만, 여배우 주주의 얼굴과 연기, 배우 모리스 가렐의 아들인 필립 가렐의
원시적 장면들, 그들의 침묵과 시선, 사회적 폭력, 버려진 감정과 고독의 환기는
그것들이 지닌 모든 힘과 아름다움을 간직하고 있다.

– 세르주 카강스키(Serge Kaganski), 《레 인록스(Les Inrocks)》

1968년 혁명의 실패 후 말한다는 것은 이미지로 보여주는 것보다 더 어려운
것이 되었다. 1967년에 쓰여진 〈기억 속의 마리〉 속엔 대사가 있다. 그때는
내가 텍스트를 썼지만 지금은 내가 바라보는 세상을 규정짓는 텍스트를 쓰려면
말하는 것보다 이미지로 보여주는 것이 훨씬 쉬운 일이 되었다. 언어가 정치적
각성을 가져온다고 생각하진 않는다.

– 필립 가렐의 두 번째 여행

필립 가렐에 대하여

1968년 4월, 화가 올리비에 모세의 집에서 처음 접하게 된 필립 가렐의 영화는 영화에 대한 나의 시각과 생각을 바꾸어놓았다.

그의 첫 장편 〈기억 속의 마리〉를 시네마테크 프랑세즈에서 보는 동안 나는 강한 충격을 받았다. 이 영화의 화면 구성과 배우(혹은 아마추어 배우), 촬영, 대사, 그리고 '침묵'은 나에게 전혀 새로운 영화로, 너무나 눈부신 면모를 띠어 이 스무 살의 젊은 급진 작가의 작품에 비하면 다른 어떤 영화도 시시하고 흥미 없어 보였다.

같은 시기, 내가 세르주 바르의 첫 영화 〈너를 파괴하라, 침묵하는 소총이여〉(이 작품은 1968년 5월을 예견한 영화이다)를 편집하고 있을 때였다. 영화의 제작자였던 자크 브아소나(Jacques Boissonas)의 뒤를 이어, 그의 여동생인 실비나 브아소나가 세르주의 영화에 오빠가 투자한 지분을 이어 받아 우리 '잔지바르' 영화사의 제작/후원자가 되었다.

실비나 덕분에 우리는 35mm 필름으로 촬영할 수 있었다. 35mm 촬영은 우리 같은 가난한 젊은이들에게는 이룰 수 없는 꿈이었는데 말이다. 여기서 우리라 함은 우리 그룹의 구성원이었던 여러 사람들을 지칭한다. 배우로는 피에르 클레망티, 티나 오몽(Tina Aumont), 마르가레트 클레망티(Margaret Clémenti), 장피에르 칼퐁, 발레리 라그랑주(Valérie Lagrange), 화가로는 다니엘 폼므뢰르, 올리비에 모세, 프레데릭 파르도, 그리고 나와 같은 기술 스탭으로는 미셸 푸르니에(Michel Fournier), 앙드레 바인펠드(André Weinfeld)가 있었으며, 파트리크 드발, 에티엔느 오리리(Etienne O'Leary) 같은 시네아스트들이 함께 그룹을 구성하고 있었다.

우리는 라탱 지구 에쇼데 거리 36번지에 있던 올리비에 모세의 스튜디오에 모여 올리비에가 앤디 워홀의 팩토리(Factory)에서

촬영한 수퍼 8mm 영화들을 같이 보곤 했다. 1968년에 갓
스물이 되었으나, 이미 촬영감독 겸 배우 겸 감독이었던 필립
가렐이 우리들의 리더였다.

필립이 영화에 대해 가지고 있던 혁신적인 생각들과 담론들,
이미 16살 때 첫 영화를 촬영한 경험(프랑스국립방송국이
제작한 〈어울리지 못하는 아이들〉)이 있던 그가 이미 완벽하게
숙달하고 있던 다양한 영화 기법들에 우리 모두 매혹되어
있었다.

필립이 제작사 도비디스(DOVIDIS)의 스튜디오에서 단 하룻밤
만에 작품 〈집중〉을 촬영할 때, 우리는 모두 LSD를 복용하고서
밤새도록 진행한 이 대단한 촬영을 마치 '구경'하듯 치러냈다.
장피에르 레오와 수퍼스타 주주, 두 젊은 배우가 훌륭한 연기를
보여준 작품이다. 이 젊은 감독이 엄청나게 숙련된 솜씨로 단 몇
시간 만에 장편영화를 만들어내는 것을 보는 것은 내게는 매우
놀라운 일이었다.

나는 촬영감독으로 앙드레 바인펠드를 즉석에서 고용해, 1968년
9월에 나의 첫 장편 연출작 〈두 번〉을 촬영하였다. 고백하건대,
〈두 번〉은 미셸 푸르니에와 〈기억 속의 마리〉에서의 앙드레
바인펠드의 촬영에서 많은 영향을 받았다.

나는 필립이 영화로 표현하는 화가-시인 같다고 생각한다.
개인적으로 나는 〈기억 속의 마리〉부터 〈더 이상 기타 소리를
들을 수 없어〉까지의 1968/1988년 시기의 작품을 선호하는데,
그 이유는 내가 필립을 포함한 우리 '패거리'들과 같이 보낸
그 시기와 당시의 영화에 대해 말하는 것을 더 편하게 느끼기
때문이다.

그저께, 그러니까 2015년 6월 11일에 나는 필립의 신작 〈인 더 새도우 오브 우먼〉을 보러 갔다. 좋았으며, 최근 그의 작품 중 완성도가 가장 높으며 유희적인 작품의 하나라고 생각한다. 필립 역할을 맡은 배우는 절제되어 있으면서도 동시에 강렬한, 믿기 힘들 정도의 감각적인 연기를 보여주었다. 잊지 못할 연기를 보여준 그 배우는 로랑 테르지에프, 사샤 피토에프(Sacha Pitoëff), 피에르 클레망티 같은 배우들의 반열에 오를 만하다. 그는 정말이지 너무나 필립과 닮았다!

이 영화에서 필립은 위대한 촬영감독 레나토 베르타(Renato Berta)의 35mm 흑백 촬영을 통해 그의 초창기 1968/1988년 시대로 회귀한다. 나는 이 영화에서 내가 잊고 있던 파리의 많은 것과 장소들, 나에게 익숙한 상황들을 회상 어린 눈으로 다시 발견했다. 하지만 몇몇 대사들에 대해서는 확신을 가질 수 없었다. 필립의 영화에서 적어도 내가 가장 좋아하는 것은 대사가 거의 없는 작품과 아예 대사가 없는 무성영화들이기 때문이다. 〈폭로자〉는 〈내부의 상처〉와 함께 1970년대 최고의 작품 중 하나라고 생각한다.

나는 〈인 더 새도우 오브 우먼〉에 대해 편파적으로 판단하지 않기 위해 생제르맹 가의 극장 출구에서 무작위로 2명의 여성 관객에게 영화에 대한 의견을 물어보았다. 매우 젊은 한 관객은 영화의 매력에 여전히 푹 빠져 딱히 말문을 열지 못했다. 30대 중후반 정도로 보이는 다른 관객은 "처음으로 필립 가렐의 영화"를 보러 왔다고 하면서, "배우들의 연기가 훌륭하고 대사도 훌륭합니다. 인터넷 서핑을 하다가 필립 가렐도 역시 저만큼이나 특이한 사람이라는 얘기를 접하고서는, 마치 나만의 꿈과 광기의 선물을 받으러 가는 마냥 영화를 보러 갔습니다. 영화는 저를 실망시키지 않았고, 촬영은 훌륭했습니다. 너무나 독특하고

시적인 세계로 빨려 들어가 거의 울 뻔했다니까요. 제 기대를
한참 넘어선 작품이었습니다." 와우! 39년 전 내가 이 관객
같았다. 필립 가렐의 작품을 처음 발견하고서 완전히 감동과
충격에 사로잡힌 바로 그 39년 전의 나.

필립은 자기반복을 절대로 하지 않을까? 그렇다.
이 글을 마무리하면서 이 분야에 대해 거장이라 할 만한 분의
말을 인용하도록 하겠다. 그는 바로 1970년대 우리 젊은
시네필들이 '소크라테스'라고 부르던 장 두셰(Jean Douchet)이다.
우리가 한 작품에 대해 어떤 견해를 가져야 할지 망설이고
있을 때, 그는 항상 우리에게 '계시'를 줄 수 있는 사람이었고,
우리는 실로 많은 가르침을 받았다. 필립 가렐에 대한 토마스
레스퀴르의 훌륭한 책 『심장 대신 카메라』라는 책 서문에서 장
두셰는 다음과 같이 썼다.

> 사실 필립 가렐의 미학적, 정치적 입장을 거부할 수는 있겠으나
> 그 누구도 그가 지금까지, 요즘 영화계에서는 보기 드문 정도로
> 고결하고 비타협적으로 그 입장을 지켜왔다는 사실은 부정할 수
> 없을 것이다.
>
> – 토마스 레스퀴르, 필립 가렐, 『심장 대신 카메라(Une camera a la place du coeur)』,
> Admiranda / Institut de l'Image, Aix-en-Provence, 1992.

이 책에는 이외에도 장뤼크 고다르와 레오 카락스(Léos Carax)가
쓴 두 편의 아름다운 서문도 수록되어 있다.

가렐에게 보내는 편지

1990년 11월 29일

친구여.

9월 27일에 보내준 편지는 잘 보았습니다. 감사드립니다.

답장이 늦어 정말 죄송합니다. 시간이 정말 빠르게 가는군요.

아! 시간이 아니라 우리가 가는 거라고 롱사르 [프랑스 시인 피에르 드 롱사르(Pierre de Ronsard) – 옮긴이]가 그의 아름다운 싯구로 말했었죠. 필립 가렐의 영화는, 첫 영화를 볼 때부터 그랬지만, 내가 본 그 어떤 영화들에서도 느낄 수 없는, 마치 입술과 이가 연결된 것처럼 자연스럽게 만들어진 아름다움—그것은 자연스러운 카메라의 움직임으로부터 오는 아름다움일 겁니다—을 항상 발견하게 합니다.

68년에 만들어진 영화의 장면들을 나는 기억합니다. 시네마스코프와 돌비스테레오를 획득하지 못해 모두가 16mm 필름으로만 흐릿하게 보여줄 때, 35mm 필름으로 음울하고 간결하게 담아낸 공화국 기동경찰대원들의 얼굴을 볼 수 있었던 유일한 장면들입니다.

필립 가렐은 우리가 숨을 쉬는 것처럼 영화를 만들어내는 것 같습니다. 하지만 서로를 풍요롭게 하기보단 서로가 서로를 질식시키는 동서양 사이에서 우린 어떻게 숨을 쉴 수 있을까요?

가렐의 영화를 조금밖에 못 보았지만 난 이상하게도 그의
영화가 영원한 것처럼, 또한 우리 주변에 항상 있는 것 같은
편안한 감정을 느낍니다. 마치 공기가 충분한 수천 개의 계획
속에서 우리가 방황하는 것을 원망하지 않는 달콤한 동화처럼
말이지요. 공기, 단지 공기를 가렐은 필요로 하고, 그의 카메라는
스트라우브[영화감독 장 마리 스트라우브(Jean Marie Straub) – 옮긴이]라는
은하의 반대쪽 끝에서 숨을 내쉽니다. 낮이 촬영될 때 밤은 말을
하며, 밤은 이 외부의 흔적이 수평선 위 새벽 빛을 경계 지을
때까지 이어집니다. 낮과 밤, 그리고 우리가 부모이고 아이들인
세계와 카메라 옵스큐라(어두운 방) 간의 사랑에 빠진 관계를
더 멋지게 표현하기 위해선 노발리스의 표현을 빌려야 할지도
모르겠습니다.

Die Kindeslieb' und Kindestreu' Wohnt mir von jener goldnen
Zeit noch bei

황금기부터 언제나 간직하고 있는 내 마음 깊은 곳에 있는
어린 시절의 사랑과 진심

우정을 담아, 장뤼크 고다르

1991년 필립 가렐의 영화 〈더 이상 기타소리를 들을 수 없어〉의 보도자료에 실린 편지.

혁명의 순간들

1968 | 6min | 35mm | Color

필립 가렐은 그의 작업에서 1968년 5월 혁명에 관한 주제를 여러 번 다루었지만
〈혁명의 순간들〉처럼 직접적으로 다룬 적은 없었다. 6분 길이의 이 단편영화는
몇몇 시위자들이 파리의 바리케이드들을 몰래 촬영한 장면들을 모아 콜라주
형식으로 편집한 작품이다. 여러 해가 지나 공개된 이 기록 화면은 관객들을
혁명적 열기의 심장 속으로 인도한다. 이 영화는 47년 만에 발견되어 2015년
칸느 국제영화제에서 상영되었다.

FOUCHET,
GRIMAUD
DEMISSION !

ORGANISEZ-VOUS
EN COMITES
D'ACTION

폭로자

1968 | 67min | 35mm | N/B | Silent

필립 가렐은 1968년 5월에 〈폭로자〉를 촬영하였다. 학생 시위에 희망 없음을
감지하고 소수의 스탭 및 배우들과 함께 독일로 떠났다. 4월에 열린
예르(Hyères) 페스티벌에서 가렐을 만난 베르나데트 라퐁과 로랑
테르지에프가 이 촬영에 동참하였다. 1968년 독일의 검은 숲은 전시의
분위기를 자아내지만 (분명 몇몇 장면들은 전장을 상기시킨다), 사실 진정한
대립은 세대 간에 일어난다. 어른들이 독일과의 전쟁 이후 균형을 찾으려 애쓸
때 아이는 독립을 위한 침묵의 전쟁을 감행한다. 아이는 순진하고 순수하지만
핵가족에 폭력적으로 대항한다. 결국은 고독과 사색 속에서만 자유를
발견한다.

– 핍 초도로프, 《센스 오브 시네마(Senses of Cinema)》

49

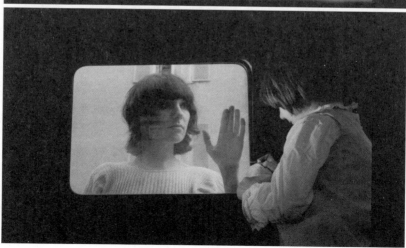

상징적으로 소용돌이 치는
필립 가렐 영화의 서사

"영화를 찍는다는 것, 지난 10년처럼, 사랑하는 여자를 필름에
담는다는 것은 그 자체로도 미친 짓이지…."

필립 가렐은 〈시초의 블루〉(35mm , 흑백, 무성, 50분)와 〈비밀의
아이〉(35mm 흑백, 유성, 95분)를 각각 1978년과 1979년에
제작하면서 프랑스 서사 영화의 가장 실험적인 순간을 완성했다.
1957년부터 1978년까지[1] 20년 동안은 강렬한 형식과 경계를
뛰어넘는 작업에 도전한 프랑스 감독들 덕분에 프랑스 영화사상
가장 빛나고 야심 찬 시기로 꼽는다. 그리고 이 황금기의
마지막을 장식한 것이 바로 위에 말한 가렐의 두 작품이다. 이
시기에 활약한 많은 감독 중에 서사에 관심을 가졌던 이들로는
장 루슈(Jean Rouch), 장뤼크 고다르, 자크 리베트, 장 마리
스트라우브, 다니엘 위예(Danièle Huillet), 자크 로지에(Jacques
Rozier), 실비나 브아소나, 이반 라그랑주(Yvan Lagrange), 장
으스타슈, 크리스티앙 볼탕스키(Christian Boltanski), 마르셀
아눈(Marcel Hanoun), 피에르 클레망티, 파트리크 드발, 자키
레이날, 다니엘 폼므뢸르, 장피에르 칼퐁, 마르크 오(Marc'O),
장다니엘 폴레(Jean-Daniel Pollet), 리오넬 수카즈(Lionel
Soukaz), 디우르카 메드벡츠키(Diourka Medveczky), 아돌포
아리에타(Adolfo Arrieta), 마르그리트 뒤라스(Marguerite Duras),
세르주 바르, 뤼크 물레(Luc Moullet), 기 질(Guy Gilles), 제라르
쿠랑(Gérard Courant), 필립 발루아(Philippe Vallois), 그리고 필립
가렐이 조감독으로서 함께 작업한 장피에르 라주르나드(Jean-
Pierre Lajournade) 등을 호명할 수 있다.

---

1   시작 연도인 1957년에 대해서는, "'For its the Critical Faculty Who Invents Fresh
Forms'. History of the Forms, 1960/2000", *The French Cinema Book*, Michael Temple & Michael Witt
(ed), BFI, London, 2004, p.230 참조.

이 별과 유성의 빛나는 성좌 가운데서 필립 가렐의 새로운
형식과 도상학에 대한 집요한 탐색은 유독 주목을 요한다. 가렐은
1964년부터 두 남녀 간의 고독에 대한 우화를 선보였다. 이동
촬영과 광활한 플랑 세캉스(plan sequence, 하나의 쇼트가 하나의 시퀀스를 이루는
화면 기법 – 옮긴이)로 정원, 채석장, 사막을 담았고, 작품의 배경은
매번 바뀌었지만 절망에 찬 낭만주의적 영웅주의를 다루는
이 끊임없는 의미 탐색은 결코 변하지 않았다. 가렐의 형식적
집요함은 1970년부터 본격적인 틀을 갖춘다. 이 시기에 니코와
함께 만든 7편의 영화를 7폭의 패널로 구성되는 프레스코 벽화로
볼 수 있는데, 각각의 패널은 무성, 유성, 흑백, 컬러이지만
동일한 감정의 벽, 사이키델릭과 고딕 양식으로 표현한 경이로운
헵타티크(Hepatyque. 폴립티크Polyptique는 4폭 이상의 패널화를 모은 것인데, 패널의
숫자에 따라 세부 용어가 다르다. 헵타티크는 7폭 패널로 구성된 폴립티크이며, 저자는 니코가
등장하는 가렐의 영화 7편을 '헵타티크 니코'라고 부른다 – 옮긴이) 위로 그려졌다.
벽화를 구성하는 각각의 영화는 니코를 숭배하고, 또한 예술사가
선사하는 사랑과 찬미를 담은 가장 긴 시 중의 한 편을 구성한다.
"영화를 찍는다는 것, 지난 10년처럼, 사랑하는 여자를 필름에
담는다는 것은 그 자체로도 미친 짓이지⋯."[2] 사랑하는 대상의
소멸은 형식적 소용돌이를 일으킨다.

세 개의 시기: 1. 내면의 우화들 2. 니코의 헵타티크

필립 가렐의 초기 영화는 〈어울리지 못하는 아이들〉부터 〈처녀의
침대〉까지다. 가렐은 제라르 드 네르발(Gérard de Nerval),
아르튀르 랭보(Arthur Rimbaud), 윌리엄 블레이크(William
Blake), 지그문트 프로이트(Sigmund Freud), 그리고 여지 없이 체

2　토마스 레스퀴르, 필립 가렐, 『심장 대신 카메라』, Admiranda / Institut de l'Image,
Aix-en-Provence, 1992, p.89.

게바라(Che Guevara)로부터 영감을 받았다. 가렐은 저 위대한
낭만주의 신화의 힘에서 영화적 원천을 얻고자 노력한다.
그리하여 그의 영화는 사실적이라기보다는 예언적인 특징을
보인다. 가렐은 예언자의 영화, 무당의 영화를 발명하는데, 다시
말해 현실 속의 근본적인 충동과 정서를 집약한 영화가 그것이다.
신비적 종교의 영화 〈기억 속의 마리〉, 〈처녀의 침대〉 혹은
프로이트적인 〈폭로자〉, 〈집중〉은 모두 가족관계에 따른 장애와
관련이 있다. 포기를 향한 가렐의 무한한 환상은 에피소드로
구성된 우화에서 나타나는데(가렐의 에피소드와 소희극의
대부분은 뤼미에르 형제의 원칙을 최대한 확장한 플랑 세캉스에
준한다), 뛰어난 이동 촬영은 시제를 지우고, 물리적 공간을
내면의 사막으로 변모시킨다.

〈처녀의 침대〉 촬영 기간 중, 가렐은 니코와의 만남 덕분에
원형에 집중할 수 있었다. 이후 여러 편의 영화를 다양한 방법으로
만들면서, 드디어 오직 하나뿐인 형상을 완성한다. 니코는 시인,
뮤즈, 대천사, 스핑크스, 인형, 사제, 여신을 거쳐, 상징적 변화를
허락하는 원시 우상이자 독점적인 동시에 범신론적인 이교도의
우상으로 구현된다. "모든 종교는 하나다"(윌리엄 블레이크의
첫 작품 제목). 만일 니코가 그 '하나'라면. 니코는 탄생과 죽음의
신비에서 걸어 나온 현대적 재현인 것이다. 더 이상의 우화도 필요
없고, 서사 구조의 원칙조차도 거추장스럽기만 할 뿐이다. 니코만
필름에 담을 수 있다면 그것으로 충분하다. 니코라는 우상의
반짝이고 깊이를 모를 얼굴에 담긴 사색엔 이미 모든 우화가 담겨
어떤 서사보다도 강한 힘으로 많은 이들을 해방한다. 그것이 바로
시의 무한함이다. '니코의 헵타티크(L'Heptatyque de Nico)'(작품
〈폴립티크 최후의 심판(Le Polyptyque du Jugement dernier)〉처럼
붙인 이름)는 신플라톤주의, 낭만주의, 1960–1970년대의 형식적
자유에 대한 열망을 혼합했다. 니코의 형상은 너무도 강렬하게

완성되어서, 형상을 취급하는 양상은 〈처절한 고독〉의 진
세버그처럼 여타의 페티시에도 적용될 수 있다. 가렐의 프레스코
벽화 중 유일한 서사 영화는 〈죽음의 정원으로의 여행〉인데, 이
작품은 절정에 이른 고딕 양식으로 완성한 우화와 도상학이다.
관조적 형식을 탐색하는 중, 프레스코 벽화 중의 한 그림에
서사적 가능성의 실험이 필요했던 것이다. 마치 〈내부의
상처〉에선 설정 샷의 가능성, 〈천사가 지나간다〉에선 병렬 편집,
〈심연의 방〉에선 클로즈업, 〈아타노르〉와 〈시초의 블루〉에선
부동의 침묵하는 이미지를 시도한 것과 같은 차원이었다.

가렐은 형식을 탐구하는 데 있어서 앤디 워홀의 초기 영화나
장피에르 라주르나드의 알레고리적이고 무정부적인 작품 등을
시작으로 수많은 영화로부터 영향을 받았지만 형식의 근본
모델은 니코의 음악이다. 존 케일(John Cale)이 제작한 니코의
앨범《더 마블 인덱스(The Marble Index)》(1969),《데저트쇼어
(Desertshore)》(1970), 그리고《디 엔드(The End)》(1974)는
칼하인츠 슈톡하우젠(Karlheinz Stockhausen)의 계열 음악을
팝 음악으로 변형한 것이다. 니코의 음향은 암암리에 가렐의
이미지에 단조로운 선율의 리듬을 주었다. 슈톡하우젠의
음악처럼, 니코와 가렐의 작품은 각각 영화와 음악이라는 개별
장르이지만 자연스럽게 단 하나의 작품이 된다.

〈천사가 지나간다〉의 구조를 예로 들어보자. 이 작품에서 가렐은
충격적인 방법으로 병렬 편집의 가능성을 시도한다. 이 영화는 두
가지 유형의 장면으로 나눌 수 있는데 이 둘은 서로 병렬적으로
연결된다. 우선 침묵하는 니코의 초상을 담은 장면들이 있고,
다른 한편으론 로랑 테르지에프와 모리스 가렐(Maurice Garrel),
뷜 오지에(Bulle Ogier), 장피에르 칼퐁의 대화 장면이 있다.
작품을 구성하는 두 장면은 서로 연결되지 않고, 둘의 관계는

암시적이며 신비스럽고, 움직이지 않는다. 대체 둘로 나누어질
때 무슨 일이 발생할까? 적어도 다섯 가지 현상을 생각해볼 수
있을 것이다. 먼저 음악이 멈추고, 니코의 노래가 흐른다. 니코가
화면에서 사라진 후에도 그 노래는 계속 흐른다. 그리고 니코의
침묵. 너무나 거친 그녀의 침묵은 다른 인물들의 대사를 전부
지워버린다. 다른 인물들의 목소리가 희미해지면 다시 니코의
침묵이 스며든다. 또한 시각예술의 형태로 구현된 니코의 초상화.
1970년대에 필립 가렐은 아름다움과 강렬함의 절정을 니코의
얼굴에서 찾았는데, 마치 앤디 워홀의 초기 경향을 이어 받은 것
같다. 이 시기에 워홀은 로널드 타벨(Ronald Tavel)의 수다스러운
시나리오에 기댈 뿐 본인의 재능을 드러내기를 이미 포기했다.

〈천사가 지나간다〉의 두 가지 유형의 장면 사이에서 우리는
창작에 대해 되묻게 된다. 침묵에 잠긴 니코의 얼굴은 그녀의
음악과 어떤 관계를 가질까? 니코는 그 침묵을 기억할까? 이것은
미리 준비된 침묵일까? 자신도 모르게 침묵에 잠겨 든 것일까?
침묵하며 쉬는 중일까? 상대적으로 음악이 니코의 얼굴을
이토록 아름답게 만드는 것은 아닐까? 또한 모리스 가렐, 로랑
테르지에프, 빌 오지에, 장피에르 칼퐁의 대화 장면은 가능한
모든 초안의 형태를 보여주는데, 배우들이 연기를 준비하고,
막 연기를 하려 하고, 연기를 하는 중이고, 애드리브를 하고,
연기에 몰입하는 순간을 보여준다. 니코와 그녀의 노래는
시간을 초월하고, 표현할 수도 이해할 수도 없는 관계를 맺으며,
배우들이 명백하고 물질적이고 구체적인 모습으로 펼쳐지기에
니코와 그녀의 노래 사이에 놓인 숭고한 창작의 관계는 기원의
태동처럼 불멸의 시간에 머문다. 특이한 점은, 이 영화에 〈미친
사랑(L'Amour fou)〉(리베트, 1967)에서 연인을 연기한 바 있는
오지에와 칼퐁이 출연한다는 것이다. 예전에 사랑 때문에
황폐해지는 인물을 연기한 적이 있는 이 배우들이 이번에는

우정을 보여주는 건 결코 우연이 아닐 것이다. 이들이 한 공간에 등장하면서 예전의 분열과 작업(그들은 함께 연기했고, 앞으로도 함께 연기할 것이며 연기하는 중이다)을 회복하고, 영화의 상처를 봉합한다. 전설적인 커플은 함께 존재하며 서로를 발전적으로 이끈다. 촬영장 밖 어딘가에서 누군가 배우들에게 서로 계속 붙어 있으라고 한다. 이별에서 사랑의 단순한 영원성을 되찾는다.

그래서 〈천사가 지나간다〉는 현대시의 형식이라 불리는 요정 동화처럼 고전 영화의 첫 종말을 단언하는 작품이다. 니코는 연주한다. 콘서트에서, 무대 저 멀리에서, 거대한 하얀 빛 다발 속에서. 니코는 동시에 음악가, 시인, 배우, 사제가 되어 혼합적인 시의 이미지가 된다. 고전 영화의 두 번째 종말은 배우들과 관계하고, 추락의 형태에서 미완성으로 승화된다. 거대한 만 앞에 선 채 빛에 잠긴 듯한 로랑 테르지에프와 모리스 가렐은 릴케의 시와 세상에서 가장 짧은 하이쿠를 암송한다. "한 남자가 넘어진다. 물 소리." 새로운 구조가 절실히 필요했다. 조물주가 조절하는 깊은 침묵과 아이를 낳는 산모처럼 망설임과 불안으로 채워진 현실적인 호흡을 동시에 표현해줄 구조. "구스타브 모로(Gustave Moreau)는 여자-시인이라는 이 아름다운 개념이 시적 작품의 체계를 스스로 회복할 수 있다는 사실을 어느 정도나 직감했을까."[3] 관계의 부재가 가장 강한 관계를 만든다. 영감을 받은 여성 음악인의 세계와 배우들의 세계를 나란히 배치하는 것은 찬미로 수놓인 곡언법(曲言法)을 구성한다. 여성 예술가를 이토록 섬세하게 찬미한 시인이 과연 있었던가? 노아이 공작 부인(Comtesse de Noailles)을 찬미하는 프루스트가?(하지만 좀 속물적이다). 올가 코흘로바(Olga Kokhlova)를 예찬하는 에이젠슈타인이?(그건 분석에 불과했다). 아를레티(Arletty)를

---

3 마르셀 프루스트(Marcel Proust), 「눈부심(Les éblouissements)」(1907), in Chroniques, Gallimard, 1949, p.179.

예찬하는 셀린느(Céline)?(그건 시나리오일 뿐이었다). 그러니까
아무도 없다. 오직 니코를 예찬하는 필립 가렐이 있을 뿐.

중간 휴지

> 안내자 없이, 도움 없이
> 미혼의 동정녀가 육지에
> 미혼의 동정녀가 육지에
> 모래 위에 묶여서

– 니코, 「비밀의 저변(Secret Side)」, 『마지막(The End)』

세 개의 시기: 3. 대사 영화

가렐의 영화는 니코의 부재로 문화적 우의에서 아리스토텔레스식의
허구 서사로 향했다. 가렐의 작품에서 서사는 절대적으로 새로운
것이었으며, 단 한 번도 서사의 힘을 빌리지 않았다. 텍스트의 서두,
대화, 인물, 움직임, 원인과 결과의 관계, 애도에 잠긴 사실주의의
발명…. 〈비밀의 아이〉, 〈밤에는 자유〉, 〈퐁텐느 거리〉(1984)는
시선을 단련하고, 컷이나 장면 연결을 통해 충격의 힘을 전달한다.[4]
우화는 이제 서술적인 메아리, 그림자, 대사에 집착한다. 〈비밀의
아이〉, 〈그녀는 조명등 아래서 그토록 많은 시간을 보냈다…〉,
〈더 이상 기타 소리를 들을 수 없어〉는 니코의 신화를 세속적인
형식으로 그린 작품들이다. 이것들은 전부 니코의 환영에 사로잡혀
있다는 공통 분모를 갖지만 각각 개별적이다. 가렐은 숭배의 대상을

---

4 〈밤에는 자유〉에 관해서는 니콜 브르네즈(Nicole Brenez), *De la Figure en général et du Corps en particulier. L'invention figurative au cinéma*, Collection Arts et Cinéma, De Boeck Université, Paris/Bruxelles, 1998, pp.361-363 참조.

먼저 담은 후 추종자를 찍고, 사건을 겪은 후에 이야기를 만들고,
악몽을 경험한 후에 꿈을 분석한다. '니코의 헵타티크'는 현실을
괴기한 장례식처럼 기록했지만, 대사 영화는 과거를 영원한
현재형의 신화로 재구성한다.

다시 세속으로 돌아가보자. 필립 가렐은 작품의 전환점을 관객을
되찾고 싶은 욕망으로 설명했다. "아무도 보지 않으면 영화가
죽어버리잖아. 랑글루아는 내가 부탁하면 늘 영화를 틀어줬어.
영화를 틀면 상영관이 순결해졌지. 마음 깊이 간절히 바랐기
때문에, 시네마테크야말로 나의 예술가적 망상이 유일하게 잠들
수 있는 곳이었지. 다른 상영관에도 영화가 있지만, 이런 영화는
많은 관객을 부르지 못하니까. 내 삶은 늘 궁핍했어. 그래서
니코와 헤어졌을 때, 제일 먼저 이야기를 쓰고 싶었어."[5]

가렐의 영화가 초자연적 알레고리에서 세속 영화로 가는 과정에서
무타티스 무탄디스(mutatis mutandis, 필요한 부분만 약간 수정한다는 뜻의 라틴어
– 옮긴이)를 발견하는데, 이는 고대 그리스의 에이돌론(eidolon, '형상'을
뜻하는 고대 그리스어 – 옮긴이)과 미메시스 이론 사이의 과정과 동일하며,
장피에르 베르낭(Jean-Pierre Vernant)은 플라톤식 이미지 해석으로
설명했다. 플라톤에 따르면, 에이돌론은 "첫 번째 대상과 유사한
후자"(『소피스트(Sophiste)』 240 a–b)이며, 이러한 관점으로
봤을 때 이미지는 에이돌론과 동일한 범주에 속한다. 그러나
에이돌론 속에서 현전은 동시에 돌이킬 수 없는 부재로 나타난다.
"여기 있지만 '저기에도 있다'라는 내포 개념은 흔히 말하는
이미지로서가 아니라, 사본(寫本, double)으로서의 고대 그리스의
에이돌론을 구성한다. 여기서 사본이란 주체의 내면에서의 재현이
아니라, 근본적으로는 완전히 다르지만 순간적으로 동일하게

---

5   토마스 레스퀴르, 필립 가렐, 『심장 대신 카메라』, p.57.

보이는 존재를 이 세상에 실제로 삽입하는, 실제적인 출현이다.
고대 그리스적 사고방식에 따르자면, 현전과 부재, 동일자와
타자의 변증법은 사본으로서의 에이돌론이 비가시적이지만 아주
잠시 눈에 보인 피안의 세계에서 활약한다."[6] 현전, 기적, 멀어짐의
의미는 현실의 니코를 모든 공상의 모태로 형상화는 데 집착하는
의미와 동일한 것이다.

반대로 미메시스 이론에서 이미지는 에이돌론의 위치를 결정하는
별개의 범주에 속한다. 즉 이 범주에서 이미지는 허구적이고
미망(迷妄)하게 하는 특징을 갖고 있으며, 보이는 대로 재현한다.
"보이는 것과 존재 사이의 균형을 잡고 결합했던 이전과 달리,
플라톤은 이 둘을 서로 대치시켰으며 이미지에 고유한 존재의
형태를 부여했다. 이렇게 이미지는 유사함으로 정의되면서 별개의
성격을 갖는다. 이미지의 성격은 겉모양으로 명백해지는데,
이 겉모양은 더 이상 실재가 아니라 하나의 특수한 차원으로
고려해야 하고, 존재 앞에서 '존재인 척하는' 애매한 관계를
맺는다. 대신 이 특수성은 이미지를 진실 밖으로 추방하고, 허구
영역으로 추방하며, 학문의 관점에서의 자격 박탈을 함의한다."[7]

가렐의 대사 영화에서 '니코의 헵타티크'의 등장은 전형적인
서사 요소를 이용하는 것보다 더 강렬하고, 에이돌론에서
시뮬라크라로, 토템에서 유사함의 장치로 발전하면서 인류학적
질서 내에서 이미지의 위치를 변화시켰다. 그런 변화는 〈그녀는
조명등 아래서 그토록 많은 시간을 보냈다…〉의 구조적 분열을
조성했고, 다음 영화에서도 분열은 지속됐다. 가렐의 세속
영화에 니코의 이미지는 부재하지만 역으로 그 부재를 통해

6　장피에르 베르낭(Jean-Pierre Vernant), "Naissances d'images", *Religions, histoires, raisons*,
éd Maspero, Paris, 1979, p.111.
7　같은 책, p.131.

니코의 존재를 증언한다. 〈비밀의 아이〉부터 가렐의 영화에는
니코의 사진, 앨범 재킷, 편집용 필름도 없고 니코의 것으로
보이는 지문조차도 없지만, 그럼에도 불구하고 니코는 자신의
흔적을 남기고 유령처럼 거기에 있다. 이 점은 양립할 수 없는
이미지들이 만드는 서로 다른 세계에 대한 문제를 제기한다.
이 두 가지 세계는 동일한 정신 세계에 속하지만, 현재로선
뛰어넘을 수 없는 상징적인 경계로 구분되었다. 늘 삶의 저편에
음악이 있고, 살아있는 이들에게 스며들어가도록 운명 지워진
것처럼, 〈그녀는 조명등 아래서 그토록 많은 시간을 보냈다…〉와
〈더 이상 기타 소리를 들을 수 없어〉에선 오직 음악만이 길을
열어준다.

1967: 필립 가렐, 텔레비전 영상 작품

필립 가렐은 세 편의 텔레비전용 영화를 연출했다. 먼저 1967년
작 픽션 〈아네모네〉(1968년 방영)를 만들었다. 두 편의 에세이
다큐멘터리, 〈젊은 영화: 고다르와 그의 아류들(Le jeune cinéma:
Godard et ses émules)〉[1](1967), 〈우리 시대의 예술가들〉은 20년
간격으로 제작되어 누벨바그 세대 감독들에 대한 2부작으로 볼 수
있다.

가렐이 연출한 여러 편의 르포르타주, 에세이 영화, 단편 뮤직
비디오는 그 작품성에도 불구하고 대중에게는 거의 잘 알려져
있지 않다. 가렐은 1967년에 적어도 열 차례 이상 ORTF 채널에
영상물을 방영했다. 우리에게 생소한 이 텔레비전 영상물은[2]
다음과 같은 네 가지 유형으로 분류된다.

   - 사회에 대한 주제
   - 음악 영상물
   - 뮤직 비디오
   - 필립 가렐이 직접 방송에 등장하여 주제 소개

가렐의 텔레비전 영상물은 분량이나 장르를 떠나서 전부 젊은
세대와 음악, 당시 팝 시대의 현상을 다루고 있는데, 또한 마랭
카르미츠(Marin Karmitz)의 〈우상들(Les Idoles)〉(1964, 7분,
ORTF), 장뤼크 고다르의 〈남성, 여성(Masculin féminin)〉(1966),
마르크 오의 〈우상들〉(1968)도 이 열풍을 증언한다. 이 영상은
앙드레 해리스(André Harris)와 알랭 드 세두이(Alain de Sédouy)가

---

1   『장뤼크 고다르: 도큐멘트(Jean-Luc Godard: Documents)』(Centre Pompidou, Paris,
2006)에서 전체 사본, pp.101–106.
2   본 텍스트에서 소개할 목록들은 필립 가렐과 토마스 레스퀴르의 공저 『심장
대신 카메라』(Admiranda/Institut de l'Image, Aix-en-Provence, 1992)의 필모그래피에 등장하지
않는다. 〈세즈 밀리옹 드 쥔느(Seize millions de jeunes)〉는 앙드레 해리스와 알랭 드 세두이가
제작했고, 2번 채널에서 방영됐다(1964년 4월 18–1968년 5월 8일), 〈부통 루즈〉도 2번 채널에서
방영됐다(1967년 4월 16일–1968년 5월).

제작한 텔레비전 방송물인 〈부통 루즈(Bouton rouge)[3]〉와
〈세즈 밀리옹 드 쥔느〉[4]를 위해 연출됐다. 미셸 테텡제(Michel
Taittinger)와 장피에르 프렝부아(Jean-Pierre Fraimbois)가 공동
제작한 〈부통 루즈〉는 프랑스 시청자들에게 주로 영미권
스타들(지미 헨드릭스, 에릭 크랩튼, 핑크 플로이드…)과 로큰롤
문화를 소개했다. 이 방송은 사고방식, 행동, 미국식 소비의
보급을 주로 다뤘고, 정치적으로는 수동적인 태도로 베이비 붐
세대를 청중으로 규정했다. 필립 가렐은 공연에 열광하면서
스스로를 민중으로 여기는 베이비 붐 세대의 가식적 공동체
의식에 분노했다. 그가 텔레비전에서 실험적이고 다양한
방법으로 이런 주제를 다루고, 평범하지 않은 분량과 형식을
취하면서 가능한 모든 분야를 비판하려고 했던 것도 모두 이런
이유에서였다.

다음은 2번 채널에서 순서대로 방영한 가렐의 텔레비전용
영상물이다. 모든 영상물은 흑백 필름과 16mm 카메라로
촬영했다.

1)   〈도노번네 집을 향해(Du côté de chez Donovan)〉

      15분, 1967년 5월 21일 〈부통 루즈〉에 방영

스코틀랜드 팝 가수이며 LSD 복용으로 유명한 도노번
리치(Donovan Leitch)의 콘서트를 소개한 작품이다. 도노번은
콘서트에서 〈멕시코(Mexico)〉, 〈스위트 버벌리(Sweet Beverly)〉,
〈헤이 집(Hey Gip)〉, 〈더 팅커 앤 더 크랩(The Tinker and
the Crab)〉, 〈시즌 오브 더 위치(Season of the Witch)〉 등을

---

   3   여드름 – 옮긴이.
   4   천육백만의 청춘들 – 옮긴이.

노래하는데, 이 영상물에서 가렐은 콘서트 자체보다는
도노번이라는 인물에 더 집중한다. 긴 머리를 늘어뜨린 도노번은
모로코 스타일의 망토를 걸치고 환각 상태를 상기시키는
음유시인처럼 등장한다. 가렐은 단순한 장면 배치, 고정된
카메라와 줌을 사용하면서 단조롭고 우아한 촬영 방식을
선택했다. 또한 도노번 주위의 연주자들을 어렴풋이 등장시키기
위해서 흑백 필름의 강렬한 명암 대비 기법을 사용했다. 이 작품은
화면에 관객을 배제하여 (박수 소리는 들리지만) 가수를 우상
숭배하듯 제의적인 콘서트 장면과 거리를 두고, 어린 왕자의
초상을 그리면서 도너번의 음악 세계를 보여주는 데 공을 들인다.

2) 〈로니와 단어들(Ronnie et les mots)〉

7분, 1967년 5월 21일 〈부통 루즈〉에 방영

프랑스 가수 로니 버드(Ronnie Bird)는 극 중 마리엘(아마도
마리엘 에브그라포프Marielle Evgrafoff를 환기하는 이름)이라
불리는 여배우와 연인으로 등장하는데, 고다르의 〈남성, 여성〉의
장피에르 레오와 샹탈 고야(Chantal Goya)의 관계를 옮겨온
것이다. 이 작품에서 노래는 젊은이들의 화법에 대한 단막극으로
변형된 것이다.
로니 버드(실명은 로날드 메우Ronald Méhu)는 일찌감치 학교를
자퇴하고1963년 17세의 나이에 데카 음반사와 계약한다.
로니는 영미권 록 음악 번안곡 (오티스 레딩Otis Redding, 롤링
스톤즈, 내쉬빌 틴즈 the Nashville Teens, 깁 브라더스the Gibb
brother 등)을 불러 인기를 얻었고, 간혹 영어 가사로 노래를
부르기도 했다. 로니 버드는 기타리스트인 디디에 레옹(Didier
Léon)과 함께 1964년에 데뷔했는데, 레옹은 후에 가렐의
영화 〈기억 속의 마리〉에 출연한다. 로니 버드는 샹젤리제의

드러그스토르(Drugstore des Champs-Elysées)의 주요 구성원인
주주, 프레데릭 파르도, 브느와 자코(Benoît Jacquot), 오마르
블롱댕디오프(Omar Blondin-Diop, 오마르는 고다르의 〈중국
여인(La Chinoise)〉에서 무장운동의 아이콘으로 등장하는데,
후에 정치적인 이유로 암살당한다)를 비롯해 골프드루오(Golf-
Drouot) 클럽의 주요 음악가들과 활동했다. 버드는 레이 찰스(Ray
Charles)나 척 베리(Chuck Berry)의 콘서트 전반부에서 공연하기도
했다. 또한 1967년 6월에 포르트 생 마르탱 극장에서 공연된
연극 〈헤어(Hair)〉에 출연하면서 프랑스에 히피 문화를 알렸다.
〈로니와 단어들〉은 로니의 노래 〈너는 너무 말이 많아(Tu en
dis trop)〉(샘 앤 데이브Sam & Dave의 1965년 앨범《유 돈
노우(라이크 아이 노우)[You Don't Know(Like I Know)]》번안곡)를
각색한 자극적인 에세이 다큐멘터리이다.

소파, 전화, 벽으로 이루어진 추상적 분위기의 무대, 벽 위에는
"사는 걸 배우기 전에 말하는 걸 먼저 배워라"라는 글귀가 적혀
있다. 두 배우와 감독은 재미있는 유행어를 주고받으며 대본을
연습한다. 이후 장 으스타슈는 이와 흡사한 장면을 영화 〈엄마와
창녀(La maman et la putain)〉에서 보여줄 것이다. 이 장면은
마치 외국어로 진행되는 것처럼 이해를 위한 자막이 필요할
정도다. "토 나와. 짜증 난다, 짜증 나"란 대사에는 "부정적인
형용사 사용"이라는 설명이, "뭐하고 자빠질까"에는 "뭘 하면
좋을까?"라는 자막이 필요하다. 〈로니와 단어들〉은 이렇게 젊은
세대의 언어를 흉내 내고 그것을 지지하면서, 시청자의 기대에
부응하는 댄디적인 풍경이 연출된다. 전화벨이 울린다. 전화를
받은 마리엘이 장피에르에게 말한다. "방송 보는 자식인데, 우리가
요즘 애들을 제대로 표현 못한대. 우리 보고 얼빠졌대. 뭐라고
말해줄까?" 로니는 장피에르 레오의 몸짓과 표정을 흉내 내면서
카메라를 정면으로 보고 화를 낸다. "어쩌라고? 그만 둘까?"
그러면 무대 밖에서 가렐의 목소리가 답한다. "아니, 아니, 계속

해. 니들 맘대로 대답해." 그러자 마리엘은 수화기를 놓고 당시
프랑스 텔레비전에서 결코 쉽게 들을 수 없는 (당시는 국영 채널만
두 개였다), 더군다나 젊은 여성의 입에서 듣기 어려운 단어를
내뱉는다. "닥쳐."

⟨로니와 단어들⟩은 모드(Mod, 깔끔하게 유행을 따른 복장을 하고 오토바이를
타고 다니던 1960년대 영국 청년들 집단 – 옮긴이)의 도상학을 사용하면서 ("뽕
하고 멜로디 메이커(콘돔) 샀어"), 혹은 반주 없이 읊조리거나
가사를 읽기, 꿈 꾸듯 낭송하기 등 파격적인 방법으로 노래를
이용했다. 배우들의 얼굴이 클로즈업되면, 화면 밖에서 로니의
목소리가 들린다. "이렇게 말했지만 다르게 말할 수도 있어." 이
장면은 고다르의 ⟨남성, 여성⟩의 추상적인 사실주의를 가렐의
⟨폭로자⟩의 감각적인 추상 관념으로 이어준다.

3)   ⟨후가 기록한다(Les Who enregistrent)⟩

5분, 필립 가렐과 미셸 테텡제(기자) 공동 연출, 1967년 5월 21일 ⟨부통 루즈⟩ 방영

⟨주크박스⟩ 코너에 소개된 이 작품은 스튜디오에서 ⟨픽처스 오브
릴리(Pictures of Lily)⟩의 녹음 과정을 기록하는 영상물에 그칠
뻔했다. 피터 타운센드(Peter Townsend)가 작곡한 ⟨픽처스 오브
릴리⟩는 어린아이의 자위 행위를 은유한다. 네거티브 화면과
빠르게 횡단하는 카메라, 아이들 사진을 병렬적으로 편집하면서
음악가에 대한 페티시를 연출한다. 그러나 그것만은 아니다.
필립 가렐의 부드러운 목소리가 "오늘 아침, 그룹 후(Who)가
앨범을 녹음했다. 릴리의 사진 없이는 잠을 이루지 못하는 소년의
이야기였다"라고 결말을 맺는다. 길 위에 있는 소녀의 사진에
⟨픽처스 오브 릴리⟩라 부르는 고음 구절을 입히면서, 이 기록
영상물은 이미지의 필요성을 새삼 깨닫게 하면서 어린이에 대한
한 편의 시로 승화했다.

4)　　　〈폴나레프, 주주 그리고 봉봉 매직(Polnareff, Zouzou et les
　　　　　Bonbons magiques)〉

14분, 1967년 6월 18일 〈부통 루즈〉 방영

"6월의 어느 늦은 오후, 미셀과 나는 지루했어. 다행히도 미셀이
인도를 여행했을 때, 한 고행자가 마술 사탕(마약을 가리키는 은어 –
옮긴이)을 주었지. 사탕 덕분에 우리는 예쁜 동화 같은 꿈을 꿨어.
그리고 당신을 우리의 꿈에 초대하기로 했어. 사탕처럼 마술적인
이 카메라를 통해." 후에 가렐의 영화 〈집중〉에서 배역을 맡는
주주가 등장해 노래 소절과 단막극을 소개한다. 폴나레프는 〈수양
버들(Saule pleureur)〉, 〈개미들의 왕(Le roi des fourmis)〉의 소절을,
주주는 〈소년(Petit garçon)〉과 〈나는 바람의 소녀랍니다(Je suis la
fille du vent)〉 등 여러 곡을 부른다. 그들의 노래는 벌판, 교회, 성,
지하철역 등 야외를 배경으로, 네거티브 필름으로 편집한 화면
위를 흐른다. 한편 단막극은 동물과 괴상한 식물 상(像)이 가득
들어선 스튜디오에서 촬영되었는데, 『이상한 나라의 앨리스』에서
애벌레 장면을 연상시키는 도상이다. 평화롭게 취한 두 팝 스타는
LSD의 미덕을 거리낌 없이 유쾌하게 예찬한다.

5)　　　〈안다와 소피스티카시옹(Handa et la sophistication)〉

11분, 1967년 6월 18일 〈부통 루즈〉 방영

가렐의 텔레비전 시리즈 중에서 가장 강렬한 작품이다. 가렐은
사회적 인물 유형으로 조명받던 여성 댄디(보들레르 취향의 남성
댄디론으로는 상상할 수 없다)를 조명했다. 가렐은 주인공 안다를
극도의 클로즈업과 반쯤 연 조리개로 촬영했다. 안다는 본인의
열정적인 소비 활동을 소개한다. 안다는 옷을 고르고, 보석을
구경하고, 파리 이슬람 사원에서 차를 마시고, 아편 파이프를
피운다. 안다는 벨기에 삽화가인 기 필레흐트(Guy Peellaert)의

모델 중 한 명이었다. 필레흐트는1966년에 실비 바르탕(Sylvie
Vartan)을 모델로 〈조델의 모험(Jodelle)〉을, 1968년에는 프랑수아
하디(Françoise Hardy)를 모델로 〈살아남은 프라다(Pravda la
survireuse)〉를 그렸다. 안다는 카메라를 향해 거만한 목소리로
대사를 읊는데, 진주로 치장한 그녀의 옷차림만큼이나 잊을 수
없는 대사다. "나는 데카당스를 지지해", "이웃들은 나와 정반대로
살아. 아침 8시에 달리기 시작해. 시끄러워서 잠을 깨잖아.
별로야", "뱀을 만지는 게 좋아. 아주 아름다워. 환상적이지",
"내 초상화 앞에 앉았어. 사이키델릭한 초상화 앞에", "너무
말을 많이 했어. 이제는 레이스를 만지러 가야 해", "어쨌든
당신들은 노력 좀 해야 해… 보디그래프(Bodygraphe) 싸구려 옷
가게에서 나온 듯한 꼴 하고는"(= 그래 봤자 늘 형편없겠지만).[5]
10분가량 계속되는 코믹하고 민망한(안다는 밤새도록 산책한
후, 피곤에 지친 이민 노동자들과 함께 지하철을 탄다) 영상은
매우 선동적으로 끝을 맺는다. 안다의 오른쪽 눈을 클로즈업하면
그녀가 말한다. "알겠다고. 내가 그렇게 좋으면 편지 보내도 돼.
그래 봤자, 당신들은 가능성이 없어. 텔레비전 보는 사람들, 정말
재수 없어."

6)   〈결론(Conclusions)〉

1967년 6월 18일 〈부통 루즈〉 방영

가렐은 각각 40초와 30초 분량의 장면에 등장하는데, 스튜디오를
배경으로 약간 올려 찍힌 필립 가렐은 굉장히 젊고(당시 그의
나이는 고작 열아홉이었다) 마른 모습이다. 가렐은 부드러운
목소리로 말한다.

---

5   보디그래프는 의류 산업이 주도한 양복점이다 – 옮긴이.

첫 테이크: "지금까지 〈부통 루즈〉를 보셨습니다. 저희 방송
분량의 4분의 3이 영어권 가수들을 소개하는데, 왜 그럴까요?
왜냐하면 프랑스에서 지난 몇 달간 별 이렇다 할 일이 없어서
그런답니다. 5년 전만 해도 프랑스에서 록 음악이 시작됐을 때는
굉장했죠. 예를 들어 빈스 테일러(Vince Taylor)가 있었잖아요….."
두 번째 테이크: "빈스 테일러가 더 이상 회자되지 않는 건 디스크
업자들이 너무 서둘러서 그러는지도 모릅니다. 어쩌면 업자들이
정말로 불편해서 그런지도 모르죠. 어쨌거나 요즘 세상이 어떻게
음악가를 생산하는지 보여주는 실례입니다."
(1961년 빈스 테일러는 프랑스 음악 산업가에게 발탁되어
섬광처럼 떠올랐다. 그러나 4년 후 파리에서 열린 콘서트 중에
아직 유행도 아닌데 무대 위를 다 부수는, 직업적으로 '자살
행위'에 가까운 행동을 보였다.)

7)　　　〈젊은이들과 돈: 서두(Les jeunes et l'argent: présentation)〉
　　　　2분, 1967년 6월 18일 〈부통 루즈/세즈 밀리옹 드 퀸느〉 방영

어둡고 밋밋한 배경 화면에서 필립 가렐이 차분하게 말한다.
"안녕하세요. 시청자 여러분께 저희 방송 '젊은이들과 돈'을
소개하려고 합니다. 이 방송은 자본 체제에 적응한 젊은이들을
소개하는데요, 이미 돈을 벌기 위한 전투를 받아들였으며 더
자세히 말씀 드리자면, 그 싸움에서 성공한 사람들입니다. 이
방송은 젊은이들에 대해 말하고, 그들을 위해 준비한 거에요.
왜냐하면 저 같은 경우 요즘 정말 숨이 막히거든요."

8)   〈젊은이들과 돈: 프랑스 갈(Les Jeunes et l'argent: France Gall)〉, 〈마리안느 페이스풀(Marianne Faithfull)〉

각 1분 / 7분, 1967년 6월 18일 〈부통 루즈 / 세즈 밀리옹 드 쥔느〉 방영

익명의 사람들과 스타들의 인터뷰[다니엘 에슈테(Daniel Hechter)와 모델 크리스틴 시모네(Christine Simonet)와의 인터뷰는 고다르 영화 〈남성, 여성〉을 모델로 삼은 것도 같다]로 구성된 방송에서 가렐은 각각 프랑스 갈과는 사진 촬영장에서, 마리안느 페이스풀과는 한 방에서 인터뷰를 진행한다. 멀리서, 때로는 가깝게 촬영한 마리안느는 (마리안느는 고다르의 〈메이드 인 유에스에이(Made in USA)〉의 촬영을 막 끝낸 상태였다) 수줍어하고 내성적인 모습으로 불어와 영어를 섞어 말한다. 가렐이 질문하는 부분은 기타 연주곡으로 대체된다. 가렐은 돈에 대한 인터뷰보다는 마리안느의 얼굴이 풍기는 매력과 망설이는 목소리, 몸짓에 집중하면서, "내 인생은 너무나 피곤해요…"라고 더듬거리는 마리안느를 조명한다. 좀 더 사적인 장면 연출을 위해 마일스 데이비스(Miles Davis)와 똑같이 닮은 남자가 등장해 마리안느 페이스풀과 함께 담배를 피운다. 가렐은 마지막 장면 연출로 전형적인 텔레비전 인터뷰를 한 인물에 대한 초상화로 승화했다. 야외에서 촬영된 마지막 장면에서 마리안느 페이스풀은 롤스로이스 자동차에서 내려 "나는 스무 살이고 세상에 관심이 많아요"라고 말하고는(이 말은 주위의 소음에 묻혀 불분명하게 들린다), 한 건물 문 앞으로 가서 길게 초인종을 누른다. 마지막 장면이다.

9)   〈리빙 시어터(Le Living Theatre)(sic)〉

20분, 방영 날짜 미상

극단 리빙 시어터(1947년 창립)는 1967년 유럽에서 체류했다.
필립 가렐은 줄리언 벡(Julian Beck), 주디스 말리나(Judith
Malina)를 비롯한 여러 배우와의 인터뷰, 〈더 브리그(The
Brig)〉(1963)의 연습 장면, 이 예술 공동체의 창의적인 일상을
담은 아름다운 화면들을 교대로 편집한다. 줄리언 벡은
(프랑스어로) 말한다. "우리는 혁명을 준비한다고 믿습니다.
우리는 무정부주의자이며 평화주의자이고 모두를 변화시킬
방법을 찾고 있어요… 삶의 형태를 바꾸어야 합니다."
한편 주디스 말리나가 영어로 말하는 장면을 매우 우아하고
기발하게 연출한다. 시청자가 말리나와 감독의 목소리를 들을 수
있도록 말리나 인터뷰의 프랑스 통역 부분을 빠른 속도로 읽어서
더빙했다.
가렐은 리빙 시어터의 혁명적 열망을 가장 간결하게 전달하는
문구를 전달한다. "요즘 연극은 거짓말뿐입니다. 삶을 사건으로
치부합니다. 리빙 시어터는 삶을 변화시키기 위해 삶보다도 더
위대한 예술을 창조하려 합니다."

10)   〈잃어버린 길들 1966/1967 (Les chemins perdus 1966/1967)〉

46분

1984년에 가렐은 앞서 만든 〈더 리빙 시어터〉, 〈도너번〉, 〈후가
기록한다〉 세 편을 〈잃어버린 길1966/1967〉이라는 제목으로 묶고
서두를 덧붙인다. 서두에 가렐 자신의 이미지를 덧붙이고 "20살엔
누구나 옳다"라는 문구로 마무리한다.
우리는 시놉시스와 인용을 통해 랭보와 베를렌느처럼 저항적이고

타협하지 않는 20세기의 방랑 예술가, 필립 가렐이 어떻게 드골 정부와 자본이 지배하는 텔레비전에서 자유의 공간을 창조했는지 살펴보았다. 가렐의 텔레비전용 작품에서 우리는 그가 주로 다룬 젊음, 연인, 마약, 댄디즘, 폭동, 꿈, 무정부주의를 발견한다. 여인의 초상, 미니멀리즘을 다루는 능력, 돈에 대한 인터뷰조차도 서정적인 시로 승화시키는 재능이야 말로 가렐의 특징이다. 짧은 기록 영상물이지만 우선 무대 위에 모든 걸 올린 후에 꿈처럼 정화해나가는 가렐의 방법도 확인할 수 있다. 반면 가렐의 영화에선 흔치 않은 장치로, 웃음을 배제하되 영혼을 듬뿍 실은 익살스러움(〈로니와 단어들〉)은 새로운 발견에 속한다. 한편 가렐은 청춘의 재현에서 우상파괴와 예찬을 정정하기 위해 장뤼크 고다르 작품의 이미지와 지속적으로 대화를 나눈다. 가렐의 텔레비전용 작품에서 팝 음악이 지배하는 이미지 세계의 발현을 목격한다. 거기서 니코를 위해 마련한 여왕의 자리를 그려볼 수 있다. 당시 니코는 또 다른 반문화 수호자이자 필립 가렐과 매우 근접한 여정을 걸어온 피터 화이트헤드(Peter Whitehead)의 연인이었고, 그와 함께 뮤직비디오(〈나는 말 안 해요(I'm Not Sayin')〉(1965)의 촬영을 막 끝낸 참이었다.

처녀의 침대

1971 | 95min | 35mm | N/B

나는 어떻게 하나의 종교가 수세기 동안 그처럼 주입될 수 있었는지 알고
싶었다. 어떻게 그것을 떨쳐내는 게 가능한지… 문화 혁명도 아니고… 종교를
규탄하는 것은 더더욱 아닌 방법으로… 어찌 보면 오늘날 그것은 더 어려운
일일 수 있는데 신의 존재를 부정하려는 것보다 종교에 관한 모든 것을 말하지
않는 게 더 나은 일이기 때문이다.

– 필립 가렐, 디뉴의 첫 번째 여행

내부의 상처

1972 | 60min | 35mm | Color| Mono

필립 가렐은 벨벳 언더그라운드의 보컬이자 가렐의 뮤즈였던 니코와 10년간
동거하면서 모두 7편의 영화를 만들었고 〈내부의 상처〉는 그 중 첫 번째
영화이다. 이집트 사막에 홀로 앉아 있는 여인은 "숨을 쉴 수가 없어, 나를
도와줘"라며 울부짖는다. 이 여자 앞에 한 남자가 말을 타고 나타나지만 그는
그녀의 요청을 외면하고 자신의 가던 길을 갈 뿐이다. 여자는 그를 뒤쫓아
가지만 그를 잡을 수는 없다.

"난 잘 모르겠다. 결국 난 수치심 때문에 태연히 있을 수가 없다. 내가 정말
열심히 만들었던 두 영화는 〈내부의 상처〉와 연금술에 관한 영화
〈아타노르〉였다. 다른 영화들은 좀 날림으로 만들었는데 너무 빨리 끝내야 했고
자금도 부족한 데다 그것을 구하러 다닐 만큼 힘도 충분하지 않았다. 카메라와
필름이 있으면 난 즉시 가능한 한 내 침대 가까이에서 카메라에 필름을 감고
있을 것이다."

– 필립 가렐

48분 후 – 니코에게

"숨을 쉴 수 없어요."

나는 그것이 무엇을 의미하는지 몰랐습니다.
우리의 분노와 용기는 다 기화되었고,
우리 안에 가득 찬 무관심과 욕망만이
우리의 생명을 유지시키고 있기 때문이지요.

당신의 비명은
이제 들을 수 없어요. 소년은 오지 않을 겁니다.
저녁은 기나긴 밤으로 변하고
기억은 이제 지워져
남겨진 것은 희미한 얼룩뿐이죠.

눈물 흘리지 말아요.
나의 눈은 이제 스스로 물을 흘린답니다.
이제 울 수도 없어요.

사막에서도
얼음산에서도
바람 속에서도
늘 기대했던 것이 무엇인지
늘 좌절했던 것이 무엇인지
이제는 잘 모르겠어요.

언젠가 피에르가 이야기했는지도 몰라요.
"잘 지내고 있나요?"

당신도 그렇게 웃고 있잖아요.

처절한 고독

1974 | 80min | 35mm | Silent

〈처절한 고독〉은 실질적으로 홈 무비의 환경에서 촬영되었다. 그의 작업에서
흔히 보이는 것처럼 촬영은 그의 관찰에 따라 진행되는 것 같다. "나는 여성의
머릿속에서 어떤 일이 일어나는지, 그리고 그들의 성욕이 어떻게 작용하는지 본
적이 없기 때문에 (남성들과 비슷할 테지만 완전히 다를 것이다) 그들을 어떻게
이해해야 할지 모르겠다." 가장 강렬한 순간의 여성에 대한 그의 묘사는
심오하고 친밀한 정서적 현실감을 드러낼 것을 요구하며 또 그것을 이끌어낸다.

– 막시밀리안 르 케인(Maximillian Le Cain), 《시네마 리본(Cinema Reborn)》

영원함, 파편으로

필립 가렐을 전형적인 프랑스 감독이라 여겨본 적이 단 한
번도 없다. 가렐만큼 '프랑스식' 사실주의와 거리가 먼 감독이
없기 때문이다. 마찬가지로 누군가로부터 가렐이 매번 똑같은
영화('연인 이야기')를 만든다는 말을 들으면 웃지 않을 수 없다.
가렐의 영화는 거의 10년 단위로 명확하게 분류될 수 있으며 각
시기는 극명한 특색을 지닌다. 먼저 청춘을 주제로 다룬 시기,
1964년 초기 단편 시기(1948년생인 가렐은 청소년기부터 영화를
만들었다)가 있다. 또 1968년 5월 혁명의 분노를 담은 초기 장편
시기가 있는데 대표적인 영화로는 〈기억 속의 마리〉, 〈폭로자〉,
〈집중〉, 그리고 열정적이고 서정적이며 신들린 듯한 〈처녀의
침대〉를 꼽을 수 있다. 이 작품들은 모두 청춘을 공통분모로 한다.
가렐의 청춘 영화는 중추신경을 폭파할 정도로 분노로 들끓는다.
어떤 시네필들은 이 시기 가렐의 영화를 가장 아름답다고 꼽는데,
이 시기에 가렐은 혁명, 정치, 감각, 미학, 욕망, 갈망, 경험에
집중했고 집단 창작에도 열정을 보였다. 가렐이 세르주 바르,
파트리크 드발, 자키 레이날과 함께 잔지바르라는 매우 댄디한
창작 그룹을 만든 것도 바로 이 시기의 일이다. 이제야 말하지만,
이 예술가들은 예술적 동호회라기보다는 그저 함께 몰려다니는
패거리에 불과했다. 소년, 소녀들은 함께 파리 시내를 누비고,
아편, LSD, 대마초 등 환각제를 즐기고, 사막의 경계를 향해
여행을 떠났다. 이 패거리의 미학은 단지 아주 특정한 부류의
관중에게 통했고, 지금은 너무나 독특하지만 조만간 크게 유행할
옷을 고르듯 영화를 만들었다.

그런데 1969년부터 '엄숙하고' 붙박이처럼 못 박인 시기가
가렐에게 찾아왔다. 벨벳 언더그라운드의 보컬이며 워홀의
뮤즈인 니코와 사랑에 빠졌던 것이다. 경제적으로 매우 어려웠던
시기이기도 하다. 당시 두 사람이 살던 29번지 아파트는 검은
벽지를 바른 데다 전기 대신 늘 촛불로 불을 밝혔고, 따뜻한 물도
나오지 않았다. 잿더미, 광기, 은둔, 침체의 시간이었다. 사막과

눈으로 덮인 〈내부의 상처〉를 시작으로, 진 세버그의 얼굴을 보며
무너지는 1974년 작품 〈처절한 고독〉에 이른다. 이 시절은 가렐의
영화에서 언어가 철저히 거부된 시대였다. 가렐은 여기저기에서
얻어온 필름으로 영화를 제작했다. 이 시기의 끝 무렵에 가렐은
뤼미에르 형제들이 사용했던 크랭크 카메라로 〈시초의 블루〉를
찍었다. 이 영화에서 검은 드레스를 입고 오페라 건물 지붕 위에
오른 니코는 마지막으로 파리를 응시한다. 니코는 이 시절의
유령이며 실체였고 공포였다. 그리고 니코는 화면에서 사라진다.
삶과 영화를 혼동한 가렐의 태도는 영화감독 중에서 가장
친한 친구였던 으스타슈의 말로 설명된다. 이 시절 으스타슈는
"혁명가가 되는 건 처음으로, 뤼미에르 형제들의 영화로 돌아가는
거야"라고 말했다. 이 혁명기는 위험하지만 아름다운 한 줌의
영화를 남겼다. 이 영화들은 사랑과 상처, 결핍, 여주인공의 침묵,
청춘의 냉각된 고요를 향한 내면의 여행을 열어주었고, 한편으로
마음속 유배지에서 세상에 저항할 준비를 했다. 그러나 가렐은
육체적으로나 정신적으로 너무나 지쳤었기 때문에 1970년대 내내
10년 동안 지속해온 이 여행을 포기할 수도 있었다. 1968년부터
사람들은 가렐을 두고 영화의 랭보라 불렀는데, 그 덕분인지 그는
그야말로 긴 '지옥에서의 한 철'을 보내야 했다. 그러나 이 시절
가렐의 영화는 매우 고통스럽고 지독했지만 숨을 멈추게 할 만큼
아름다웠다. 관객들은 극장에서 〈처절한 고독〉을 보면서 마음을
다쳤고 카메라를 응시하는 여인들의 얼굴(진 세버그, 니코, 티나
오몽)을 견뎌낼 수 없었다. 카메라를 통해 살아남고 사랑하기 위한
마지막 안간힘이 전해졌기 때문이다. 이 시절은 필립과 니코를
지치게 했고, 인간에게 끔찍한 인생의 상흔을 입혔지만, 오늘날
필립 가렐이 들려주는 모든 경험 영역의 산실이 되었다.

이후의 가렐 영화는 서사적인 면을 띠게 되는데, 내면 세계를
표현하기 위해 그는 단어와 서사, 이야기를 찾았다. 1970년대의

강렬한 삶을 들려주기 위해 가렐은 당시 기억을 조각모음
하지만, 그렇다고 해서 자전적인 이야기를 쓴 것은 아니었다.
당시에 겪은 깨달음을 이야기하고, 감각을 재현하고, 어떤
성질의 본능이었는지 추측하고, 그 시대에 품었던 정치적 전망에
열광했을 뿐이다. 영화를 다룰 때 가렐은 시인이나 화가와도
같았다. 가렐의 작품에서 이미지는 사랑에 대한 구체적인 생각을
전달한다. 즉, 사랑은 세상(남자와 여자, 사랑의 장애물)만큼
오래됐고, 모더니티를 완성하는 방법으로서 매 시대에 새롭게
대두했다. 그런 이유에서 가렐의 작품에 등장하는 남녀, 사랑과
도피, 살아남기 위해 필요한 사랑, 혁명을 이루기 위한 사랑
이 모두는 원시적이면서도 현재적이다. 사랑의 고통은 너무나
강렬하기 때문에 경험의 시제와 상관없이 늘 현재적이다.
사랑하고 있는 사람은 바로 지금, 현재의 시간을 산다. 사랑하고
있는 사람만큼 사랑의 고통을 제일 잘 아는 사람은 없다. 흔히
가렐의 영화를 두고 슬프다고들 하는데 그건 어느 정도 사실이다.

나는 앞서서 가렐의 작품이 자전적이지 않다고 했는데 가렐은
언제나 자기 삶을 왜곡해서 영화화했다. 다시 말해, 인생에서
영감을 찾지만 작품에 자기 인생을 세세히 밝히지 않는다.
1979년부터 시작된 영화 서사도 같은 맥락이다. 비밀을 좋아하는
가렐에게 서사는 귀가 먹은 것 같았다. 왜 시나리오나 이야기가
필요할까? 입을 다물고도 더 많은 이야기를 할 수 있는데.

가렐은 자신과 거리를 두기 위해, 생각의 폭을 넓히기 위해,
서사를 이용했다. 다시 시작하기 위함이었다. 가렐의 첫 서사
영화 〈비밀의 아이〉는 그의 최고 작품으로 꼽는다. 〈비밀의
아이〉는 가렐의 모든 영화와 비교되고 대조되면서 그 한가운데
있다. 이후의 작품은 〈비밀의 아이〉가 완성하지 못한 남녀 사이의
사랑의 대화를 이어가는 데서 출발한다. 가렐의 마지막 작품이며

그의 작품 중 프랑스에서 가장 큰 성공을 거둔 〈인 더 섀도우 오브 우먼〉의 경우도 마찬가지다.

〈비밀의 아이〉는 어떤 점에서 가렐 영화의 중심에 놓이는 걸까. 이 영화는 강렬한 상황을 전개하고, 지속해서 얼굴을 비치며, 강렬한 빛에도 불구하고 부드러움을 연출하며, 편집, 음향의 기술을 통해 무언가를 표현한다. 〈비밀의 아이〉는 번개처럼 급작스럽게 펼쳐지고, 심리나 과장 등 거추장스러운 요소들을 점진적으로 제거해간다. 언어를 사용하지만 과도하지 않다. 이 영화는 모더니티 역사에 순결한 상처를 남겼다. 영화의 모더니티? 아니다. 사랑 관계에 있어서 모더니티다. 남녀 사이의 변증법은 가렐이 1964년부터 50년 동안 탐색해온 유일한 주제였다.

〈비밀의 아이〉는 그림처럼 그려졌고(가렐의 영화를 그림과 비교해야 한다. 이건 전투 장면, 저건 자화상, 그리고 저건 스케치 재능이 엿보이고…), 특정한 영화 미학을 선보였다. 예를 들어 하얗고 거칠며 여기저기 구멍이 난 덩어리 같은 영화(늘 뭔가가 부족한 듯하지만 거기서 균형을 찾는), 박제되고 상처 입은 영화, 낮은 목소리로 말하는 영화를 말한다. 10년, 20년, 30년 동안 가렐은 청년 시절의 기억과 성인의 나이, 인간의 나이 사이에서 부유하며 깨달음을 얻기 위해 영화를 만들었다.

1979년부터 현재까지 가렐은 자신의 부모의 삶일 수도 있는 이야기를 영화로 만든다(완벽에 가까운 이 작품 〈밤에는 자유〉에서 아버지이자 대배우인 모리스 가렐에게 가장 아름다운 역할을 선사한다). 훌륭하지만 경악스러운 영화 〈그녀는 조명등 아래서 그토록 많은 시간을 보냈다… 〉를 만들었다. 〈퐁텐느 거리〉에서는 1970년대 중반에 〈처절한 고독〉에 출연한 진 세버그를 등장시켜 예전의 만남을 조명한다. 이어서 〈더 이상

기타 소리를 들을 수 없어〉(자기 세대에 대한 위대한 영화적
결산), 〈구원의 키스〉(구원의 키스를 할 것인가, 혹은 연인관계를
되찾기 위해 어떻게 영화를 만들까), 〈사랑의 탄생〉(사랑하기에
다시 한 번 영화를 만든다)과 〈와일드 이노센스〉(메마르고
쓰디 쓴 영화)를 만들었다. 또한 처음으로 아들 세대 이야기를
담은 〈밤에 부는 바람〉을 만들었다. 〈밤에 부는 바람〉은 이후의
작품인 〈평범한 연인들〉과 긴밀히 연관된다. 세 시간 동안
진행되는 멋진 작품인 〈평범한 연인들〉에서 가렐은 2005년의
소년, 소녀의 삶을 그리기 위해 자신의 경험을 불러왔다(1968–
1969년의 젊은이의 삶). 가렐은 마지막 작품인 〈인 더 섀도우
오브 우먼〉을 제외하고, 아들 루이(Louis Garrel)를 자신의 모든
영화에 출연시켰다(그 중 〈새벽의 경계〉와 〈질투〉는 명작이다).
루이 가렐이 등장하는 필립 가렐의 작품은 전환의 영화 계열에
속하는데, 이 삶에서 다른 삶으로, 과거의 모호함으로의 전환을
꾀한다. 혹은 분산된 방법으로 수정된 현재, 새로운 에너지로
전환한다.

(대부분 가렐을 알지 못하는) 요즘 젊은이들을 통해 자신의
경험을 재현한 이유는 그들이 가렐 세대의 청춘 시절로
거슬러 가서, 그 세대의 잘못(가렐 세대에 자살이 빈번했다)을
영화에서나마 바로잡기를 바랐기 때문이다. 동시에 한 세대를
조명하면서 그로부터 시대의 교훈과 같은 어떤 영원성을 발견할
수 있다고 생각했다.

페르난두 페소아(Fernando Pessoa)는 평생을 동양에 집착했다.
그가 늘 멀리 있는 뭔가를 찾았다면, 가렐은 늘 자신 안에서
찾고자 했다. 자신의 주변을 맴도는 유령들로부터 사후의 영화를
위한 재료를 찾아 헤맨 것이다. 가렐이 남긴 30여 편의 영화는
여러 시대를 쌓아 올린 '시간의 건축물'이다. 가렐은 살아남은

자였다. 가렐 주변 소중한 사람들의 죽음, 니코, 진 세버그, 장 으스타슈, 아버지 모리스, 피에르 클레망티, 화가이며 친구인 프레데릭 파르도, 예술가 다니엘 폼므릴르(그리고 가렐이 끊임없이 영화를 만들며 추억하는 사람들)의 죽음은 가렐이 훌륭한 작품을 창작하는 동안 재구성되고 새롭게 펼쳐졌다. 이제 가렐은 파우스트처럼 여행한다. 파우스트는 제라르 드 네르발이 준 재능 덕분에 회오리, 훼손된 배, 방향 상실의 악조건에도 시간의 무한성을 항해할 수 있었다. "파우스트는 견고함과 완벽함을 벗어나 영원히 떠돌기를 원했다"라는 네르발의 말은 틀리지 않다. 가렐은 파우스트처럼 과거의 형상에 접근하면서 동시에 미래의 형상으로 향한다. 가렐의 영화에는 해결되지 않은 사건에 연루된 여러 등장인물들처럼 모든 시제가 동시에 존재한다. 이러한 특징은 〈비밀의 아이〉에서부터 시작되었고, 〈평범한 연인들〉 이후로는 더욱 심화되었다. 가렐의 작품에서 인생, 영화, 꿈 사이의 경계는 편수가 늘어날수록 더욱 옅어졌다. 가렐은 꿈으로 영화를 만들었고(아름다운 유령들, 대체로 흑백 영화의 유령들은 더욱 아름답다), 추억, 이야기, 현재의 순간들을 뒤섞는다(가렐은 오직 한 차례의 장면 촬영이라는 독특하고 아름다운 원칙을 가졌는데, 영화는 오직 한순간에 발현하기 때문이다). 결국 가장 중요한 건 영화가 관통하는 시간의 두께이다. 다시 말해 동시에 모든 시간을 균형 있게 보여주는 문제다. 어렴풋이 본 30여 편의 영화, 여인의 눈을 통해, 돌연히, 영원의 한 조각. 감각의 한편에서 영원을 찾아다 줄 가렐 영화 30여 편.

비밀의 아이

1979 | 92min | 35mm | N/B

"모든 일은 한꺼번에 일어난다. 우리에겐 아이가 있어 보수도 없는 일을
그만두었다. 돈을 벌기 위해서는 반드시 프로듀서를 만나야 한다. 그리고
그에게 시나리오를 내밀어야만 한다. 〈비밀의 아이〉는 바로 이런 두 시기의
전환점에 놓인 영화다. 언더그라운드 영화이지만 이미 내러티브를 가진
영화였다."

– 필립 가렐, 《레인록스(Les Inrocks)》

그녀는 조명등 아래서
그토록 많은 시간을 보냈다…

1985 | 130min | 35mm | N/B

1970년대 말에 신화의 시간은 지나가고 이야기가 시작되었다. 실어증에 걸린
마비 상태, 음악적 지배로부터 멀어진 다른 형태의 이야기라고 봐도 될 그의
이야기를 해야 할 때가 되었다. 가렐은 영화 때문에 그의 삶을 살기보다는 영화
속에 그의 삶을 베껴놓기 위해 자전적 이야기가 필요하다고 생각했다. 〈그녀는
조명등 아래서 그토록 많은 시간을 보냈다…〉는 제목 자체가 이미 과거를 말하고
있다. 아스팔트 빛 몽환이 부유하는 이 파편화된 영화는 가렐의 삶에서 가장
중요한 두 가지 사건을 이야기한다—니코와의 이별, 가렐의 아들 루이(배우이자
감독인 브리지트 시와의 사이에서)의 출생. 이 작품은 '그의 삶에서의 두 개의
사랑'이 교차해가는 시점을 이야기한다. 두 개의 사랑은 아이의 어머니인
(필경은 여주인공 마리를 가리킬) 한 여자를 통해 교차하지만 곧바로 죽음의
장소로 바뀌기도 한다.

– 스테판 들로름(Stéphane Delorme), 《카이에 뒤 시네마(Cahier du Cinéma)》

배우는 연기할 때 무엇에 대해 생각하는가?

필립 가렐의 최근 영화 〈인 더 섀도우 오브 우먼〉에서 클로틸드 쿠로(Clotilde Courau)는 관객이 거의 기대하고 있지 않을 때 절망이 가득한 얼굴로 웃음을 던지며 환한 빛을 밝힌다. 그녀의 선택은 자신이 연기하는 캐릭터에 충분히 몰입한 배우의 선택이어서 관객뿐만 아니라 화면 안과 카메라 뒤의 동료들도 깜짝 놀라게 한다. 그녀는 진정한 사랑으로부터 완벽히 거부당한 인물 마농이 되어 감정의 생생한 섬광을 쏟아내며 거친 생명력을 스크린 안으로 가져온다. 그녀의 이러한 감정은 가렐이 자신의 이전 영화들에서도 사용한 순식간의 점프 컷 효과, 갑작스런 과잉 노출, 검은 플리커(black flickers) 등의 기법으로 묘사된다. 클로틸드 쿠로는 이제는 가렐의 배우들에게서 기대되는 연약함 그 자체의 상태로 우리 앞에 서 있지만, 우리가 존재 그 자체에 대한 기록보다는 여기서 작용하고 있는 무엇인가가 더 있을 것이라고 생각하게 되는 방식으로 그 연약함을 능숙하게 다룬다.

가렐의 영화에서 연기는 정말로 연기이다. 연기는 배우에 의해 조심스럽게 만들어지고 감독의 도구에 의해 다듬어지는 무엇이다. 하지만 이것으로 인해 쉽게 간과될 수 있는 것들은 가렐을 생각할 때 나의 마음속에 맨 처음 떠오르는 다음의 이미지들로 설명될 수 있을 것이다. 〈밤에는 자유〉에서 하얀 새벽에 맨살의 팔을 떨며 침대에 앉아 있는 크리스틴 브와송(Christine Boisson), 〈더 이상 기타 소리를 들을 수 없어〉에서 카페에 앉아 반짝이는 눈물을 조용히 흘리고 있는 요한나 테어 스테게(Johanna ter Steege), 〈평범한 연인들〉에서 모리스 가렐의 얼굴에 주름으로 새겨진 긴 삶의 지도. 가렐의 영화는 실제 삶에서 도려낸 듯한 우아한 인물 묘사의 순간들로 가득 차 있다. 정말 진짜 같다는 이러한 인상은 그의 영화들이 자서전적이고 자신의 가족들(그의 여자 친구들, 아내들, 아버지, 아들, 때때로 감독 그 자신)을 영화에 자주 등장시킨다는 사실에서 더 커지는 것 같다.

영화 〈처절한 고독〉은 무성 흑백 영화로 가렐의 오랜 연인
니코, 그의 친구 진 세버그, 그 외 몇 명의 다른 배우들의 고독한
클로즈업으로 구성되어 있으며 언뜻 우울하고 아름다운 홈
무비처럼 보일 수 있다. 하지만 진 세버그는 연기 학교인 배우
스튜디오(Actor's Studio)의 예찬론자였다. 그녀의 장면들은
방심한 순간들과는 거리가 먼 허구적 히스테리 상태를
연기해내기 위해 개인적 감정(이 영화의 경우 고뇌)을 이용하는
메소드(Méthode) 연기의 정점을 보여준다. 이 장면들을 잊을
수 없게 만드는 힘은 부분적으로는 연기의 감정적 내용이
목적과 분리되어 있다는 것이다. 이것은 메소드 연기의 또 다른
기본적 측면(이야기는 없고 순간만 존재하는 것)이기도 하다.
그리고 연기에 의해 고조된 근원적 진실들은 피할 수 없는데, 진
세버그는 〈처절한 고독〉에서 약물을 과다 복용하는 연기를 하고
나서 5년 후에 진짜로 약물을 과다 복용하여 자살하고 만다.

15년 후, 가렐은 "배우는 연기할 때 무엇에 대해 생각하는가? 이
질문과 프레임의 높이가 영화를 만드는 요소가 된다"는 구절로
시작하는 〈우리 시대의 예술가들〉을 발표한다. 이 작품은 포스트
누벨바그 세대의 영화감독들에 대한 다큐멘터리이다. "배우는
연기할 때 무엇에 대해 생각하는가?"라는 물음은 예술적으로
보수적이던 1980년대 영화감독들에게 밀려온 관심사들로 인해
곧 잊혀지고 말지만 작업의 내용과 방식을 명확히 드러내는
질문이다. 프랑스 아방가르드 영화의 영웅인 가렐은 그의 주된
관심사가 연기라는 것을 밝힘으로써 자신의 관심이 스토리텔링의
가장 기본이 되면서도 가장 설명하기 어려운 측면에 있다는 것을
인정한다. 우리는 그가 영화 속 인물들의 머리에서 일어나고 있는
일에 대해 묻고 있지 않다는 것에 주목해야 한다. 그의 질문은
실제적인 것으로, 배우들이 그의 영화 촬영 과정의 일부이기
때문에 그는 그들이 무엇을 생각하고 있는지 알 필요가 있는

것이다. 하지만 이 질문의 현재시제는 이 질문이 "배우들이
그들의 일을 준비하기 위해 무엇에 대해 생각하는가?"가 아니라
"배우들이 카메라 앞에서 무엇을 생각하는가?"에 대한 것임을
제시한다. 달리 말해, 그의 질문은 "내가 그들을 촬영할 때 그들은
누구인가?"이다. 가렐은 그가 배우들을 촬영하고 있다는 사실을
숨기지 않을 것이며 인간으로서 그들에 대한 자신의 관심도
부정하지도 않을 것이라고 말한다. 아마도 그의 픽션은 배우들에
대한 다큐멘터리일 것이다. 결국 그는 자신 앞에 있는 것에 대해
촬영하는 존재론적 감독이다. 〈구원의 키스〉에서 잔느[브리지트
시(Brigitte Sy)]가 미누세트[아네몬느(Anémone)]를 찾아가 자신의
남편 영화에서 맡은 역할을 포기해달라고 부탁한다. 햇빛과
자동차 소음이 열린 창을 통해 흘러 들어오고 이미지의 일부는
과잉노출이 되며 대화의 어느 부분은 잘 들리지 않는다. 몇 분 후
미누셰트가 창문을 닫자 자동차 소음은 더 이상 들리지 않는다.
구름은 흘러가고 햇빛은 흐릿해진다. 존재하는 것이 존재하는
것이다.

하지만 배우가 가장 듣고 싶어하지 않는 말은 '그냥 있는' 것이다.
그렇다면 가렐은 어떻게 그렇게 할까? 그는 스타니슬라브스키
(Stanislavky) 연기론과 프랑스 연극연출가이자 교사인 샤를 뒬랭
(Charles Dullin)[1]의 이론을 함께 이용하고 있음을 비쳐왔다.
또한 그는 배우들에게 과장되게 연기하지 말고, 관객의 주의가
뉘앙스에 가도록 부드럽게 말하고 적게 움직일 것을 요청한다고
말했다.[2] 가렐은 엄격하게 시간 순서에 따라 촬영하고 하나의

1　필립 아주리, 『필립 가렐 작업의 본질(Philippe Garrel en substance)』, Capricci, Paris,
2013년, p.134. 가렐에 의하면, 샤를 뒬랭(Charles Dullin)의 방법은 배우에게 다음과 같이 말하는
것이다. "당신 자신을 흉내내지 말고 그냥 거기에서 당신의 인생이 계속되게 하세요. 당신의
생각을 멈추지 말아요." 이것은 영화 〈우리 시대의 예술가들〉에서 언급된 질문에 대한 흥미로운
응답이다.
2　필립 가렐, 토마 레스퀴르, 『심장 대신 카메라』, Amiranda / Institut de l'Image, Aix-
en-Provence, 1992, p.97.

숏마다 하나의 테이크만을 취하며 기술적으로 어려운 기법을
이용하지 않는 것으로 알려져 있다. 가렐은 순수성을 위해 이
방법을 맹목적으로 숭배하긴 했지만, 이것 또한 여러 방법들 중
하나일 뿐이라는 것을 인정하고 40여 번의 테이크로 진을 빼는
자크 드와이용의 방법과도 같은 방법이라고 생각한다. 그럼에도
불구하고 〈밤에 부는 바람〉에서 카트린느 드뇌브(Catherine
Deneuve)는 다른 어느 곳에 있는 것 같지 않다. 그녀는 물론
여전히 무비 스타이다. 그리고 사실 가렐은 드뇌브의 캐릭터와
그녀의 젊은 연인(자비에르 보부아Xavier Beauvois가 연기함)의
다른 점이 나이 이상이라는 것을 분명히 보여주기 위해 전설적
여배우에게서 풍겨 나오는 기품을 이용한다. 그러나 드뇌브가
대사를 말할 때 그녀는 우리가 전에 들어보지 못한 목소리로
말한다. 그 목소리는 수년 동안 지녀온 통제력을 잃어버리고
거의 소녀 시절로 되돌아간 목소리이다. 드뇌브는 무대에서
연기하는 것을 꺼리는 것으로 알려져 있는데 아마도 가렐의 원
테이크(one-take) 방법은 무대 위에서의 연기와 가까웠을 것이다.
싱글 테이크의 연기는 확실히 부담이 되는 연기여서, 그 순간에
존재하기 위해 배우들은 안전하게 연기하는 것과 새로운 스타일로
연기하는 것 사이에서 최종 결정을 지어야 한다. 이것은 그들에게
권한을 부여하기도 하는데, 단 한 번의 테이크인 까닭에 편집자가
아닌 배우가 그 장면을 스크린에 올리는 것을 결정하는 것이다.

만약 가렐 영화의 연기 '스타일'에 대해 설명해야 한다면 나는
그의 배우들이 순간을 채우기 위해 절제된 연기를 한다고 말해야
할 것이다. 영화 〈사랑의 탄생〉의 끝부분에 등장하는 장피에르
레오의 클로즈업을 생각해보면 그것을 알 수 있다. 장피에르
레오가 연기한 레네는 자신의 아내와 다시 결합하고 그녀를 말
없이 바라본다. 이 흑백 장면은 거의 아무런 변화 없이 오랫동안
지속된다. 레오는 두 번 아래를 바라보고 다시 고개를 들뿐이다.

오직 바보만이 '모든 것'이 무엇인지 물으려 하겠지만, 모든
것이 거기에 있다. 장피에르 레오만큼 대단한 감독들과 작업한
연기자도 드물지만 이 장면을 보는 우리는 우리가 전에 진짜 그를
본 적이 있는지 묻게 된다. 하지만 이 배우의 눈동자의 움직임은
이 이야기의 일부이며 아내와의 결합으로 인한 수치심과 기쁨을
동시에 드러낸다. 우리는 레네를 보고 있다(그리고 레오는
예전처럼 아내의 어깨에 손을 잠깐 얹는데 이 행동이 단순히
지나가는 행동이긴 하지만 그가 여전히 그녀를 사랑하고 있는지를
짐작할 수 있게 한다).

가렐의 영화에서 남성들은 자주 침묵하고 절제하는 모습을
보여준다. 예를 들어 가장 최근 영화 〈인 더 섀도우 오브
우먼〉에서 스타니슬라 메하르(Stanislas Merhar)가 그러하다.
그들은 여성들의 적대자 역할을 맡는다. 여성들은 때때로
남성들처럼 절제되어 있지만 거의 언제나 더 생기 넘치고 더
적극적이라는 인상을 주는데, 그것은 가렐의 카메라가 우리가
그들의 눈 속에서 빛나는 불빛을 볼 수 있도록 그들 위에 머물기
때문이다. '프레임의 높이'(예를 들어 기본적인 영화 기술들)
때문에 가렐은 배우가 생각하고 있는 것에 대해 이야기할 수 있다.

〈평범한 연인들〉은 가렐의 기술 선택이 (특히 편집에서) 영화 속
인물에 대한 관객의 인식에 영향을 미치는 방식들을 보여준다.
이 작품의 첫 번째 클로즈업은 학생 활동가 장 크리스토프[에릭
루이야(Eric Ruillat)]의 모습인데 너무 짧은 장면이어서 망막에
흔적만 남긴 채 번쩍하는 섬광처럼 사라진다. 우리는 직관적으로
이 영화에서 가장 급진적이고 규정하기 힘든 인물에 대해 알아야
할 모든 것을 알게 된다. 그러나 가렐은 그 반대 방법도 취하는데
관객은 많은 설명 없이도 인물(많은 경우 여성)에 대해 숙고하게
된다. 이 영화에서 많은 인물들이 우리가 그들이 어떤 사람인지,

한 장면에 등장할 것인지, 2시간 내내 등장할 것인지 추측할
수 있기 전에, 긴 시간의 클로즈업으로 우리 앞에 나타난다.
그들의 중요성은 언제나 지금 여기에 있다. 가렐의 유일한 '그룹
영화(group film, 여러 주인공이 등장하는 영화)'라 할 수 있는 이
영화의 시위 장면에서는 루브르 박물관에 걸려 있는 대작들에
걸맞은 영광스러운 클로즈업이 이름도 대사도 없는 인물들에게
주어진다. 가렐의 영화에는 단역 배우도, 중요하지 않은 인물도
없다. 헌신에 가까운 이 관심은 클로틸드 에스므(Clotilde
Hesme)가 연기한 젊은 조각가 릴리에 대한 소개에서 절정에
이른다. 우리는 앞서 움직이는 미디엄 숏에서 다른 여성들과 함께
있는 그녀를 본 적이 있다. 그러나 프랑수아(루이 가렐)와 소파에
나란히 앉아 몇 마디 말을 주고 받은 후, 가렐은 그녀의 옆모습을
클로즈업으로 보여주면서 대화를 중단시킨다. 이 침묵의 순간은
프랑수와가 그녀에게 접근할 때 이야기와 상관없이 관객들도
동시에 그녀를 주목할 수 있게 하려는 의도인 셈이다. 릴리의
클로즈업 된 얼굴 장면에 아주 빠르게 삽입되는 블랙화면은
영화를 보면서 그녀의 매력에 빠지는 관객들에게 더 깊은 마법의
주문을 건다.

가렐 영화에서 내가 가장 좋아하는 연기는 걸작 〈더 이상
기타 소리를 들을 수 없어〉에서 고인이 된 브누아 레정(Benoît
Régent)이 보여준 연기이다. 가렐이 〈구원의 키스〉에서 연기한
것을 본 적이 있는 사람이라면 브누아 레정이 〈더 이상 기타
소리를 들을 수 없어〉에서 가렐을 모방하고 있음을 알 것이다.
레정은 몽유병자처럼 두 여성 사이를 오고가는 남자를 절묘하게
연기한다. 사실 이것은 가렐 영화의 특징인 생략적 스타일을
완성하기 위해 가렐이 배우의 연기력에 어느 정도 의존하는지
잘 보여준다. 〈더 이상 기타 소리를 들을 수 없어〉는 가렐과
니코(요한나 테어 스테게) 사이의 관계를 느슨하게 좇아가며

그들이 1969년에 이탈리아 도시 포시타노에서 처음 만났을 때부터 1988년 그녀가 사망할 때까지 약 20년의 세월을 다룬다. 배우들은 노역 분장이나 시대 복장을 입지 않는다. 그리고 이 작품은 대사가 꽤 많은 작품인 반면(가렐의 작품에서 연기할 때 어려운 점들 중 하나는 매우 문학적이고 시적인 대사들을 자연스럽게 말해야 한다는 점을 기억하자), 그 대사들은 보통 이 정도 규모의 이야기에서 기대되는 설명적 정보를 거의 담고 있지 않다(예를 들어 '누가, 누구와 언제 어디서 헤어졌다느니'와 같은 정보). 가렐은 이 모든 것(이야기의 기본 내용과 시간의 흐름)을 위해 배우들의 얼굴에 의존한다. 그들의 눈은 감정, 지침, 눈물, 이별을 전달한다. 그리고 이것은 대사들로 묘사될 수 없는 장면, 즉 감정을 불러오는 능력과 기교의 지식이 결합되어 연기를 초월하는 장면에 있다.

만약 내가 가렐의 영화들에서 단 한 장면만 선택해야 한다면 그것은 브누아 레정이 그의 친구 화가 마르탱[얀 콜레트(Yann Colette)]과 마지막으로 만나는 장면이 될 것이다. 브누아 레정은 그의 친구가 갓 태어난 자신의 아이에 대해 관심이 없다는 것을 알게 되자 몹시 상처받는데 그때 그의 얼굴에 드러나는 실망감은 모든 세대의 실망감을 대변해준다. 이 일이 일어났을 때 우리는 아이의 파란 눈 속에서 배우, 등장인물, 감독 그 자신이 하나가 되어 역사를 이루는 것을 보게 된다.

시릴 베긴

배우의 영혼

2012년 〈질투〉를 준비하는 동안 가진 한 인터뷰에서 필립 가렐은
"배우의 영혼이 없는 연기자와는 영화를 만들 수 없다"라고 말한
바 있다. 이 은유적 표현에는 보다 직접적인 의미 또한 담겨
있는 듯하다. 가렐의 생각에 의하면 '배우의 영혼'을 갖는다는
것은 단지 연기를 천직으로 삼는다는 것을 의미하지 않는다.
그렇다면 이것은 무엇을 뜻하는 것일까? 감독이 무신론자라는
점을 고려했을 때, 그가 쓴 이 '영혼'이라는 단어의 일차적
의미를 유추하는 것이 난해한 일임은 분명하다. 그러나 〈처녀의
침대〉에서 피에르 클레망티가 연기하는 방황하는 예수의 모습만
자세히 관찰해봐도 그 어려움은 벌써 줄어든다. 예수 복장의
클레망티는 강생 혹은 심오하고 볼 수 없는 내면성의 신비로움을
가장하지 않는다. 그를 구성하는 것은 겉으로 드러나는 떨림,
공포, 분노이다. 그는 신적인 의식의 가능성을 연기하는 대신
오히려 끊임없는 외면화를 추구한다. 그가 추구하는 심리적
맨얼굴의 유일한 불가사의는 미쳐 날뛰는 폭력성이며 유일한
질문은 그 자신의 존재에 관한 것이다. 그는 끊임없이 왜 자신이
그곳에 존재하는지 스스로 묻는 것처럼 보인다. 그러한 점에서
〈처녀의 침대〉 속 이 인물은 예수에게 있어서는 불경스러운
표상만큼이나 배우에게 있어서는 자신을 극한으로 몰아붙이는
존재이다. 그는 영혼을 자신 밖으로 내어놓은 자이며 흩어뿌려진
자신의 파편으로 연기 공간을 만드는 자이다.

필립 가렐의 기술은 배우가 맨얼굴을 보여줄 때 절대로 그를
배제하지 않는다. 다시 말하자면, 오늘날 일부 통념에 의해 너무
쉽게 받아들이는 상징과 존재감이라는 명목으로 배우의 해석
작업을 지워버리는 것, 그것을 시도하지 않는다. 가렐은 기술,
마스크와 배우를 분리함으로써 그를 정복하려 하지 않는다.
도리어 맨얼굴과 마스크의 당혹스러운 결합을 조직한다.
〈평범한 연인들〉의 첫 부분에서 가렐이 그을음으로 뒤덮인
얼굴로 욕조에서 잠드는 모습은 이러한 결합의 전형적인 예라

할 수 있다. 어리숙하고 기진맥진한 혹은 히스테리컬한 〈처녀의
침대〉 속 클레망티는 자기 자신의 한계에 다다른 것처럼 보인다.
그럴지언정, 그의 엉뚱한 행동들, 당나귀를 때리는 익살스러운
리듬 혹은 마지막 장면에서 마리아와 함께 강가에 누워 있을 때
자신의 자세의 포즈에 대한 자각은 그가 여전히 '연기 중'이라는
사실을 확인시켜준다. 한편으로 배우가 촬영하는 순간 무엇을
의도했는지, 진정 무엇을 하고 있었는지는 사실 그다지 중요하지
않다. 이 물음에 대한 답은 영원히, 아마 배우 자신도 알지 못할
것이다. 왜냐하면 배우의 영혼을 가진 연기자는 단 한시도 연기를
멈출 수 없기 때문이다.

〈처녀의 침대〉 이후 4년 뒤에 만들어진 〈처절한 고독〉은 온전히
이 모호함을 반석으로 하여 세워졌다. 만약 영화의 클로즈업들을
표면적 연기를 넘어서는, 배우의 내면에서 나오는 연기의
추구라고 축약해버린다면 그것은 본질을 놓치는 셈이다. 영화가
창안하는 것은 오히려 배우를 자신의 인간적 진실, 그 먹먹한
명백함까지 그를 이끌어가는 해석으로서의 연기에 대한 고집이다.
니코, 진 세버그, 티나 오몽의 특정한 얼굴 표현을 반복하는 이
방식, 카메라가 앞에 있다는 확고한 자각을 갖고 있는 이들이 빛을
좇아 얼굴의 위치를 조금씩 바꾸는 방식은 찢기고 정신분열적인
초상을 공들여 만들어낸다. 가렐의 영화가 배우에게 가하는
것은 바로 이것이다. 그들이 아무리 가까운 사람(배우자, 아들,
아버지, 친구 때로는 감독 자신)일지라도 가렐은 배우들을 영화
속에서 그 일부는 그들의 것이 아닌 어떠한 행동과 감정의 부름에
의해서만 존재하는 상상의 인물로 재구성한다. 이 행동과 감정은
종종 그들을 텅 빈 채로, 얼이 빠지거나 혹은 사색에 잠긴 채로,
그러나 언제나 연기자인 채로 내버려둔다. 대칭적인 의미에서,
가렐의 영화는 오직 연기자로만 이루어졌으며 그 속에서 배우로
존재하는 것은 영화가 주장하는 인간의 보편적인 상태라고 볼 수

있다. 〈인 더 섀도우 오브 우먼〉 속 주연배우 세 명을 제외하고는
아무도 살지 않는 기묘하리만큼 텅 빈 파리의 모습이나, 〈평범한
연인들〉의 폭동 장면에 등장하는 모든 엑스트라마저 코메디
프랑세즈의 학생들이었다는 점만 보아도 알 수 있듯이 말이다.
보다 과감하게 표현하자면, 가렐의 영화에는 배우의 존재론이
담겨 있다. 배우란 그 자체로 존재의 한 방식이다. 그러한 측면에서
가렐은 흔히 비견되는 고다르, 브레송 혹은 으스타슈처럼 배우와
인물의 분리를 주장한 감독들에게만큼이나 잉마르 베리만에
가깝다고 할 수 있다. 〈페르소나〉, 〈의식(Rite)〉, 〈화니와
알렉산더〉의 주요 인물들은 일종의 소명감으로 무장하고 자신의
감정을 완전히 내려놓은, 즉 '배우의 영혼'을 가진 이들이기
때문이다.

〈처절한 고독〉이 절제된 기술(클로즈업, 침묵, 불규칙한 중단)을
바탕으로 이 존재의 방식을 구현해내고자 했다면, 〈그녀는 조명등
아래서 그토록 많은 시간을 보냈다…〉에서는 반대로 상황, 기술,
감정이입과 거리두기의 교대, 허구와 실재의 맞바꿈이 다양하게
나타난다. 그런 점에서 두 영화는 배우의 발명이라는 논의에
있어서 시적이며 비할 데 없는 집대성이다. 〈그녀는 조명등
아래서 그토록 많은 시간을 보냈다…〉는 꿈, 촬영, 이야기 사이의
끊임없는 혼란을 구성하는 방식은 다른 어떤 장치보다 효과적이다.
왜냐하면 그 속에서 배우는 본인 자신은 변하지 않은 채로 다양한
이미지 체제를 거쳐가는 것처럼 보이기 때문이다. 가렐 본인이
연기하는 〈그녀는 조명등 아래서 그토록 많은 시간을 보냈다…〉
속의 감독은 〈파우스트〉의 계획하고 있지만, 현상 세계 너머
불변하는 것들과 그가 다른 남자 주인공 자크 보나페(Jacques
Bonnaffé)와 공유하는 멜랑콜리 안에 이미 파우스트적 광기가
내재하고 있다. 두 인물 모두는 영화 안에서 어떤 관계를 연기하는
배우로서의 강박관념을 안고 그들의 영화적 동지 혹은 인생의

동반자(안느 비아젬스키, 미레이유 페리에)로서 관계를 맺는다.
〈그녀는 조명등 아래서 그토록 많은 시간을 보냈다…〉의 세계는
온전히 사랑의 행복과 불행, 그 교대를 거듭 구현하는 배우들로만
이루어져 있으며 이 감정의 순환고리에서 그들은 근본적으로
교대 주자, 순회하는 계주 선수의 무리일 뿐이다. 배우의 영혼을
가진 연기자들의 파우스트적 운명은 이처럼 자신이 겪어보지
못한 무엇, 자신의 것이 아닌 생각들에 동요되고 그것의 매개인이
되는 것이지만 또한 그들이 기억해 내는 것이기도 하다. 그렇기에
연인 마리(미레이유 페리에)가 막 아이를 낳은 병원을 나서는
보나페는 "삶은 여기서 시작된다. 이것은 기억의 시작이다"라고
선언한다. 아이는 실재이지만 (실재 루이 가렐을 모델로 한다)
우리가 전 장면에서 본 것은 마리가 단순히 배우로서 스웨터 안에
베개를 넣는 모습이다. 아이 자체가 잃어버린 사랑의 매개체임을
보나페는 또 다른 장면에서 이렇게 설명한다. "나는 크리스타가
내 삶에 남긴 빈 공간을 아이의 탄생으로 메웠다." 그렇기에
아이는 영화 마지막 부분에서 보이스 오프로 들리는 노랫말처럼
"꼬마 기사"이기도 하다. 결국 가렐의 영화에 나오는 모든
배우들은 세상에 맞서 다른 누군가가 잃어버린 감정의 기억들을
지켜내는 꼬마 기사인 셈이다.

미레이유 페리에는 끝없이 사색에 잠겨 있는 듯하다. 손수건을
만지작거리고 고개를 좌우를 돌려대는가 하면 허공을 바라보기도
하고 미소 띤 얼굴로 하얀 꽃을 물어 뜯다가 웅얼거리는 말 몇
마디 뒤에 카메라 밖으로 짓궂은 미소를 던질 뿐더러, 때로는
이제는 자기 차례인 양 들리지 않는 무언가에 귀를 기울이는 것
같기도 하다. 우리는 그녀가 무슨 생각을 하고 있는지 정확히
알 수 없지만 그것은 전혀 중요하지 않다. 그녀는 영화가
경직하지 않고 내버려둔 감정의 순환이라는 땅에 자신의
얼굴이 지닌 가능성과 미미한 움직임을 제공할 뿐이다. 그녀를

온전히 유연하게 만드는 것은 그녀의 존재 전체이며, 그녀는
우리 눈앞에서 멈추지 않고 그렇게 배우로서 존재한다. 영화
첫 부분에서 보나페의 집으로 돌아오는 안느 비아젬스키처럼
그녀 역시 단언할 수 있을 것이다. "이제 나를 두렵게 하는 건 내
죽음이 아니야. 나를 울게 하는 건 다른 이들의 죽음이야"라고.

더 이상 기타소리를 들을 수 없어

1991 | 98min | 35mm | Color

가렐은 마약으로 피폐해진 관계, (우리를 성장시키는) 사랑과 (우리를
굴복시키는) 열정이 뒤섞인 삶에 대해 이야기한다. 그리고 (그의 작품인 만큼)
영화에 스며든 작고한 여배우의 유령 같은 모습 너머에 니코의 노래 〈재니터 오브
루너시(Janitor of Lunacy)〉의 순결함과 단조로움을 상기시키는 무엇인가가
있다. 그것은 분명 슬프고도 숙명적인 것이다. 하지만 기대와는 달리 그것은 이
영화에서 굴곡 없이 평면적인 어떤 것을 만들어낸다.

－ 니콜라 레이부베(Nicolas Reyboubet), 《오브젝티브 시네마(Objective Cinema)》

필립 가렐과의 작업

우연은 없고 약속된 만남이 있을 뿐이다.

— 폴 엘뤼아르

그의 아들, 루이와의 만남. 무언가 오가고. 몇 주 후, 메세지가
도착했다.
내 아버지가 여배우를 찾고 있어. 한번 만나볼래?
필립의 전화 한 통, 약속이 잡혔다. 어떤 카페에서, 비오는 날 그의
앞의 나.
첫 번째 눈빛, 그의 모습, 그의 목소리….
나를 관찰하는 한 명의 시인. 나는 그의 치명적인 시선에
매혹당한다.
또 다른 약속이 잡혔다. 파리의 다른 어딘가. 이번에는 강 왼쪽
지역, 생제르망데프레와 뤽상브르 공원 사이에서.
조용하고 어두운 인상의 스타니슬라 메하르. 그는 영화에서
피에르 역을 맡았다. 나는 그의 옆에 앉는다.
우리가 〈인 더 섀도우 오브 우먼〉의 대본을 읽는 동안 필립은
폴라로이드로 사진을 찍는다
그는 이 커플의 진정성을 찾는다. 끊임없이 화파(l'école) 이야기를
꺼내는 화가처럼. 그에게 진실성을 드러내는 이미지….
자유에 사로잡힌 필립
거장 필립
필립에게 삶은 모든 것 이상이고 신비로 남아 있기에 시적이고
숭고한, 영원한 의문들을 쉼없이 영화로 찍는다.

2014년 5월 29일 토요일
알렉상드르 뒤마 역, 리니에 길, 여느 때와 같은 현장에서의 연습.
아름다운 막다른 골목길에서 우리는 각기 맡은 인물들의 진실성과
본질을 찾는다.

필립 가렐은 그 존재에 매료되었다.

경험이 쌓인 합.

결코 만들어내지 않고, 단어들 사이에 존재하며, 우리의 삶을
열어 둔다.

2014년 6월 21일 토요일

최종 연습까지 한 번 남았다.

나는 두렵다.

능력의 부재에 대한 엄청난 두려움.

필립의 힘은 그의 시선에 있다.

어떤 것도 그를 피할 수 없다.

2014년 7월 20일

촬영 첫째 날

필립의 촬영은 세밀하다.

어떤 것도 즉흥적으로 하는 것이 아닌, 아주 분명한 동작의 발레.

2014년 6월 23일

연기자는 무의식에 열려 있어야 한다.

배우는 필립이 말하는 것처럼 자신의 무의식의 지배를
받기보다는 행동하는 경향이 있다.

2014년 7월 26일

첫 테이크가 유일한 테이크임을 지킬 것이라고 했다….

(가렐은 컷마다 한 테이크밖에 찍지 않으려고 한다. 그래서
연기자들에게 본 촬영 전 최소 6주 동안 일주일에 한 번은
연습할 것을 요구한다. 필립이 생각하는 연기자의 법칙에 따르면
첫 테이크가 좋지 않으면 결국 계속 그것이 반복될 뿐이라는
것이다.)

촬영장에서의 집중도는 극단적이기까지 하다. 촬영팀에게나
연기자들에게나 처음이자 유일한 테이크는 모두를 극단적인
상태로 빠뜨린다. 우리는 필립 덕분에 결속력 있고 훌륭한 팀이
된다.
필립은 자기 영화에 홀려 있다. 한시도 가만히 있지 않는다. 그는
사로잡혀 있고, 열정적이며, 투명하고, 창백하며 땀을 흘린다. 말
그대로 극단적인 상태다.

   2014년 8월 8일
오늘 필립이 말한 것처럼 드라마가 시작된다. 점점 강도가
세진다. 필립은 시나리오 순서대로만 촬영하기 때문이다.
나는 이 일을 무한히 좋아한다. 나는 이 남자, 이 영화인,
이 예술가, 이 시인과의 관계가 좋다.
나는 모든 것을 그에게 주는 것을 좋아한다.
나는 이 카메라 뒤에 있는 그를 느끼는 것을 좋아한다. 그는
본질적일 수밖에 없고 본질적이어야만 하는 이 이야기의 진실의
한 조각을 제공하기 위해 이 카메라로 순서대로 기록한다.
나의 것이 아니라 여자들의 그림자로부터 온 진실의 어떤 한
부분.

마르크 콜로덴코

영화의 오두막

영화관

우리는 그곳으로 향하고 그곳에서 시간을 보내고 그곳을

떠난다.

영화는 예술이나 표현의 기술 그 이상임과 동시에

우리가 무언가를 찾으러 가는 어떤 장소.

영화로부터 얻는 실망이나 만족이 곧 그 증거.

스쳐가고 금세 잊혀지는 두 감정,

그럼에도 그것들을 강하게 만들고

결국에는

동등하게 만드는

그것은

실망하든 용기를 얻든 상관 없이

그곳에 언제까지고 머물고 싶다는 욕망.

마르크 콜로덴코

영화의 제단

그의 방은,

우리 안에서만의

세계의 변화 과정에서

우리가 우리의 모든 실존을 내어주기

이전과 이후,

그 과정과

너머의

모태이자 무덤이다.

그러므로 책임이

무책임의 모든 폭력에 가하는 힘을

우리가 향유할 수 있도록

우리의 잠재적 상태가 우리 자신으로부터 해방될 때,

우리는 전적인 책임감을 가진다.

GPS

가렐에 대해 어떻게 글을 써야 할지 몰라 촬영 중에 그렸던 그림
〈GPS〉를 보냅니다. 이 그림은 왼쪽에서 오른쪽으로 향하고
순환운동 안에서 과거로 회귀하면서 1968년 내가 살바토레
삼페리(Salvatore Samperi)[1] 감독의 〈그라치에 지아(Grazie
Zia)〉(1968)를 촬영했을 때를 나타냅니다. 전자기적인 그림이
되어버린 건 불행하게도 가렐 감독의 〈사랑의 탄생〉 대본 속에는
결핍된 어떤 리듬 때문입니다. 그것은 영화 속에서 나의 캐릭터가
아르망 가티(Armand Gatti)[2]가 연기한 자신의 스승(고다르)을
찾아 로마에서 돌아오는 장면입니다. 이 장면은 편집에서
삭제되어 '사라진 시간'이 되어버렸죠. 마르코 뮐러(Marco
Müller)[3]가 극찬했던 이 영화의 세 시간짜리 버전에는 있었던
시간입니다.

---

1   Slavatore Samperi (1944–2009), 이탈리아 영화감독, 〈Malicious〉, 〈Ernest〉 등의
작품이 있다.
2   Arman Gatti (1924–), 모나코 출신의 프랑스 시인, 극작가, 연극 연출가, 시나리오
작가, 영화감독
3   Marco Müller (1953–), 이탈리아 영화제작자. 로테르담 영화제, 로카르노 영화제,
베니스 영화제의 집행위원장을역임했다.

1984년 여름

진 세버그
1984

나는 예술가였다. 아직은 20대였고, 대부분의 시간을 어지러운
방구석에서 홀로 보내고 있었다.

내 영화들은 좀처럼 빛을 보지 못했고, 직접 쓴 시나리오로 힘겹게
작품을 찍던 시절이었다. 그러다 진을 만났다. 진은 작품 활동을
그만둔 영화 배우였다.

그리고 그녀는 자살했다.

한번은 꿈에 진과 같은 얼굴을 한 여인이 나타났다. (객석은
비어 있었고 문은 열려 있었다. 문 너머로 성당 벽이 보였다.
진의 환영은 창백한 낯빛으로 말했다. "난 이제 떠나야 해. 저기
저 성당 뒤편으로 갈 거야. 그리 오면 항상 날 만날 수 있을
거야"라고.)

거울 속에 자살한 여인이 나타나 청년을 죽음으로 끌고 간다는
테오필 고티에(Théophile Gautier)의 환상소설 『스피릿(Spirite)』
같았다. 진은 나를 저 세상으로 부르고 있었다…

하지만 현실 세계에서 일어난 일들은 이러했다.

그날 나는 방에서 하시시를 피우고 있었다. 평소와 조금도 다를 바
없는 하루였다.

커튼 너머로 겨울 해가 기울고 있을 즈음, 난 옷도 갈아입지 않은
채 잠이 들었다. 그리고 한밤중 잠에서 깨어 베갯머리를 끌어안고
울었다. ('지쳤다… 이 외로운 삶에 지쳤다…' 생각하면서.) 하지만
사랑했던 감정과 내 삶에 하나뿐이라 믿었던 아름다운 여인의
모습이 떠오르자 눈에는 또 다른 눈물이 흘러내렸다. 그리고 다시
잠들고 말았다.

정오쯤, 나는 집을 나섰다. 친구이던 엘리자베스와 우연히
마주쳤고, 그녀는 함께 점심을 먹기로 되어 있던 다른 친구의
집으로 날 데려갔다. 예정에도 없이 들르게 된 이 집에는 여배우가

살고 있었다. 난 처음 만난 그녀에게 길에서 산 백합 한 송이를
건넸다. 다시 만나게 될 것 같았다.

이후 우리는 내 방에서, 그녀 집에서, 카페에서 종종 만남을
가졌다.
창 밖으로는 마당에 눈이 떨어지고 있었다.
난 진과 영화를 촬영했다. 나는 그녀의 얼굴을 찍었다. 진은
이따금 눈물을 흘렸다. 난 카메라를 붙들고 있었다. 진은 액터스
스튜디오(Actors' Studio) 소속 배우였고 즉흥적인 심리극을
펼쳤다. 나는 오직 진의 얼굴만 담았다. 그럼으로써 촬영이 진행된
제반 환경은 영화에 드러내지 않았다. 작업이 끝난 후, 진에게
첫 편집본을 보여주었더니 무척 마음에 들어 했다. 그동안 많은
영화에 출연한 바 있었지만, 온전히 자신의 이야기를 담은 작품을
보며 무척 흡족해했다. 더구나 이 영화는 진의 영혼을 보여주고
있었다. 너무나 아름다웠던 영혼을.

진은 시나리오를 한 편 썼다. 〈이제는 오렐리아에 대해 말할 수
있다…(Et maintenant je peux parler d'Aurélia…)〉라는 작품이었다.
시도 몇 편 썼고 출판도 했다. 그리고 네르발의 오렐리아(그녀가
현대적으로 표현해보고 싶어하던 인물이다)에 푹 빠졌고, 이어서
잔 다르크(미국 감독의 영화에서 잔 다르크 역을 연기했던 적이
있는)[1]에도 그랬다.
진은 우울증 발작을 일으켰다. 이내 병원에 실려갔고, 의사들이
시행한 전기충격요법은 비극적인 결과로 돌아왔다.
그 시간 나는 교외에 위치한 영화 현상소에서 돌아오는 길이었다.
강물을 따라 걷고 있었다. 막바지 여름이었다. 석양을 배경으로
고기 잡는 사람들의 모습이 보였다.

1 〈성 잔 다르크(Saint Joan)〉(1957), 오토 프레밍거 제작, 연출.

나는 클리냥쿠르 벼룩시장을 거닐었다. 이제 새 영화 작업도 마쳐졌겠다, 그 해방감이 주는 행복을 만끽하는 중이었다. 그렇게 길을 따라 걷다가 석간신문 1면에 실린 진의 사진을 발견하고 만 것이다. "진 세버그, 자살하다"라는 제목과 함께….

− 1991년 9월,《카이에 뒤 시네마》 447호에 실린 「필립 가렐의 일기」(1984) 중에서

신은실

우리는 함께 늙어갈 것이다

1. 가난의 영화

〈유령의 마음〉은 필립 가렐의 필모그래피가 본격적인
'상업영화'로 분기하는 작품이다. 장뤼크 고다르 등 누벨바그
영화들을 촬영한 대표 촬영감독이며 이미 〈사랑의 탄생〉을
찍었던 라울 쿠타르(Raoul Coutard)와 협업한 첫 컬러 영화이자,
돌비 사운드를 처음 채용한 가렐 영화이기도 하다. 이전 가렐
영화들은 "가난의 찬가"로 불렸다. 매트리스 하나만 놓인 방에서
가족과 친구들이 연기하는 흑백 이미지, "벙어리 영화"라 불릴
정도로 드문 대사 등을 자신의 스타일로 구축한 이유로, 가렐은
경제적 여건을 첫 손에 꼽았다. 1980년대 중반까지 대다수 작품의
편집을 비롯한 후반 작업을 직접 하고 때로 촬영도 담당했던
완전작가적인 면모조차, 예산을 아끼기 위해서였다고 술회한 바
있다. 〈유령의 마음〉의 컬러 촬영 결정도 기실 흑백 필름 촬영을
반대하는 TV 측 투자자의 반발 때문이었다는 가렐 영화의 존재
조건은 경제에 예속되어 있었다.[1]

1968년 이후의 시간을 비교(秘敎) 의식과 같은 카메라 트래킹으로
전수(傳授)하는 〈내부의 상처〉(1972)는 1970년부터 1972년까지
이집트의 사막, 미국 데스밸리, 아이슬란드의 빙하와 계곡,
이탈리아 등지에서 은거하듯 찍었다. 촬영하다 돈이 떨어지면
철수하고 돈을 구하면 다시 촬영지로 떠나기를 반복했으므로,
촬영감독도 중간에 바뀌었다. 가렐은 자신의 가난으로 필름이라는
영화의 존재 조건을 실험했다. 때로 유통기한이 11년 지난
필름을 쓰기도 했고, 자주 시도한 롱테이크도 예산을 아끼기
위한 방편이었다 한다.[2] 〈그녀는 조명등 아래서 그토록 많은

1   신은실, 「한 천사가 지나가다 – 필립 가렐 인터뷰」, 『장 으스타슈, 필립 가렐
특별전』, 문화학교 서울, 2003, p.39.
2   Philippe Garrel, Thomas Lescure, *Une caméra à la place du coeur*, 1992, ADMIRANDA/
Institut de l'image, p.100.

시간을 보냈다…〉에서 가렐이 직접 연기하는 영화감독은 제작비 조달을 위해 심지어 헤로인 밀매에 관여하는데, 훗날 〈와일드 이노선스〉에서 '헤로인 반대' 영화를 만들겠다던 젊은 주인공 프랑수아도 같은 상황에 처한다. 〈와일드 이노선스〉도 〈그녀는 조명등 아래서 그토록 많은 시간을 보냈다…〉처럼 영화 만들기의 과정, 프레임의 안과 밖을 다루며, 라울 쿠타르가 흑백 필름으로 촬영했다.

무성영화 시절처럼 수동 핸들 카메라로 촬영된 〈시초의 블루〉의 한 장면은 카메라를 돌리는 가렐을 거울에 비춘다. 수동 핸들이 시각적인 변용을 일으키지만, 결국 프랑스 5공화국을 증언하는 영화라고 자신이 말한 이 영화 제목에 색채가 들어감에도, 흑백으로 촬영한 이유 또한 예산 탓이라고 했다.[3] 내러티브 재현에 갇히지 않는 영화, 카메라의 움직임과 필름 자체의 물성에 집중하는 '아마추어 무성영화'와도 같은 그의 초·중기 작품들은, 삶이 계속 주조하는 창조 과정의 감각을 잡으려 한다. 명료하게 완결된 영화로는 그에 가닿을 수 없다고 생각한 가렐은 노출 과잉과 이중 인화, 소프트 포커스 등으로 현실을 변용하고, 때로는 겹치며, 희미하게 하거나 소멸시키는 등 완성되지 않은 이미지를 추구했다. 〈처절한 고독〉이나 〈비밀의 아이〉 등에서도 인간이 느끼는 고독과 아픔을 내러티브 차원으로만 형상화하는 것이 아니라 빛과 어둠으로 감광하려는 시도는 계속된다.

자신이 대화를 쓸 능력이 없다고도 종종 말하던 가렐은 1990년대 초반부터 상업 제작사들과 일하기 시작하면서, 그의 "벙어리 영화들", 그 중에서도 〈처절한 고독〉을 사랑했다는 마르크 콜로덴코를 복화술사로 삼아 〈구원의 키스〉부터 "대사가 있는"

3 "Le cinéma auto-phagique de Philippe Garrel" in *Philippe Garrel, composé par Gérard Courant*, 1983, Studio 43, Paris, p.5.

시나리오로 작품을 만든다. 〈밤에 부는 바람〉부터는 모리스
피알라(Maurice Pialat)의 반려였으며 〈우리는 함께 늙어가지 않을
것이다(Nous ne vieillirons pas ensemble)〉(1972) 등을 편집하고
〈벌거벗은 유년 시절(L'enfance nue)〉(1967)⁴ 등의 시나리오를
썼던 아를레트 랑만(Arlette Langmann)과도 최신작 〈인 더 섀도우
우먼〉까지 함께 작업하고 있다.⁵

카롤린 샹페티에(Caroline Champetier)가 촬영한 〈더 이상
기타 소리를 들을 수 없어〉는 이른바 '웰메이드'에 가까운 컬러
시네마스코프 이미지를 보여주지만⁶, 이는 가렐의 영화를 감싸고
돌던 고독의 농도를 더할 뿐이다(장 두세Jean Douchet⁷). 슬픔을
검은 피처럼 빨아들이던 흑백 필름이 현실과 이루던 경계를
종내 삼켜버린 듯 차가운 컬러 스코프 이미지들 속의 삶, 가난한
사랑에 자신을 소진해버린 여주인공 마리안은 헤로인 남용으로
죽음에 이른다. 니코에게 헌정한 이 영화에서, 니코처럼 금발이며
독일어를 쓰는 마리안으로 분한 요한나 테어 스테게는, 〈유령의
마음〉에서도 약물 중독으로 세상을 뜬 뒤 주인공 필립의 꿈길을
찾아드는 옛 연인 모나로 등장한다.

----

4   가렐은 자신의 영화 〈그녀는 조명등 아래서 그토록 많은 시간을 보냈다…〉를 장
으스타슈에게 헌정하며, 피알라의 첫 장편 〈벌거벗은 유년 시절〉이 시도하는 다이렉트 시네마의
방법론과 자신의 영화의 연관을 시사한 바 있다. Une caméra à la place du coeur, p.141.
5   가렐이 드는 여러 시나리오 작가와의 협업 과정의 예. 〈밤에 부는 바람〉에서 자비에
보부아(Xavier Beauvois)가 연기하는 폴의 대사는 남성인 콜로텐코가, 카트린느 드뇌브(Cathrine
Deneuve)가 맡은 엘렌의 대사는 여성인 아를레트 랑만이 맡는 식이다. 〈유령의 마음〉은 연출과
연기를 겸하는 노에미 르보브스키(Noémi Lvovski)가 콜로텐코와 함께 시나리오를 썼다.
"Au hasard de la rencontre: Entretien avec Philippe Garrel" in *Cahiers du Cinéma* n.533, 1999년 3월,
pp.35–36.
6   샹페티에는 역시 컬러 시네마스코프 영화인 〈밤에 부는 바람〉를 촬영했으며, 이
작품의 편집·촬영 음향 스태프들[프랑수아즈 콜랭(Françoise Collin), 장 세자르 시아보(Jean-
César Chiabaut), 르네 르베르(René Levert) 등]은 고다르·트뤼포의 컬러 스코프 영화 다수에
참여한 이들이다. 한편, 2000년대 이후 쿠타르 외에 가렐이 협업한 촬영감독은 윌리엄
뤼브찬스키(William Lubchanski), 윌리 쿠랑(Willy Kurant), 레나토 베르타 등으로, 가렐이 원했던
조형적 모델을 짐작할 수 있게 하는 이름들이다.
7   "Le cinéma auto-phagique de Philippe Garrel," p.7.

2. 꿈속의 유령

가렐의 초·중기 영화는 상상과 꿈, 현실의 경계가 모호하다.
정확한 기억과 그 재현을 믿을 수 없어 하던 가렐은, 다큐멘터리
〈우리 시대의 예술가들〉에서, 독일 연출자 베르너 슈뢰터(Werner
Schroeter)에게 사람들이 현실에 집착하는 게 미신이 아니냐고
묻는다. 포스트 누벨바그 세대 감독들인 샹탈과 장 으스타슈,
자크 드와이옹이 등장하는 〈우리 시대의 예술가들〉 장면을
삽입한 〈그녀는 조명등 아래서 그토록 많은 시간을 보냈다…
〉에서 안느는 얼핏 진 세버그와 닮은 여배우 역할을 맡는다.
그녀는 자신이 맡을 역할이 인종주의자가 아니냐며, 가렐이
직접 연기하는 감독에게 항의한다. 영화 속 영화의 주인공
크리스타가 바에서 만난 흑인과 충돌하는 시나리오 속 사건에
대한 감독의 해명에 등장하는 워홀의 이름으로 짐작컨대, 이
일화는 니코의 삶을 반영한 이야기이다. 한데 이 장면은 실제로
안느 비아젬스키가 불만을 표출하는 상황을 촬영한 것인지,
또는 각본이 이미 설정한 상황을 비아젬스키가 연기하는 것인지
판단하기 힘들다. 비아젬스키와 대화하던 가렐이 카메라 전면으로
나서서 컷을 외치며 이 장면을 마무리하기 때문이다. 프레임 안과
밖에서 벌어지는 제작 현장과 주변 모습을, 현실인지 허구인지
상상인지 꿈인지 또렷이 구분하지 않고 섞어놓은 이 영화는, 가렐
자신이 꾼 다섯 가지 꿈을 엮었으며 처음에는 시나리오 다섯 편이
따로 있었다 한다.[8] 극중극과 실재를 오가는 감독의 잠재의식 같은
〈그녀는 조명등 아래서 그토록 많은 시간을 보냈다…〉 속 상상
장면은 무성영화를 방불케 하는 감각을 불러일으키며 꿈으로
합쳐졌다가, 기억을 바탕으로 한 현실로 나뉘어 가지를 치곤 한다.
감각과 결합되는 기억과 열정 들의 이미지를 내면에 떠올리며

8   *Une caméra à la place du coeur*, pp.141-143.

영혼 속에 그려 넣는 존재로 화가를 떠올리는 소크라테스의
말[필레보스Philebos, 39a][9]은, 〈유령의 마음〉의 주인공 필립의
회화 작업을 설명하는 듯하다. 연인 사이의 감정을 다루는 필립의
작품을 실제로 그린 화가 프레데릭은 가렐의 오랜 친구로,
〈심연의 방〉에 출연했고 미술을 담당했다. 파르도는 프랑수아
미테랑(Francois Mitterrand)이 대통령으로 당선된 뒤 그의 공식
초상화를 그리기도 했다. 가렐은 70년대 우파 정부 시절 방황했던
자신의 세대가 사회당 후보 미테랑의 당선을 목도하고 느낀
소회를 되풀이해 회고한 바 있다. 2005년 파르도가 타계한 뒤
제작한 〈뜨거운 여름〉에서, 가렐은 그를 기억하며 아들 루이가
분한 주인공 화가를 프레데릭이라 부른다.

플라톤이 기록한 대화록 『필레보스(Philèbe)』는 영혼 속에 사물의
이미지(eikonas)를 그려 넣는 예술가가 다름 아닌 '상상'이며, 그
'아이콘'들을 '유령(fantasmata)'이라고 정의한다[40a].[10] 가렐은
유령들과 함께 영화를 만든다. 기실 영화 이미지 자체가 유령들의
삶을 펼쳐 놓은 것일뿐더러, 삶의 반려였던 니코 외에도, 진
세버그와 장 으스타슈 등 세상을 떠난 벗들은 사후에도 그의
영화 언저리를 맴돌며 쉬이 떠나지 못했다. 〈처절한 고독〉,
〈퐁텐느 거리〉(1979), 〈그녀는 조명등 아래서 그토록 많은 시간을
보냈다…〉, 〈더 이상 기타 소리가 들리지 않아〉, 〈유령의 마음〉,
〈밤에 부는 바람〉… 실재계에 감염된 상상 속 유령들이 출현하는
그의 영화 목록은 근작 〈새벽의 경계〉까지 끝없이 이어진다.

다시 플라톤의 대화록에 기대자면, 고대인들은 우리가
보고 듣고 생각한 것들 중 영혼에 새겨진 것들이, 이미지(to
eidolon)가 사라지지 않는 이상, 기억 속에 보존될 수 있다고

---

9   조르조 아감벤, 『행간』, 윤병언 옮김, 자음과 모음, 2015, pp.151-152 재인용.
10 앞의 책 p.154.

했고[테아이테토스(Theaitetos), 191d–e], 아리스토텔레스는
플라톤이 언급한 인간의 기억 보존 과정에서 유령과 상상의
역할을 더 상세히 개진한다[영혼에 관하여(De anima), 424a–428a].
인간이 갖는 느낌이 생성한 움직임과 열정이 상상력에 전달되면,
'상상'은 지각한 사물의 부재와 별개로 유령을 만들어낸다. 가장
뛰어난 감각이 시각인 만큼, '상상(fantasia)'은 스스로의 이름을
'빛(faos)'에서 빌린다. 빛 없이는 아무것도 볼 수 없기 때문이라는
이러한 사유는 20세기에 출현할 영화에도 적용된다. '상상'과
밀접한 관계를 가지고 있는 것이 기억인데, 아리스토텔레스는
기억을 "유령화되는 실체의 이미지로서 유령을 소유하는 것"으로
정의한다[영혼에 관하여 432a]. 유령의 역할은 여기서 끝나지 않고,
아리스토텔레스가 일종의 '상상'으로 정의내리는 '꿈'속에서도
중요한 역할을 한다. 아리스토텔레스에 따르면, 느낌에 의해
생성된 움직임들이 감각기관 속에 살아남는 것은 사람이 깨어
있을 때뿐만 아니라 잠들어 있을 때에도 계속된다[꿈에 관하여(De
insomniis), 459a]. 고대인들이 당연한 것으로 받아들였던 '수면을
통한 예언' 역시 꿈속의 유령 덕분이다[수면을 통한 예언에
관하여(De divinatione per somnium), 463a–464a].[11] 〈비밀의
아이〉에서 주인공 장 밥티스트는 엘리에게, 루이 뤼미에르 앞에
선 꿈을 꾸었다며 영화를 만들 것이라 예언하듯 자기 최면을 걸고,
엘리는 그를 "심장에 카메라를 둔" 사람이라 부른다. 필립 가렐은
"프로이트에 뤼미에르를 더한 것"이 영화라 입버릇처럼 말하고,
실재하지 않는 진 세버그와 니코의 잔영이 드리워진 〈퐁텐느
거리〉에서 자신이 연기한 르네의 친구를 루이(뤼미에르)라 이름
붙인다. 가렐은 사실과 상상의 교환이 이루어지는 영화가 자신만의
경우가 아니라 여기며, 〈그녀는 조명등 아래서 그토록 많은 시간을
보냈다…〉에 준비 과정이 삽입되는 샹탈 아커만의 〈황금의

11 앞의 책 pp.155–159.

팔십년대(Golden Eighties)〉(1986)를 환기한다. 젊은이들의 사랑을
앞세우는 코미디 뮤지컬의 표면 뒤에는 아우슈비츠 수용소에서
고아가 된 채 종전을 맞은 어머니의 삶이 있다는 것이었다.
자신의 영화 속 상상과 실재 사이의 교환은 스펙터클의 덫을
피하려는 의도이며, 세상을 바꿀 수는 없지만 상상 속의 식민화와
동일시를 거부하고자 비(非) 내러티브 영화를 했다고도 말한다.[12]
자신에게는 영화가 예술이기보다 혁명이었다는, 〈비밀의 아이〉의
장 밥티스트와 엘리의 일상은 언더그라운드 시기 니코와 가렐의
생활을 반영한 것이다. 〈퐁텐느 거리〉의 르네의 가난한 삶은 가렐
자신이 영위한 현실을 보여주며, 〈그녀는 조명등 아래서 그토록
많은 시간을 보냈다…〉은 이 두 시기의 통합을 보여준다. 촬영
당시 실제 아내였던 브리지트 시와, 젊은 시절 가렐의 연인으로
알려져 있는 아네몬느가 같은 배역을 두고 경쟁 아닌 경쟁을
벌이는 〈구원의 키스〉는 영화를 실재와 상상의 결합으로 삼는다.

한데 〈유령의 마음〉의 꿈과 현실은 초·중기 영화들보다 쉽게
구분된다. 이전 작품들과 달리, 주인공 필립과 주변 인물들은
영화와 관련 없는 일을 하므로 상상계와 실재계는 쉽사리 섞이지
않는다. 또 필립이 꾸는 꿈 장면 다음에는 그가 베갯머리에서
깨어나는 신이 반응 숏처럼 늘 이어지기 때문에, 꿈과 현실의
경계는 명확하다. 첫 장면에서 만났던 거리의 여인[발레리아
브뤼니 테데시(Valeria Bruni Tedeschi) 분]과 함께 하는 꿈에서
깬 필립은 아내가 있는 집을 나와 실제로 그녀를 만난다. 나중에
한 번 더 그녀를 보려 찾아간 거리에 그녀는 없고, 대신 애인이
될 쥐스틴을 만난다. 그 뒤 다시 등장하지 않고 영화에서
사라져버리는 발레리아 브뤼니 테데시는 실존하는 유령처럼
보이기도 한다. 필립은 다른 꿈에서 기차를 탄 모나를 만나고,

12　*Une caméra à la place du coeur*, pp.144–145.

그가 꿈에서 깨면 쥐스틴은 그를 침대에 둔 채 출근한다. 이때
열린 창문 사이로 불어오는 바람에 흔들리는 커튼은 유령의
방문을 증언하는 도상이다. 모나는 (죽었으므로) 오직 꿈속에만
등장하는데, 아들이 자신의 약물 경험 여부를 물을 때 필립은
모나가 약 때문에 죽었지만 자신은 깨끗했다고 답하며 그녀의
죽음을 부연한다.

대상이 부재할 때엔 유령들을 '상상하는' '환상' 역시 사랑이라는
사변적 과정을 이룬다고 중세인들은 보았다. 사랑을 하나의 환상,
즉 "인간의 내면에 그려지거나 반사되는 이미지를 에워싸고
끝없이 타오르는 불꽃 속으로 상상력과 기억을 몰입시키는
과정"으로 여겼기 때문이다. 단테는 자신의 칸초네에서 "그녀가
나의 환상 속에 들어오는 것을 나는 막을 길이 없네. 다름
아닌 내 생각이 그녀를 데려온다고 믿지 않는 이상은. 광분한
영혼이 상처에 매달려 그녀의 아름답고 잔인한 모습을 있는
그대로 그려내며 스스로의 고통을 자처하네. 그리고 그녀를
다시 바라보다가 그녀의 눈에서 뿜어져 나오는 욕망으로 가득한
모습을 보는 순간 스스로를 향해 미친 듯이 광분하니, 그건 내
영혼이 불을 지른 곳에서 그녀가 슬프게 타오르기 때문이네"라
노래했다.[13] 이는 〈유령의 마음〉뿐 아니라, 〈밤에 부는 바람〉,
〈뜨거운 여름〉, 〈새벽의 경계〉 등에서 세상을 떠난 사랑을 그리는
남성 주인공들이 공통적으로 도달하는 단계와 흡사하며, 유령이
죽음에 이르는 병인 사랑의 기원이자 대상으로 전면에 등장함을
보여준다.[14] 다만 〈유령의 마음〉 속 필립은 쥐스틴과 새로운
가정을 이루려 하여 일종의 구원을 얻는다.

---

13 『행간』, p.171.
14 위의 책, p.172.

유령의 마음

1996 | 87min | 35mm | Color

3. 성탄

〈유령의 마음〉도 여전히 남자와 여자, 그들이 낳는 아이의
이야기이다. 가렐의 첫 장편 〈기억 속의 마리〉는 〈마리아께
경배를(Je vous salue Marie)〉(1985)을 구상하던 고다르의
물음, 마리아와 요셉은 아기 예수를 낳기 전에 무엇을 했는가를,
들뢰즈의 표현을 빌자면, "폭로-계시"하는 작품이었다. 한편,
가렐은 고다르가 만든 한 쌍의 남녀, 사랑 이야기를 영화를
유성화한 변증법이라며 상찬한 바 있다.[15] 그 후 성 가족의
'원초적 장면'(〈폭로자〉), 성인 예수와 동정녀의 동거(〈처녀의
침대〉)를 거쳐, 〈비밀의 아이〉에 이르면 가렐의 성 가족은 마침내
피와 살을 입은 필멸의 존재인 한 남자와 여자, 아이가 된다.
'아방가르드'로 분류되던 그의 영화 내러티브도 이즈음에 이르러
비로소 '평범'해진다.

〈유령의 마음〉도 가렐의 다른 작품들처럼, 자전적 요소가 반영된
작품이다. 남자와 여자는 헤어지고 만나기를 반복하고, 그 사이에
만나는 연인과 아이들은 질투를 부른다. 아들, 아내와의 관계를
질투하는 현실의 애인 쥐스틴은 필립의 마지막 꿈에 나와 욕설을
내뱉으며 맹렬한 분노를 던진다. 이 소재에 대한 천착은 근작
〈질투〉까지 이어진다. 실제 연인들과 자녀는 물론, 가렐의 친부인
모리스 가렐도 그의 영화에 꾸준히 등장했다. 데뷔작 〈어울리지
못하는 아이들〉에서부터 아버지 역을 해온 모리스 가렐은, 영화
속에서 늘 자식의 행복을 걱정하는 아버지였다. 필립 가렐이
"욕망의 변증법(la dialectique du desir)"[16] 또는 자신의 B 무비[17]라
칭했고, 〈혁명의 순간들〉을 제외한다면 정치 상황을 직접 다룬

---

15 「한 천사가 지나가다 필립 가렐 인터뷰」, p.42.

16 *Philippe Garrel composé par Gérard Courant*, p.13.

17 *Une caméra à la place du coeur*, p.136.

첫 영화였던 〈밤에는 자유〉에서, 모리스는 자신의 실제 삶과
흡사한 FLN 비밀 활동가 겸 배우 장을 연기한다. 장은 필립
가렐의 영화 속 죽음으로는 매우 예외가 되는, 타살을 당하면서도
삶을 향한 강한 사랑의 힘을 보여준다. 한데 이토록 단단한 삶의
버팀목이었던 아버지가 〈유령의 마음〉에서 처음으로 정신을
놓는다. "내 아버지는 미쳐서 죽었다"고 발작하며 이 사실을
아무에게도 말하지 말라고 헛소리하는 아버지를 바라보며,
필립은 아버지를 떠나보낼 때가 되었음을 절감한다. 이 장면이
보여주는 냉혹한 절절함은 모리스 피알라의 〈벌어진 입(La gueule
ouverte)〉(1974)이 묘사하는 모니크의 마지막 날들을 떠오르게도
한다. 노쇠해가면서도 아들 필립의 영화에 계속 출연하던 모리스
가렐은 2011년 6월 실제로 눈을 감은 뒤에도, 〈뜨거운 여름〉의
대단원에서 손자의 삶과 죽음을 보살피러 돌아온다.

"아이를 돌보는 일, 그리고 아버지의 아이 접견권을 말하는 것이
영화다"[18]라는 가렐의 말은, 부친의 장례식장에서 아이를 낳자고
다짐하는 〈유령의 마음〉의 필립과 젊은 연인 쥐스틴이 맺는
결말에도 새겨져 있다. 가렐의 초기 영화들을 가리켜 들뢰즈는
그의 영화 속 세 몸 중 하나는 제 자리에 있지 않거나, 남은 둘을
갈라놓기에, (온전한 가족이) 이루어질 수 없다 했었다.[19] 한데,
〈유령의 마음〉에서부터 세 몸을 제대로 이루길 소망하던 필립
가렐은 이제 〈인 더 섀도우 오브 우먼〉 속에서 아들의 목소리를
빌어, 에릭 로메르(Eric Rohmer)처럼 사랑의 윤리를 설파한다.
아버지의 자리로 간 그와 함께, 우리는 늙어갈 것이다.

18　*Philippe Garrel composé par Gérard Courant*, p.25.
19　*Une caméra à la place du coeur*, p.118.

평범한 연인들

2005 | 83min | 35mm | N/B

〈평범한 연인들〉은 도발적이라기보다는 감성에 충실하며 낭만적인 소설처럼
보이는 혁명의 실제 모습에 가까이 다가간 영화이다. 68혁명의 시기는 오래된
중국의 악담을 인용하자면 흥미로운 시기였지만 따분할 정도로 지루하고,
모임이나 파티를 즐기며 섹스와 마약에 취하고, 이 모든 것을 가능하게 하는
혁명주의자들과 주변을 어슬렁거리는 자들에게서 축출된 온갖 흰 소리들로
가득한 시기였다. 흥미롭게도 이 영화는 다시 쓰일 수 없는 역사의 한
장(章)처럼 가렐 자신이 지금 여기에 새겨 넣는, 자신에게 선사하는 시적인
증명서인 셈이다. 거기엔 향수를 불러일으키는 그 어떤 것도 존재하지 않는다.
폭력과 불확실한 이상, 청춘 세대의 무기력과 좌절은 필립 가렐의 머릿속을
여전히 맴돌고 있다. 그는 이 절망을 거의 편집되지 않은 상태로 스크린 위에
옮겨 놓는다.

– 피터 브래드쇼(Peter Bredshaw), 《가디언(The Guardian)》

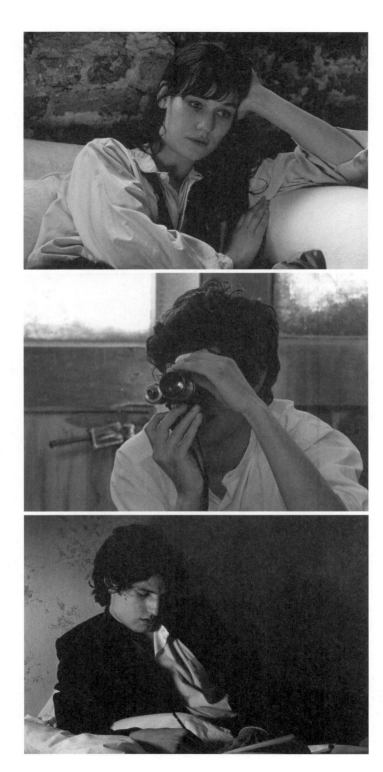

도미니크 파이니

가렐의 거울 단계

필립 가렐의 여러 작품들은 그 형식과 내러티브 전환으로 나를
자주 놀래켰다. 〈유령의 마음〉과 〈밤에 부는 바람〉을 컬러로
만든 뒤 흑백 영화 〈와일드 이노선스〉와 〈평범한 연인들〉로
돌아오리라고는 기대하지 않았었다. 이탈리아를 하나의 계기로
삼아 표류하는 관능을 담은 컬러 영화 〈뜨거운 여름〉 이후,
파리에서 연이어 근원적 감상벽을 다룬 〈질투〉와 〈인 더 새도우
오브 우먼〉의 급격한 변화도 예상하지 못했다.

가렐이 이전 영화에서 거의 쓰지 않던 조형적 드라마투르기
도구가 거울인데, 이것을 써서 나를 더욱 뒤흔든 영화가 한
편 있다. 모든 자명한 대상(objet)이 그러하듯—자명성은
거울에 연결되는 물음인데, 반영의 충실한 정확성을 아무도
의심하지 않기 때문이다—우리는 오손 웰스나 알렝 레네[〈지난
해 마리앙바드에서(L'année dernière à Marienbad)〉를 만들던
시기의]처럼 기교파에 속하는 몇몇 영화감독을 빼고는 영화
속 거울의 현존을 드물게만 고려한다. 한데 전망을 만들어내는
이 물체(objet)가 히치콕의 영화에는 티 나지 않게 자리한다.
킴노박(Kim Novak)을 미행하는 샌프란시스코의 시퀀스들에서
효과적으로 우연을 가장하는 〈현기증(Vertigo)〉은 이러한 활용의
정점에 있다.

거울과의 대면에서는 환영과 실망을 동시에 경험하게 된다.
확실히 이 재미난 물체의 특성이 그렇다. 둘로 나뉜 하나의
공간이라는 환영의 요소와 계속 지속되는 환영을 지우는
명료함이라는 요소. 기실 그런 이유로 이것에 사로잡히는데, 내가
실제로 점유하는 공간의 반영인 두 번째 공간이란 없기 때문이다.
마법을 벗긴 나라의 앨리스 이야기 따위를 제외하면, 반영은
불가해하다. 물질계와 마찬가지로 사고와 무의식을 돋우는 신화에
기여하는 다른 요소들처럼, 거울은 자신이 허용하지 않은 영혼을
사로잡는다. 이는 거울은 심도가 없고 자신이 비친 이미지와

마주할 때마다 우리가 그걸 확인하느라 시간이 걸릴 일은 없음을
암시한다. 그럼에도 거울은 늘 이 익살맞은 표면을 넘어서
다른 평행 세계 혹은 음각의 존재를 상상하는 것을 허용하며,
다른 공간으로 통하는 문, 다른 차원으로 통하는 경계처럼
시적으로 거울을 느끼게 이끈다. 우리가 이성의 기준 밖에서
타자로 살게 하는, 필수불가결한 일상의 홍수에서 벗어나기를
포함해서 말이다. 〈시인의 피(Sang d'un poète)〉부터 마지막 작품
〈(오르페의) 유언(Testament)〉에 이르기까지 장 콕토는 의심의
여지 없이, 이 상상계의 체험을 형상화하기 위해 주로 영화를
붙들었다.

거울이 사유하는 정신과 꿈의 힘을 가로지를 수 있게 해주는
여러 경계 중에서, 영화가 우리의 세계와 사자(死者)들의 세계가
나누는 경계를 가장 잘 구현한다. 사자들의 피난처를 향한
통로이자 경계인 거울을 많은 영화감독들이 산 자의 내면에
그들이 돌아올 수 있게 하는 이상적인 매개물로 끌어오기도 했다.
죽은 이들을 돌아오게 하면 픽션의 영도(零度)를 이룰 수 있을까?

밤은 망자들의 귀환에 자비롭다. 많은 할리우드 괴기영화나,
영국의 전설적인 해머(Hammer: 1950–1970년대 크리스토퍼 리Christopher Lee가
주연한 드라큘라 시리즈와 프랑켄슈타인 시리즈 등을 제작한 호러 영화의 명가 – 옮긴이)
영화사가 제작한 작품들에서도 그들의 귀환은 그리 환영 받지
못했다. 수면 자체가 일종의 죽음이며 부동성이 유발하는 삶의
철회인 까닭에, 수면의 근거지인 침실에서부터 그 만남은 자주
이루어진다. 침실은 장례와 흡사한, 일상의 재현 극장이다.
보통 침실은 무덤 전에 있는 마지막 단계가 아닌가? 또 장
콕토(〈오르페〉)나 데이비드 린치(David Lynch)의 영화(〈로스트
하이웨이(Lost Highway)〉)에서 그 심연에 이끌려 죽음이 산
자들을 포획하러 오는 곳이 바로 이 방이다.

필립 가렐은 프랑수아 트뤼포와 장뤼크 고다르 등 누벨바그의 중계를 거친 장 콕토의 적자다. 〈나쁜 피(Mauvais Sang)〉에서 장 콕토를 흉내 내는 배우로 분한 레오 카락스가 그 계보를 잇는다 할 수도 있겠다. 가렐은 2007년에 경계와도 흡사한 거울의 이러한 역할을 매우 또렷이 상기시키는 제목을 지닌 영화 〈새벽의 경계〉를 연출했다. 내가 보기에 이 작품은 작가가 현실과 몽상을 섞은 첫 영화였는데, 앞서 언급한 두 영화감독과는 달리, 가렐의 주인공은 자기 방에서 '죽은 혼들'이 귀환하도록 놔두며, 가장 사랑했던 이들 중 얼마 전에 죽은 여성의 혼이 장롱 거울을 거쳐 돌아와 그에게 들린다.

바르비 도레비이(Jules Amédée Barbey d'Aurevilly: 1808–1889, 프랑스 소설가, 시인, 문학비평가 겸 기자. 리얼리즘과 초현실주의에 함께 관심을 가졌던 그의 댄디즘 관련 저술은 보들레르에게 영향을 미쳤고, 가톨릭적 세계관은 베르나노스의 소설에 큰 반향을 남겼다 – 옮긴이)는 이렇게 쓰는 것을 잊지 않았다. "거울 달린 장롱에 나는 약하며, 고백하건대 그 흉물을 사랑한다. 내게 그것은 가구가 아니라 내 침실 끝에 있는 큰 호수다." 〈시인의 피〉에서 거울 같은 물 표면을 보는 장면은 내게 깊은 인상을 남겼다.

가렐 영화의 중심 인물을 여전히 주인공이라 부를 수 있다면, 주인공은 감독의 아들 루이가 맡았다. 그는 자신이 촬영해야 하는 영화계 스타에게 한눈에 반해 불타는 사랑을 하는 사진작가를 연기한다. (가렐 작품이 자주 그렇듯) 처음부터 흑백을 사용한 영화의 빛은 사랑의 성취와 두 존재의 연소를, 흔히 불타오른다고 말하듯 도드라지게 지각하도록 한다. 영화 첫 장의 소제목도 '불 같은 기대'이다. 이것은 한 스타가 사진작가에게 몸을 던져, 꺼져가는 별처럼 마지막으로 불이 난 듯한 빛을 내뿜는 이야기이기도 하다.

술로 쇠약해지고 전기 충격으로 소멸해가던 젊은 여인은 죽는다.

사진작가는 다른 젊은 여인과 새 삶을 시작해, 바라던 대로
아버지가 되는 등 더 평온한 생을 영위하지만, 사라졌던 별이
나타나 그를 덮쳐 사자들의 세계로 끌어가려 한다. 사랑하던
연인의 유령은, 거울과 더불어 내가 언급했던 거울의 이중적
요소인 환영과 각성, 심연과 반영을 번갈아 만드는 시원적인
기만 덕에 선연해진다. 이 장면은 사진작가가 사진을 현상하는
암실 장면과 유사하다. 가렐은 평소와는 다르게 부인할 수
없는 메타포를 끌어들인다. 반영과 신체 이미지의 출현, 빛의
불확실성은 죽은 이들의 이미지가 살아남는 과정과 흡사한 사진과
사진 감도에 비견된다. 여기서 거울은 경계와 유사할 뿐만 아니라,
뚜렷해진 출입구이거나 심연이기도 하다. 작고한 연인의 유령은
강박관념과 고통스러운 투사를 야기하며 자신의 세계로 사진가를
이끈다. 결국 이 끌어당김 때문에 그는 창문에서 뛰어내리고
만다….

여기서 장 콕토와 더불어, 영화를 사랑하는 우리의 기억 속에서
가렐 영화의 근원으로 고려할 만한 이는 로베르 브레송일 터이다.
마지막으로 죽음이 닥칠 때 뛰어내리는 사진작가는 보이지
않는다. 우리는 그의 결심과 몇 초 뒤에 열려있는 창문만 볼
뿐이다. 가렐은 직전과 직후의 순간에 천착한다. 로베로 브레송은
〈부드러운 여인(Femme douce)〉의 창문 투신 장면에서 한편으로는
행동의 예측을, 또 한편으로는 그 완수를 촬영했다.

〈새벽의 경계〉는 그의 선택에서 매우 중요한 두 유령에 바치는
가장 두드러지는 경의의 표현으로, 필립 가렐의 영화들 중 가장
시네필적인 작품으로 여길 수 있겠다. 첫 작품을 만들고 어언
40년이 지난 뒤 가렐이 고백하는 수호자들은 장 콕토와 로베르
브레송이라는 유령들(revenants)이다.

새벽의 경계

2008 | 106min | 35mm | N/B

시나리오 작업하는 동안 영화의 제목은 '천사들의 하늘'이었다. 루이 아라공
(Louise Aragon)의 소설 『백색 혹은 망각(Blanche or Oblivion)』이라는
작품에서 발견한 문장이었다. 그 제목이 내 맘에 무척 들었지만 신가톨릭적인
성향을 띠는 것 같아 조금 거북하기도 했다. 그리고 어느 날 밤, 새벽 4시에
나는 자살과 유령의 테마를 동시에 연상시키는 '새벽의 경계'라는 제목을
떠올렸다. 나는 각 시퀀스마다 열쇠가 되어주는 이 제목을 머릿속에 담고
촬영하기 시작했다. 어쩌면 너무 노골적으로 시적인 제목이었는지도 모른다.
알고 지내던 감독 피에르 로망(Pierre Romans)이 어떤 배우에게 한 말이다.
너무 시적으로 연기하지 말라. 시적인 연기를 하고 싶다면 진부하지만
현실적인 태도로 연기하라. 맞는 말로 여겨졌다. 이후 난 그것에 대해, 장면을
구성하는 방식을 포함해 모든 것을 생각하기 시작했다. 영화에서 시란 무의식
속에서만 나올 수 있다. 영화가 영혼을 가지고 있다면 시는 솟아난다.

– 필립 가렐

내 곁에 있어줘

〈밤에 부는 바람〉의 중반부, 엘렌(카트린느 드뇌브)은 젊은
연인 폴(자비에 보부아)을 집으로 데려가 자신의 남편[자크
라잘(Jacques Lassalle)]에게 소개한다. 그녀가 감행한 일상의 작은
모험은 이내 긴장을 잃고 나른한 오후의 대화 속에서 덧없이
녹아내린다. 그녀가 거실 창밖의 거리 풍경을 내다보고 있는
동안 남편은 폴에게 작가 앙투안 블롱댕(d'Antoine Blondin)에
대해 이야기하고 있는 중이다. 가렐은 세 인물 각각의 얼굴을
따로 포착해 보여줄 뿐, 둘 혹은 셋을 한 숏에 담아 보여주지
않는다. 블롱댕에 대해 이야기하던 남편이 "자넬 폴이라고 불러도
되겠나?"라고 말하며 친교의 뜻을 내비칠 때, 불현듯 카메라는
그의 머리 위로 서서히 이동해 닫힌 창문과 커튼을 보여준다. 이 텅
빈 무인(無人)의 프레임은 오래 지속되지 않는다. 화면 왼쪽에서
불쑥 나타난 엘렌이 거실을 시계방향으로 돌아 CD 플레이어에
디스크를 넣고 재생하기까지의 모습은 지금껏 화면에 흐르고 있던
나른함의 공기를 한꺼번에 날려버릴 만큼 단호하기 짝이 없다.
그녀가 실어 나른 청량한 운동감이 그녀의 동작을 고스란히 좇는
파노라마 촬영에 의해 배가되고 있음은 두말할 필요도 없다.

기이한 것은 바로 다음에 이어지는 숏이다. 가렐은 하얀 벽에
기대어 자신이 방금 재생한 음악을 듣고 있는 엘렌의 모습을
보여준다. (점프 컷을 통해) 앞선 숏의 청량한 운동감을 돌연
중단시키면서 등장하고 있는 이 정적인 숏은 과도하게 여겨질
만큼 독립적이어서, 이 순간 우리는 그녀가 있는 곳이 남편과 폴이
대화를 나누고 있는 거실인지 혹은 집 안의 다른 내밀한 장소인지
알 수 없을 정도다. 이 숏이 지속되는 동안 사운드트랙에서는
음악만이 들려올 뿐 남편과 폴의 대화는 전혀 들리지 않기 때문에
고립감은 더욱 강화된다. 이때 카메라가 슬며시 왼쪽으로 시선을
돌려 살짝 열린 창문[1]을 보여줄 때에야 비로소 우리는 이곳이

1   이 숏이 초래하는 공간 감각의 혼란은 꽤 큰 것이어서, 여기서 보이는 열린 창문과
앞선 숏에서 남편 등 뒤로 보였던 닫힌 창문을 같은 것으로 혼동해 오히려 흥미로운 해석을 내놓은

거실이라는 점을 알게 되지만, 이는 안도감을 주는 것이기보다는 가렐의 영화에서 창문이나 거울이 죽음의 손짓이기도 하다는 사실로 인해 오히려 불길하게 여겨지는 것이다(이를테면 〈새벽의 경계〉(2008) 같은 작품에서 이러한 불길함은 현실화된다). 이윽고 카메라는 오른쪽으로 시선을 돌려 벽에 기대어 있는 엘렌의 모습을 다시 보여준다. 이때 남편의 목소리가 들려온다. "조금만 소리를 줄여 주겠어? 대화를 나눌 수가 없잖아."

잠시 후 엘렌은 남편과 폴 앞에서 깨진 유리잔으로 손목을 그어 서툰 자살 소동을 벌인다. 자신보다 멋진 존재들이라고 생각한 운동선수들 앞에서 자살할 생각을 했다는 작가 블롱댕에 대한 남편의 이야기와 그녀의 자살 소동이 공명한다고 생각할 수도 있다. 하지만 특별한 고독의 순간에 조응하는 얼굴, 말하자면 더할 나위 없이 가렐다운 얼굴이 화면에 지속되는 것을 방해한 목소리에 대해 영화 스스로가 표하는 항의의 몸짓 또한 느껴진다고는 말할 수 없는 것일까?

연인이었던 니코와의 관계가 반영된 자전적인 작품인 〈비밀의 아이〉를 계기로 가렐이 초기의 실험적인 작업에서 이른바 '내러티브 영화'로 방향을 바꾸었다는 점은 잘 알려져 있다. 그 이후 최근작인 〈인 더 새도우 오브 우먼〉에 이르기까지, 그는 지속되지 못하고 이내 무너져버리고 마는 사랑으로 인해 고통받는 연인들의 우화라는 단순한 이야기를 반복하면서, 영화에서 서로를 바라보는 연인의 얼굴을 하나의 화면에서 동시에 보여주는 일이 왜 그토록 힘든 것일까라는 물음에 사로잡혀 있었다[이 점에서

샤를 테송 같은 이도 있다. 엘렌이 음악을 틀기 위해 남편 등 뒤로 지나갈 때, 자세히 보면 닫힌 창문 오른편에 열린 창문이 있음을 알게 된다. 테송은 이 두 창문을 하나로 오인한 것이다. "화면 바깥의 누가 창문을 연 것일까? […] 창문은 왜 열려 있는 것일까? 누가 한 일이겠는가? 아마도, 낮의 바람이." *Cahiers du Cinéma* no.533 (mars 1999).

가렐의 연인들은 나루세 미키오(Mikio Naruse)의 연인들과
유사한데, 이들의 영화에서 연인들은 서로를 바라보는 존재들이
아니라 나란히 앞을 보거나 비스듬히 시선을 교차시키며 다른
곳을 보는 존재들이다]. 그의 영화에서 기본이 되는 바라봄의
논리는 캔버스 맞은편에, 무대 위에, 혹은 카메라 앞에 선 연인을
바라보는 자의 그것처럼 매개화된 것이다(이러한 논리는 고다르
영화의 그것과 닮았다). 하나의 화면에서 서로를 똑바로 마주해야
하는 상황이 닥칠 때 가렐의 연인들이 취하는 몸짓은 (때로는
격렬하기 짝이 없는) 포옹인데 이는 상대의 눈 속에 어느새 깃든
파국의 예감을 떨쳐내기 위한 절망적인 몸짓(시선의 회피)처럼
비친다. 〈비밀의 아이〉 오프닝에서 우리는 다정한 모습으로
서로를 바라보는 연인의 모습을 보게 되지만, 이는 어디까지나 이
숏이 매개화된 것임을 드러내는 표지들(클래퍼보드, 화면 중앙의
'X' 표시, 사운드트랙의 화이트 노이즈 등)이 주어진 다음이다.
화장실을 찾은 소녀는 남자친구가 화장실 안에 있음을 알고는 문
앞에 쪼그려 앉아 오줌을 눈다. 잠시 후 각자 용변을 마친 연인은
화장실 문을 사이에 두고 서로를 바라보고 키스한다. 용변과
키스라고 하는 이질적인 행위를 은밀함/친밀함(intimacy)의
순간으로서 한데 묶는 장면은 〈더 이상 기타 소리를 들을 수
없어〉에도 등장한다.

에이드리언 마틴은 〈비밀의 아이〉가 보는 이로 하여금 "마치
산파처럼 영화의 탄생에 참여하고 있는"[2] 것처럼 느끼게 만드는
영화라고 쓰기도 했는데, 가렐에게 있어서 영화의 탄생이란 (앞서
예시한 〈비밀의 아이〉의 오프닝이 분명히 보여주고 있는 것처럼)
'사랑의 탄생(La naissance de l'amour)'과 거의 동시에 일어나는
사건이라 해도 무방할 것이다. 그런데 가렐의 영화는 그것과

    2   Adrian Martin, "Garden of Stone: L'enfant secret," 2011.12.13, http://cinentransit.com/lenfant-secret/#z3

동시에 태어난 사랑을 서서히 연소시킴으로써 얻은 희박한 열기를
자신의 육신을 위한 자양으로 삼는다. 그에게 있어서 '내러티브
영화'란 서로를 다정하게 바라보는 연인의 모습을 하나의 화면에
담는 일은 그 관계의 은밀함/친밀함을 파괴하는 일이기도 하다는
패러독스 위에 성립하는 것이다. "시간이 사랑을 파괴하듯, 영화
또한 사랑을 파괴한다"라고 가렐은 말한 적이 있다.[3] 〈비밀의
아이〉 오프닝에서 용변을 본 후 다정하게 서로를 바라보며 키스를
나누었던 연인은 ('비밀의 아이'라는 타이틀이 뜬 이후) 이어지는
장면에서 다시 등장한다. 소녀는 침대에 엎드려 팔로 턱을 괴고
있고 소년은 그녀 곁에 앉아 있다. 소녀가 문득 고개를 돌려 소년
쪽을 바라보면 카메라도 그녀의 시선을 따라 움직이는데 이때
소년은 그녀와 눈길을 마주치지 않는다. 이윽고 소년이 고개를
돌려 소녀 쪽을 바라보면 카메라는 다시 소녀 쪽으로 향하는데,
이때 그녀는 이미 다른 곳을 보고 있다. 이와 같은 카메라의
왕복운동은 두 번 더 반복되며 결국 소년은 시선의 마주침의
실패를 상쇄하기라도 하려는 듯 소녀 쪽으로 다가와 등 뒤에서
그녀를 껴안는다. 가렐의 영화에서 포옹에 담긴 불길한 함의는
앞서 지적한 대로다. 〈더 이상 기타 소리를 들을 수 없어〉에서
변기에 앉아 소변을 보는 마리안느(요한나 테어 스테게)와 그
옆에 쪼그려 앉아 있는 제라르(브누아 레정)가 키스하는 모습을
담은 숏에 뒤이어 우리가 보게 되는 것은 제라르 앞에서 헤로인을
꺼내 드는 마리안느의 얼굴 클로즈업이다. 여기서 가렐 특유의
과감하게 생략적인 편집은 사랑이라는 감정과 그것을 대하는
영화라는 가혹한 장치의 본질을 드러내고 있다.
이제 우리는 가렐이 그의 연인이었던 니코와 함께 공연한 〈내부의
상처〉에서 둘의 관계를 직접적으로 드러내기보다는 신화적인

---

3 '우리 시대의 영화(Cinéma, de notre temps)' 시리즈 가운데 하나로 제작된 〈필립
가렐: 어느 예술가의 초상(Philippe Garrel: Portrait d'un artiste)〉(연출: 프랑수아즈 에체가레, 1999)
중에서.

제의(ritual)의 형식을 영화의 토대로 삼을 수밖에 없었던 이유를
짐작할 수 있을 것 같다. 그의 실제 가족(아버지 모리스 가렐,
아내인 브리지트 시, 그녀와의 사이에서 낳은 아들 루이스
가렐, 그리고 자기 자신)이 모두 등장하는 지극히 개인적인
작품인 〈구원의 키스〉의 긴 도입부에서 잔느(브리지트 시)가
마티외(필립 가렐)에게 던지는 말들의 뜻도 이해할 수 있을 것
같다. 영화감독인 마티외는 아내인 잔느와 자신이 함께 등장하는
영화를 찍으려다 생각을 바꿔 자신은 출연하지 않고 잔느가
맡기로 한 역할은 다른 배우에게 주기로 마음먹은 상태다. 이
소식을 듣고 절망에 빠진 잔느가 마티외를 찾아와 던지는 말에는
사랑과 영화의 이율배반적인 관계에 대한 가렐적 모티브가
고스란히 표명되어 있다. "우리가 함께 있는 모습을 보고 싶지
않아? […] 거울에 비친 우리를 봐. 보지 않는구나. 당신은 나만을
보거나 당신만 보려 해. […] 사랑이란 동시에 서로가 서로를
바라보는 거야." 마티외는 잔느의 말에 답하지 못한다. 〈비밀의
아이〉의 소년처럼, 그저 그녀를 뒤에서 포옹하며 시선으로부터
도망치려 할뿐이다.

연인 앞에 서서 애타게 사랑을 갈구하는, 다시 말해서 동시에
서로를 바라볼 것을 요청하는 이를 지켜보는 일은 버겁고
고통스럽다. 이미 파국은 저만치 앞에 와 있고 그들 또한 이
사실을 감지하고 있다. 둘을 간신히 붙들고 있던 감정의 인력이
소진되기 직전의 찰나, 이 위태로운 순간을 사랑이 끝나버린
자리에서 추억하는 일에 가렐식 '내러티브 영화'의 잔혹한 힘이
놓여 있다 할 것이다[가렐의 영화들은 플래시백 없이 작동하는
추억의 영화 혹은 영화적 추억처럼 느껴지곤 한다. 따라서
주인공이 자동차 사고로 죽는 광경을 보여준 뒤 그의 친구의
내레이션을 따라 과거를 회상하는 형식으로 구성된 〈뜨거운
여름〉은 오히려 예외적인 경우라 하겠다]. 사랑을 드러내고 또

지우면서 자신의 힘을 얻는 영화의 잔혹함이 가장 적나라하게
드러난 작품은 〈밤에는 자유〉이다. 작품 종반부에서 우리는
제미나[크리스틴 부아종(Christine Boisson)]가 "나는 보호와
다정함을 원해요. 당신이 날 어루만져 주기 바라고요"라고 말하며
장(모리스 가렐) 앞에서 울먹이는 광경을 보게 된다. 이때 그들과
카메라 사이로 빨랫줄에 걸린 하얀 천들이 바람에 나부낀다.
연인들의 모습은 나부끼는 천들 사이로 힐끗 보이기도 하고
때로는 천에 온전히 가려지기도 한다. 위태로운 사랑의 광경을
자양으로 움트는 영화, 그것을 떠받치는 백색 바탕(스크린)을
상기시키며 천연덕스럽게 나부끼는 천을 보고 있노라면 일순간
숨을 멈추지 않을 수 없다.

그래서일까? 벽에 기대어 음악을 듣는 〈밤에 부는 바람〉의
드뇌브의 얼굴처럼 어떠한 서사적 정황과도, 심리적인 암시와도,
몽타주의 논리와도 무관한 듯한 절대적이고 단독적인 얼굴이
가렐의 영화에 출현할 때 우리가 은밀히 안도하게 되는 것은?
〈밤에는 자유〉의 제미나가 희뿌연 유리창 너머 어딘가를
무심하게 바라보는 모습을 길게 포착한 숏도 떠올려본다.
이러한 얼굴을 담은 숏은 돌연 영화를 중단시키면서 그것을
초상사진이라는 기원의 매체로 돌려보내는 것이다. 홀로라면,
파국은 없을 것이다. 물론 사랑의 탄생도, 영화의 탄생도 없을
것이지만 말이다. 가렐의 '내러티브 영화'에서 이러한 숏은 오래
지속되지 못하고 파국이 드리워진 사랑의 현장에 이내 자리를
내어준다.

하지만 우리는 가렐의 '내러티브 영화'의 이면에 고독의 인상학이
있음을 잊어서는 안 된다. 카메라를 바라보거나, 화면 바깥의
어딘가를 응시하거나, 우리에겐 보이지 않는 누군가에게 말을
걸거나, 조용히 명상에 잠겨 있거나, 작업에 몰두하거나, 거리를

배회하거나, 우리는 알 수 없는 이유로 울부짖거나, 침대에서
뒤척이거나 잠들어 있는 여인들의 모습이 담긴 정적인 숏들이
별다른 연관 없이 이어지는 가렐의 1970년대 '초상-영화들',
그 가운데 거의 전적으로 진 세버그의 얼굴에 집중하고 있는
〈처절한 고독〉에서 이미 정점에 달한 고독의 인상학을 말이다.
여기서 그려지고 있는 것은 사랑이라는 사건이 발생하기 이전,
영화가 태어나기 이전의 세계다. 이 세계가 제공하는 기원의
풍경은 〈폭로자〉나 〈내부의 상처〉 같은 제의적 영화들을 감싸고
있는 신화적인 세계와는 무관한 것이다. 〈처절한 고독〉을 가득
채우고 있는 것은 한때 사진적 이미지를 그토록 강렬한 것으로
만들었던 기원의 풍경, 곧 인간의 얼굴에 다름 아니다. 이 얼굴은
가렐의 '내러티브 영화' 이면에서 유령처럼 떠돌다가 때때로
그것의 균열을 헤집고 튀어나와 배우들의 얼굴에 정착되곤 한다.
그 순간 가렐의 영화는 잠시 멈추어 서서 가만히 그들의 얼굴을
들여다보며 옛 기억을 더듬는다. 〈밤에 부는 바람〉의 엘렌이
돌연 남편과 연인 앞에서 손목을 그을 때, 우리는 진 세버그가
실제로 자신의 남편과 가렐이 보는 앞에서 손목을 그었던
일을 떠올리면서 여기서의 드뇌브는 이미 세버그의 현신임을
깨닫는다. 그녀가 음악을 듣는 사이에 저 열린 창문을 통해
유령이 깃든 것이다.

뜨거운 여름

2011 | 95min | 35mm | Color

나는 〈뜨거운 여름〉을 나의 친구 화가 프레데릭 파르도에게 바친다. 나는 이
작품에서 루이 가렐이 연기한 인물에 그의 이름을 붙여주었다. 하지만 이
영화의 나머지 부분은 픽션이다. 파르도가 사망하기 전까지 우리는 35년 동안
같이 작업했었다. 그는 나의 배우들을 그렸으며, 우리 둘의 작업 사이에는 어떤
지속적인 울림이 있었다. 나는 그의 일부를 이 영화에 영원히 남기고 싶었다.
하지만 집착의 형태는 아니다. 예를 들어 이 영화에 나오는 그림들은 그의
작품이 아니다. 나의 아버지 또한 이 영화의 마지막 장면에 등장하는데, 이
장면의 대사는 아버지가 직접 쓴 것이다.

– 필립 가렐, 《씨네유럽》

질투

2013 | 77min | 35mm | N/B

영화 속에서 주인공이 이렇게 말한다. "분명 당신은 나의 사랑입니다. 분명
당신은 나의 사랑입니다." 사실 이 말은 전혀 자연스럽지 않지만 수용될 수는
있다. 이 표현은 현실적이진 않지만 환상을 내포하고 있다. 나는 오랫동안
프랑스 작가이자 배우인 마르크 콜로덴코와 함께 시나리오 작업을 하면서 그런
부분에 신경을 썼다. 그것이 내가 인물들에 접근하는 방식이어서 남성과 여성
인물들 간에 변증적 대화를 갖게 된다. 이것은 정말 무질서하지만 우리가 쓰는
방식이다. 여성이 여성의 역할을 하는 게 아니고, 남성이 남성의 역할을 하는
게 아니다. 그들은 다른 스타일과 언어를 가졌고 그것이 드러나는 장면은 손을
대지 않는다. 그대로 둔다. 그리고 나는 영화의 시간 순서에 따라 촬영하기
때문에 카메라로 일종의 각색을 하듯 대본과 대화에 일관성을 부여하는 식으로
작업이 이루어 진다.

– 필립 가렐, 《An Auteur Apart》

인 더 섀도우 오브 우먼

2015 | 73min | 35mm | N/B

"그는 원하지 않았다. 그녀는 원하지 않았다. 하지만 그들은 헤어졌다."
장클로드 카리에르(Jean-Claude Carrière), 카롤린 데루아스가렐(Caroline
Deruas-Garrel), 아를레트 랑만(Arlette Langmann), 필립 가렐이 공동으로
이 작품의 대본을 썼다. 이 작품의 가혹한 줄거리는 사랑의 역설과 모순을
분석한다. 이야기의 처음은 단순해 보인다. 피에르(스타니슬라 메르하)와
마농(클로틸드 쿠로)은 오랫동안 서로 사랑해왔다. 피에르는 다큐멘터리
감독이고 마농은 대본 편집자이다. 마농은 자신의 남자에게 아주 헌신적인
여인이다. 이 두 사람은 가난하고 집세를 내지 못할 위험에 처해 있다. 하지만
그들은 제2차 세계대전 당시 활동한 레지스탕스에 관한 영화를 계속 촬영하기
위해 잡다한 일들을 한다. 피에르는 마농을 이해하지 못하고 애정을 느끼지
못하고 있던 중 엘리자베스[레나 포감(Lena Paugam)]와 내연의 관계를 맺기
시작한다. 피에르는 한 아내의 남편으로서 그의 공적인 삶을 소중히 여기기
때문에 그의 입장에서 엘리자베스와의 관계는 순전히 욕정에 기반한, 아무것도
약속할 수 없는 관계일 뿐이다. 하지만 피에르를 사랑하는 엘리자베스는 그의
이런 태도에 고통스러워한다. 어느 날 엘리자베스는 우연히 마농에게도 애인이
있다는 사실을 알게 된다. 엄청나게 고통스러운 자신에 대한 탐구의 길로
이끄는 발견이….

– 파비앙 르메르시에

필립 가렐 마스터클래스

2015년 12월 19일
국립현대미술관 서울관 멀티프로젝트홀

필립 가렐, 자키 레이날, 제라르 쿠랑

필립 아주리: 여러분, 안녕하세요. 지금 몇 시인지도 모르겠네요. 아직 저희가 시차 적응이 안되어서 말입니다. 제가 마이크를 먼저 잡게 되었으니, 김은희 큐레이터와 국립현대미술관에서 저희를 초대해주셔서 감사하다는 말씀을 드리겠습니다. 그리고 이렇게 멋진 필립 가렐 회고전을 열어주셔서 감사드립니다. 전시 개막한 지 거의 3주차가 되는데 관객도 많고. 또한 미술관 좌현에 있는 멋진 필립 가렐 전시에도 감사드립니다. 오늘 오후에 봤는데, 너무 멋지네요. 그리고 오늘 마스터클래스 참석자들 소개도 제가 해야 할 것 같습니다. 우선 자키 레이날 씨입니다. 60년대에 에릭 로메르 감독 작품 수편을 편집하셨습니다. 나중에 얘기하게 될 잔지바르(Zanzibar)라는 창작집단에도 적극적으로 참여하셨습니다. 필립 가렐도 같은 집단에서 영화를 찍었었죠. 그리고 레이날 씨는 그 집단에서 〈두 번〉이라는 멋진 영화를 연출했습니다. 그때가 몇 년도였죠?

자키 레이날: 1968년 9월이었습니다.

필립 아주리: 네. 이 영화에 대해서도 나중에 다시 이야기할 것입니다. 레이날 씨는 뉴욕에 가 살면서 극장들을 운영했고, 미국에서 처음으로 필립 가렐 회고전을 개최하여 미국 관객에게 소개하기도 했습니다. 그리고 저기 지금 촬영하고 있는 빨간

목도리를 하신 분은 제라르 쿠랑입니다. 쿠랑 씨는 70년대 혼란스럽고 실험적이던
시기의 필립 가렐에 대해 인터뷰를 하고 당시 영화들의 개봉 시기를 기록하였습니다.
특히 80년대 초에 필립 가렐과 아주 소중한 인터뷰를 하셨습니다. 이 인터뷰에
대해서도 나중에 이야기할 것입니다만, 이 인터뷰집은 저한테는 영화와 관련한
경이로운 책 중의 하나입니다. 그리고 보시다시피, 지칠 줄 모르고 고집스레 언제나,
지금 라운드 테이블 중에서도 그러듯이, 영화를 찍는 시네아스트이기도 합니다.
〈시네마통(Cinématon)〉을 찍기 시작한 게 몇 년이었죠?

제라르 쿠랑: 〈시네마통〉은 1978년 초에 시작되었습니다.

필립 아주리: 1978년이군요. 그때부터 지금까지죠?

제라르 쿠랑: 지금 찍는 것은 제가 70년대 중반부터 찍고 있는 〈카르네
필메〉의 일부가 될 것입니다.

필립 아주리: 여러분도, 우리도 지금 촬영되고 있습니다. 지금 우리 모두
제라르 쿠랑의 무한히 계속되는 작품에 참여하고 있는 것이죠. 그리고 이 자리의
가운데에 있는 분은, 뭐라고 불러야 할지 모르겠네요. 필립 가렐입니다. 그가
청소년기였던 60년부터 오늘날까지의 작품을 보여주는 이번 회고전의 주인공이죠.
그의 작품들은 프랑스 영화사의 가장 중요한 작품들에 속합니다. 가렐의 영화는
매우 아름답고, 강렬하며, 울림을 주고, 뜨겁고, 종종 가혹하지만, 언제나 열정적인
작품입니다. 그는 프랑스에서든 전 세계에서든 영화사에서 아주 독특한 케이스라고
할 수 있습니다. 14살 때부터 영화를 만들었고, 지금까지도 만들고 있습니다. 가렐의
최근작 〈인 더 섀도우 오브 우먼〉은 금년 5월 칸에서 소개되고, 바로 파리에서
개봉했죠.

자키 레이날: 멋진 영화죠.

필립 아주리: 네, 완전히 멋진 영화죠. 자키가 잘 지적을 했는데, 며칠 전부터
비평가들의 금년 베스트 영화 리스트 하나하나가 발표되고 있는 중인데, 이 영화도
당연히 베스트 10 목록에 올라가 있습니다. 그의 영화가 여전히 통하고 살아 있으며,
현대적이며, 실망을 시키지 않는다는 증거죠. 정말 놀라운 일이죠. 처음 영화를
찍었던 1964년부터 지금 2015년까지, 그리고 앞으로도…. 왜냐면 다음 영화 6월에
촬영하죠? 그렇게 그의 작품은 오랜 동안 우리와, 영화의 역사와 함께하고 있습니다.
네, 이렇게 이 자리에 계신 분들을 소개했습니다. 여러분들 중에 몇 분은 이미 3주
전부터 가렐의 작품들을 봐 오셨을 것이지만, 또 다른 분들은 오늘 처음 가렐의
영화를 접하시는 분들도 있을 것 같습니다. 그래서 가능한 한 명료하고 교육적인
자리가 되도록 하겠습니다. 그리고 어떤 의미에서 가렐의 작품이 독창적인지에
대해 이야기해 보도록 하겠습니다. 수십 년간 가렐과 함께 해온 자키와 제라르의
이야기도 들을 수 있고, 무엇보다도 언제나 흥미롭고 놀라운 필립 가렐의 이야기를
직접 들을 수 있는 흔치 않은 기회가 될 것입니다. 저한테도 특별한 순간인데요.
어제 오후에 비행기를 같이 타기 전까지는 제라르 쿠랑을 만나본 적이 없었거든요.
그런데 저는 그에게 많은 빚을 진 사람이고, 그가 없었다면 제가 이 자리에 있을 수
없었을 것입니다. 80년대 말에, 그러니까 제가 15살, 16살이었을 때였어요. 어느 날

벼룩시장에서 예전에 발행된 《카이에 뒤 시네마》를 사고 있었어요. 그런데 파시는
분이 저한테 선물을 하나 주더군요. "이거 너한테 재미있을 것 같아. 내가 네 취향을
이제 좀 알 것 같은데, 이거 한번 읽어 보렴"이라고 하면서요. 그게 여기 계시는
제라르 쿠랑이 필립 가렐에 대해 썼던 책이었어요. 당시에도 이미 찾아보기 힘든
책이었죠. 그 책 한 권이 다른 자료들과 함께 여기에도 전시되어 있더군요. 일요일
아침에 그 책을 받아서, 오후부터 바로 읽기 시작했죠. 인터뷰를 담은 책이었어요.
그 인터뷰를 읽기 시작했는데, 저는 당시 필립 가렐에 대해 전혀 몰랐거든요. 16,
17살 때였으니까요. 그날 오후에 이 책을 단숨에 읽어버렸죠. 그리고 필립 가렐이
제가 가장 좋아하는 감독이 되었습니다. 그의 영화를 한 편도 보지 못했었는데
말이죠. 그 이후 점차 그의 모든 작품들을 보았어요. 이 멋진 인터뷰집을 보면서
제가 쇼크를 받은 부분이 무엇이었냐면, 지금 예전 기억을 떠올려보는 중입니다만,
그리고 제가 3년 전에 가렐에 대해 쓴 책에서도 다시 반복한 이야기지만, 필립 가렐의
어떤 '영화적 윤리'를 발견한 거예요. '윤리'라는 말은 좀 너무 무겁네요. 그보다
훨씬 감각적이고 환상적인 면이 있거든요. 그 책은 우선 필립 가렐의 인생에 대해
얘기하죠. 저는 17살이었는데, 벌써 필립은 제 나이 때에 이미 몇 편의 영화를 만든
사람이더군요. 인터뷰를 읽어가다 보니, 가렐은 1968년 5월을 경험했던 사람임을
알게 되었습니다. 1968년 5월은 프랑스에서는 당시 세대에게 일종의 단절, 전기충격
같은 사건이었죠. 그것은 가렐 자신이 겪은 사건일 뿐 아니라, 사실 그가 이미 67년에
예견한 사건이에요. 가렐의 첫 장편 〈기억 속의 마리〉는 여러 측면에서 1968년
5월을 예언하고 있어요. 그리고서 이 인터뷰에서는 1970년대 전반을 얘기하죠. 제
생애 거의 처음으로 영화를 만드는 다른 방식에 대한 이야기가 나옵니다. 산업이
아닌 영화, 예산도 수단도 [아닌], 영화를 만드는 사람의 이야기죠. 자기 팀도 없이,
완전히 혼자 영화를 만드는 사람 말입니다. 필립 가렐 자신이 직접 촬영도 했죠.
자기 친구들이나 애인들하고 영화를 만든 거예요. 그 중 니코는 제가 음반을 통해
이미 알고 있던 사람이었죠. 벨벳 언더그라운드의 보컬이었고, 그 후 1960년대
말부터 1980년대 초까지 최고의 음반을 만들어낸 사람이에요. 제가 매우 좋아하던
음악이었는데, 그 음악이 영화와도, 그리고 가수의 삶과도 연관이 되어 있던 겁니다.
충격적이었습니다. 그리고 인터뷰는 1982년, 아니 1981년 경에 끝나죠. 1981년
대선 결선 투표 전쯤에요.

　　　　제라르 쿠랑: 인터뷰는 1982년 6월에 한 것이었어요. 〈비밀의 아이〉가 아직
개봉되기 전이었죠.

　　　　제라르 쿠랑: 그러니까 인터뷰는 1982년 5월에서 6월에 진행했습니다.
〈비밀의 아이〉가 아직 개봉되기 전이었죠.

　　　　필립 아주리: 프린트가 현상소에 묶여 있던 때죠. 〈비밀의 아이〉에 대해서
얘기하자면, 필립 가렐의 필모그래피에서 하나의 전환점이 되는 작품입니다.
10년 동안의 언더그라운드 작업을 마치고 내러티브 영화로 돌아온 작품이거든요.
그런데 자연주의적 영화는 절대 아니었습니다. 나중에 자연주의의 거부에 대해서도
이야기를 나눠보겠는데, 언더그라운드 시기에 만든 작품의 강렬함은 그대로

유지한 채, 다시 시나리오, 인물, 대사를 사용하기 시작했습니다. 그 과정도 나중에 이야기하도록 하죠. 지금도 우리가 무한한 '워크 인 프로그레스'라고 할 수 있는 필립 가렐의 영화를 보며 감탄하게 되는 이유는, 1970년대의 언더그라운드와 모더니티의 위대한 순간이었던 1980년대부터 지금까지 이 언더그라운드를 새롭게 수정하는 과정을 통해서 챔버 영화를 완전히 재규정했기 때문입니다. 더 이상 소설적이지 않은 챔버 영화죠. 챔버 영화의 전통은 전형적으로 프랑스적인 것인데, 영화 이전에도 플로베르(Gustave Flaubert)까지 거슬러 올라갈 수 있는 전통이죠. 문학이나 회화에도 있는 전통이에요. 가렐은 그 전통의 소재는 그대로 간직하면서, 그 전통에 전혀 다른 차원을 부여했습니다. 다른 어디에서도 찾아볼 수 없는 강렬함을 부여했던 거예요. 가렐이 있는 자리에서 제가 직접 얘기를 하지만, 그의 영화는 제가 보기에 프랑스 영화에서 가장 중요한 작품들 중 하나, 아니 더 솔직하게 얘기하면 가장 중요한 작품이라고 생각하는, 그런 지점들을 하나하나 모아서 이야기하게 될 것입니다. 그의 영화의 모든 측면에 대해서 얘기할 수는 없을 거예요. 가렐은 얼굴을 마치 풍경을 찍듯이 찍은 감독이기도 하고, 1968년 프랑스 비평가 장 나르보니(Jean Narboni)는 가렐이 창조해낸 것이 "강렬한 구역"? 어떤 문장이었죠? 기억하세요? 기억이 안 나네요. 메모해 두었는데, 찾아보겠습니다. "놀라움의 강렬한 구역"이라고 했군요. 나르보니가 가렐 당신에 대해 쓴 표현이에요. 지금도 유효한 표현이죠. 가렐 영화에서의 어떤 쇼트들은 진짜 모든 것을 태워버릴 정도죠.

필립 가렐: 당시에는 "놀라움의 강렬한 구역"이라고 했는데, 이제는 "눈부신 절망"이라고 하네요.

필립 아주리: 당신은 뭐가 더 좋으세요? "눈부신 절망"과 "강렬한 놀라움" 중에서요.

필립 가렐: "눈부신 절망"은 일종의 언어의 무의식적 흔적인데요. 장 으스타슈가 그걸 썼을 때는 자살하기 전이고, 당시에 샹탈 아커만도 자살하지 않았고요. 제가 "눈부신 절망"이라는 표현을 떠올린 것은 샹탈의 자살과 관계가 있어요. 한 달 반 전에 있었던 일이었으니까요. 일단 우리가 시작하면서, 얘기가 안 되었던 얘기를 먼저 하고 싶습니다. 예를 들면, 누벨바그의 작가가 자살 한 적이 없거든요.

필립 아주리: 그렇죠. 트뤼포는 병으로 죽었고, 고다르는 다행히도 아직 살아 있고, 에릭 로메르는 나이가 들어 죽었죠.

필립 가렐: 그들의 영화와 그의 제자라 할 세대들의 영화를 비교해보면….

필립 아주리: 누벨바그 이후에 등장한 세대?

필립 가렐: 으스타슈나 아커만을 예를 들어 봅시다. 누벨바그 감독들의 영화들을 보면 그 전세대의 영화에서 간직한 것이 있는데, 그건 살인에 대한 충동이죠. 그들 영화에는 살인이 나오거든요. 〈국외자들(Bande a part)〉에도, 〈부드러운 살결(La peau douce)〉에도 살인이 등장하죠.

필립 아주리: 트뤼포의 〈부드러운 살결〉, 고다르의 〈국외자들〉이요. 네, 살인이 있죠.

필립 가렐: 으스타슈나 아커만 혹은 저의 영화들에는 살인이 없어요. 공통점이 있다면, 불륜 커플이 겠죠. 누벨바그에서 저희가 간직한 건 그거예요. 그건….

필립 아주리: 프랑스 영화의 전통, 챔버 영화 전통 말씀하시나요?

필립 가렐: 네, 근데 우선 관객의 입장에서 봅시다. 영화에서 남자나 여자가 배신을 하면, 바로 관심이 끌리게 되잖아요. 그리고 남자가 총을 꺼내서 사람을 죽여도 바로 관심이… 음 저한테는 덜 흥미롭지만, 영화 120년의 역사를 보면 우리의 관심을 끌기 위해서 살인과 사랑의 배반을 자주 보여주었어요. 그런데 누벨바그의 제자들의 작품들을 보면, 예를 들어 샹탈의 〈잔느 딜망(Jeanne Dielman, 23 Quai Du Commerce, 1080 Bruxelles)〉을 보면, 혹은 으스타슈의 〈엄마와 창녀(La maman et la putain)〉를 보면 살인 장면이 없습니다. 살인이 끼어들 자리가 없죠. 현실적인 내용들이 다루어지고, 결국 살인은 사라졌어요.

필립 아주리: 그러니까 추리물적 요소가 없는 거죠. 중요한 건 사람들의 관계, 사랑, 배신이니까요.

필립 가렐: 그런데 살인이 배제되니, 자살의 귀환이 있지 않았나 해요. 끊임없이 자살이 말 그대로 암시되고 있어요. 누벨바그보다는 훨씬 중대한 운동이었지만, 우리 세대만의 정신이 깃들어 있습니다. 죽음은 단지 자기 자신한테만 줄 수 있지, 남에게는 줘서는 안 된다는 그런 생각이요. 우리 세대가 전쟁을 안 겪은 세대라 그런지, 우리들의 도덕률에서는 살인이 정당한 게 될 수 없었어요.

단지… 그래서 제가 무의식적 행동이라고 얘기한 건데요. 이 전시를 기획한 분이
"찬란한 절망"이라고 전시 제목을 붙여주셨는데, 자살의 문제와 연관이 되어 있고,
샹탈이 자살을 했을 때 전 바로 으스타슈 감독이 떠올랐어요. 그리고 바로 우리
세대의 운동에 대한 생각을 했죠. 문학에서 고전주의와 낭만주의가 달랐던 것처럼.
고전주의와 달리 낭만주의가 자살과 함께 죽음의 충동을 다시 가져왔잖아요.
그러니까 이건 우리 세대에 꼭 붙어 다니는 그런 거예요. 우리가 결정한 무언가가
아니라, 무의식적으로 나타난 거죠. 내가 죽음을 선택하는 행위는 그러니까… 샹탈을
예로 들어보면, 그가 자신의 작품을 완성시키기 위해서 자살을 한 것은 아니었겠죠.
하지만 다른 한편 자살을 결심했을 때, 어떤 의미에서는 작품을 완성시킨다는 생각을
했을 수도 있어요. 낭만주의 예술가만이 자신의 작품의 종지부를 자살을 통해서 할
수 있다고 생각을 했거든요. 그래서 요즘 제가 하고 싶은 말이 있다면 이런 겁니다.
누벨바그 이후의 영화는 어떤 영화인가라는 질문을 합니다. 지금 영화학도들도 이
자리에 오신 것 같은데 영화사 책을 보면 많은 경우 누벨바그까지만 얘기가 나오고,
그 이후는 아무것도 없죠. 그런데 으스타슈나 샹탈의 영화도 있는 거잖아요. 물론
누벨바그는 우리 세대보다 훨씬 강력한 예술운동이었죠. 회화로 따지면 인상주의
정도의 비중을 갖죠. 전 세계로 퍼져나갔고, 할리우드 등에 반하여 어떻게 영화를
만드는가를 규정했죠. 제가 관심을 갖는 것은 누벨바그 이후의 영화에 대한
이야기입니다. 물론 역사가 우리를 빗겨가기도 하죠. 세대 무의식이라는 것이 딱히
존재할 수는 없지만, 뭐 그런 식으로 이해를 해주시면 될 것 같은데요.

　　　필립 아주리: 자살이 으스타슈나, 아커만, 그리고 당신 세대의 낭만주의의
어두운 측면, 치러야 하는 어떤 대가라고 할 수 있는데요. 또한 어쩌면 어린 나이부터
영화를 시작했던 당신 세대가 가진 멜랑콜리라고 할 수는 없을까요? 샹탈은 18살에,
감독님은 14–15살에, 으스타슈는 좀 늦지만 25살에 시작을 했잖아요. 트뤼포나
고다르처럼 존재감이 큰 누벨바그가 있고 난 다음 영화를 했다는 것에서 기인하는
멜랑콜리가 있을까요? 누벨바그 이후에 온 세대들의 고독감이라든지 멜랑콜리
말입니다. 좀 더 변방에서, 좀 더 힘든 사명을 해내야 한다는 데서 기인하는 것이랄까,
감독으로서의 삶이 낭만주의적 개념의 예술가의 삶, 즉 쉽지 않은 삶이 될 거라는
그런 느낌이요.

　　　필립 가렐: 글쎄 잘 모르겠습니다. 영화는 하나의 언어라고 얘기를 하잖아요.
영화에, 영화 표면에 우리가 담는 것은 절반은 무의식적인 것, 절반은 의식적인
것이거든요. 그래서 우리 영화가 지닌 의미에 대해서 우리가 권위자라고 생각할
수는 없습니다. 또한 〈엄마와 창녀〉나 샹탈의 죽음이 사람들의 관심을 끌었을 때, 왜
이것들이 관심을 끄는지 의식적으로 알 수가 없어요. 예를 들어 차라리 〈네 멋대로
해라(À bout de souffle)〉를 다시 보기보단, 왜 이 영화들을 보게 되는 건지를….

　　　필립 아주슈: 저도 왜 20–30년 전부터 당신과 샹탈, 으스타슈의 영화에
끌린 건지 이유는 모르겠어요. 저한테 이 세 감독의 영화는 거의 하나의 그룹 같은
것인데요. 왜 이런 영화들이 나에게 어필하는 건지를 말로 표현하기는 매우 힘들어요.
제라르랑 자키도 동의할 거라고 봐요. 진짜 모르겠어요. 어쩌면 정말 그 영화들의

무의식이 우리를 매혹시키는가 봐요.

제라르 쿠랑: 누벨바그 영화들에서 자살이 없다고 얘기했는데, 그런데 사실 누벨바그 감독 중 자살을 시도한 사람이 있죠.

필립 아주리: 고다르죠.

제라르 쿠랑: 네, 고다르요. 그때가 안느 비아젬스키랑 헤어졌을 때고, 베르토프 그룹과 영화를 만들면서 어려움이 있을 때였거든요. 가까스로 살아나셨습니다. 트뤼포나 로메르가 아니라 하필 고다르가 그런 일을 겪었죠. 그거에 대해 어떻게 생각해요?

필립 가렐: 알고는 있었습니다. 자살에 대해서 이야기를 그렇게 하기에는….

필립 아주리: 자살에 대한 설명이요?

필립 가렐: 네, 아주 복잡해요. 얘기를 할 때 자살을 왜 하는지 그 이유와 원인을 설명하는 것은 그렇게 단순하고 쉬운 게 아닙니다. 우선 으스타슈 감독이 사생활이나 개인적인 부분에 있어서의 좌절이 있었다면, 그건 우리가 신경 쓸 일이 아닙니다. 자기가 좋아하거나 이해하는 작품을 만든 작가의 사적 생활에 관심을 갖는 사람을 저는 싫어해요. 반면, 그러한 것이 그의 영화의 성공에 영향을 미친 부분이 있죠. 그런 절망을 그가 어떤 방식으로 살아냈느냐 하는 것들이요. 〈엄마와 창녀〉가 개봉 당시보다는, 수년이 지나고 인정을 받은 것은 아쉬운 일이죠. 아마 〈잔느 딜망〉도 같은 경우였던 것 같은데요. 어쨌든 이 영화는 영화가 만들어지고 개봉했을때 현재에서의 승자로서의 영화는 아니에요. 영화가 개봉되는 사회와 나라의 가시적인 삶에 대한 것이 아니거든요. 누벨바그는 그런 측면이 있었던 반면에요.

필립 아주리: 어쩌면 그런 의미에서 멜랑콜리가 있었던 것 아닐까요? 영화가 개봉되었을 때 크게 성공을 못하고, 종종 개봉을 못하기도 하고, 몇몇 영화는 한참 뒤에야 개봉되고 그랬잖아요. 하지만 당시의 박스오피스 기록을 보면, 당시에 인기 있던 영화는 지금 완전히 잊힌 작품들이죠. 그리고 당신이나 으스타슈, 아커만의 영화가 지금까지 남아 있는 영화가 되었죠. 그것들이 잊히지 않은 작품이 된 거죠.

필립 가렐: 그렇다고 예술 때문에 죽는다는 것은 멍청한 짓이겠죠. 예술을 위해 사는 것은 도리에 맞는 말이지만, 예술을 위해 죽는다는 것은 바보 같은 짓이에요. 그런 의미에서 우리는 모드 누벨바그의 제자였지만, 우리 영화를 가지고 삶에 침투하는 데에는 실패했어요. 영화사에는 어떤 족적을 남겼다고 말할 수 있겠지만, 삶에는 아니죠. 당시 사회의 삶에 침투를 못했죠.

필립 아주리: 그러니까 개봉되면 사건이 되고, 사람들이 얘기하고 그런 의미에서의 침투요?

필립 가렐: 그렇죠. 문화가 서서히 발전하고 새로운 영역이 발견되게 하기 위해, 그냥 조용히 명작들을 차곡차곡 만들어간다? 장피에르 르페브르(Jean-Pierre Lefebvre)의 영화 제목처럼 그러려고 죽어서는 안 되죠.

필립 아주리: 그러려고 죽어서는 안 된다….

필립 가렐: 그러려고 죽어서는 안 되죠. 그럴 만한 게 아니에요.

필립 아주리: 당신이 그런 얘기를 하니 이상하네요. 당신은 그걸 위해서 살아온

사람이잖아요. 14-15살부터 벌써 영화를 만들면서요.

필립 가렐: 그들이 멋진 영화를 갖다가 만들어 제작해서, 그래서 사람들이 발견할 수 있는 꺼리를 만들어 준다는 것, 그러니까 그걸로 인해서 살 수는 없다는 거죠. 그렇게 하는 것이 영화라고 생각하지 않습니다.

필립 아주리: 그런데 그렇게 말씀하시면 감독님은 영화를 위해서 살고 있지 않았나요? 14, 15세부터 그런 영화들을 만들면서요.

필립 가렐: 그렇게 하면서 그것 때문에 절망하거나, 우울한 오후를 보내거나 그런 게 아니에요. 그냥 그게 제가 몰두할 만한 것이어서 한 것뿐이죠. 사회의 삶에 참여하지 않고, 예술을 제작하는 장인의 뭐 그런….

자키 레이날: 굉장히 흥미로운데, 궁금한 게 있네요. 듣고만 있었는데. 그러니까 그게 배급 때문일까요?? 아님 당신 영화의 포맷 때문일까요?? 우리는 잔지바르 그룹에 있었고 35mm 영화를 찍었는데, 누벨바그 영화 같은 방식으로 배급되지는 않았거든요. 그게 무슨 관계가 있을까요? 우리의, 당신의 스승이었던 게 누벨바그잖아요.

필립 가렐: 당시에는 예술 자체에 대한 회의 분위기가 있었잖아요. 상황주의자들이 1966-1967년경에 "예술은 죽었다"고 선언했고. 한편으로는 틀린 말이었던 게, 예술 없이는 문명도 없는 것이거든요. 실천적인 의미에서는 틀린 말이죠. 동시에 상황주의자가 "예술은 죽었다"라고 했을 때, 그게 어떤 의미인지는 잘 알 수 있죠. 허구로서의 예술이 죽었다는 말이었죠. 거짓의 삶의 재현으로서의 예술이 죽었다고 한 것 같아요. 전후 세대가 사회의 기저를 이루고 있는 모든 것을 회의했었어요. 상황주의자들이 "예술이 죽었다"고 했을 때, 저는 그것은 불가능하다고 생각하면서도, 무슨 얘기를 하는지는 알 것 같았습니다. 사실 집단 기만이 죽었다는 것이죠. 문화의 내부에는 엄청난 집단 기만이 있거든요. 하지만 예술은 그것보다는 복잡한 것입니다. 요즘 제 영화를 보셨다면, 그 영화의 절반의 일은 제가 했지만, 나머지 절반은 여러분이 하신 겁니다. 여러분이 그 일을 하지 않았다면, 즉 인물과의 동일화나 보이는 것들에 대한 이해라는 일을 안했다면, 그 영화는 없었을 것입니다. 자기가 좋아하는 예술가가 있으면, 우리는 그 예술가와 연결되어 있습니다. 그렇게 해서 우리가 그 예술가에게 우리 자신의 삶을 얘기할 수 있는 권한을 주는 것이에요. 그게 우리 자신이 할 일인 거예요. 훨씬 변증법적인 요소가 있습니다. 의미를 발화하고, 그것을 이해하는 사람 사이의 관계는 오늘날 문화라는 말이 암시하는 것보다 훨씬 변증법적인 것이죠. 사실 진짜 모르겠어요. 마치 저한테 왜 아직 3차 세계대전이 안 일어났는지 묻는 거랑 매한가지에요. 진짜 몰라요.

필립 아주리: 어쩌면 우리가 그 얘기부터 시작했어야 될 것 같아요. 여기 청중이 굉장히 젊은 분들이거든요. 일단 그 점은 멋진 것 같아요. 필립 가렐의 영화를 보게 되면 적어도 저는 삶의 방식을 배웁니다. 자살이라는 문제로 여기까지 지금 온 건데요. 당신의 영화가 제게 인생을 가르쳐주었고, 살아가는 데 도움을 주었습니다. 인생을 배운다는 것은 또한 사랑하는 것을 배우는 것이기도 합니다. 이별을 하고, 계속 사랑을 하고, 다시 사랑을 하고, 옛 애인을 기억하고, 관능성을 받아들이는 그런

것들 말입니다. 그것이 여기 젊은 청중들을 대상으로 하고 싶은 얘기입니다. 당신의 영화는 제가 아는 가장 관능적인 영화들 중 하나거든요.

필립 가렐: 예술은 생의 약동을 주는 것들의 하나로 분류되어야 합니다. 그러니까 예술은 사람들이 자살을 안 하게 만들어야 하는 것이죠. 예를 들어 제가 고다르 영화를 좋아하는 이유는, 제가 청소년기 때 '까짓 죽어버려?'라고 생각하고 극장에 들어갔다면, 그의 영화를 보고 나오면, '아니지, 살아야지. 그래서 예술을 해야지. 예술이 가장 멋진 일이야'라는 생각을 가지고 나온다는 것이죠.

필립 아주리: 당신한테 삶의 의지와 동시에 영화를 만들어야겠다는 욕구도 준 것이군요.

자키 레이날: 우리 모두 거기에 동의하죠.

필립 가렐: 그래서 바로 제가 할리우드 영화를 비판하는 것입니다. 여러분이 예를 들어 누벨바그 영화를, 트뤼포의 영화를 보고 나온다고 해보죠. 혼자인 사람이든, 누군가를 사랑하는 사람이든, 하나의 인간으로서 나옵니다. 그런데 미국 영화를, 아주 훌륭한 미국 영화라고 하더라도, 보고 나오면 아주 작은 개미가 되어 집으로 돌아가는 느낌이죠. 누벨바그나 그 외 여러 다른 나라에서 만들어진 이런 영화들은 할리우드 영화랑은 뭔가 다른 차원의 것입니다. 인간의 눈높이에서 만들어진 영화라는 점에서 그렇고, 그 만의 미덕이 있어요. 제가 몇몇 사람들의 자살을 유예시키기 위해 영화를 만든 적이 있어요. 헤로인이라든가 중독성이 강한 마약에 중독된 사람들에게 희망을 주기 위해 영화를 만든 적이 있어요. 〈와일드 이노선스〉라는 영화였는데, 성공은 못했죠. 불가능한 일이었거든요. 왜냐하면 마약중독자는 모든 돈을 약 사는 데 써서 영화 티켓을 살 돈이 없어요. 그렇지만 그 사람들에게 탈출구가 있다는 생각을 전하고 싶었어요. 우리 사회에는 마약중독자가 되는 함정에 빠진 사람들에게, 이런 함정에 벗어나고 싶으면 어떻게 하라는 지표를 던져줄 만한 것이 없습니다. 그래서 그런 지표가 될 영화를 만들었어요, 〈와일드 이노선스〉라는 영화를. 그런데 그런 의도가 성공할 수는 없었죠. 영화 한 편으로 마약중독자에게 희망을 줄 수는 없는 거잖아요.

자키 레이날: 그렇게 되었다면 정말 너무 멋진 일이겠죠.

필립 가렐: 자살에 대해서도 마찬가지예요. 절망에 빠진 사람들에게 문제들이 어쩌면 해결될 것이니, 계속 살아보라는 이야기를 전달하기는 힘들죠. 예술작품 하나로 충분히 할 수는 없을 거예요. 불가능하죠. 근데 모든 게 변증법적인 거예요. 예술은 유용한 동시에 무용하고, 가장 훌륭한 사람들의 편인 동시에, 가장 끔찍한 사람들의 편일 수도 있고요. 예술은 다른 것과 비교할 수 없는 그런 거예요. 그래서 흥미롭죠.

필립 아주리: 지금 회고해보시면 더 잘 아실 수 있을 것 같은데, 14-15살이라는 그런 어린 나이부터 영화를 마치 필연적으로 하게 된 그런 동력은 무엇이었을까요? 제 생각에 당신 같은 경우는 세계 유일인 것 같거든요.

필립 가렐: 요즘엔 그런 경우 많아요. 영화의 랭보가 5년마다 한 명씩은 나오잖아요.

필립 아주리: 그들은 25살 정도는 되었잖아요. 당신은 그보다 10살은 더 어렸었습니다.

필립 가렐: 디지털 시대부터는 다르다니까요. 사실 장편영화를 15살 때부터 찍은 사람은 요즘 수천 명은 될 거예요.

필립 아주리: 요즘은 그렇다고 치죠. 그래도 1964-1965년도 당시는 이야기가 다르잖아요.

필립 가렐: 당시에는 아무도 그러지 않았기 때문이죠. 사실 예술에서 복잡한 일이 뭐냐면, 잘난 체 하려고가 아니라, 먹고 살아야 하니까, 주목을 받으려면, 21이나 23살보다 젊은 감독은 당시에 없다보니, 아 내가 19살에 장편을 찍으면 주목받겠다고 생각했죠. 근데 결과는, 결국 주목을 해준 게 극우 주간지 《미뉴트(Minute)》였어요. 세상에서 가장 젊은 '프랑스'감독이라고, 프랑스인이라는 걸 강조하더군요.

필립 아주리: 대단한 민족주의적 사건이었군요.

필립 가렐: 샹탈도 18세 때 첫 장편을 찍었습니다. 누벨바그와 비교해보면, 전혀 다를 수밖에 없는 영화가 나오죠. 만약 성 경험이 없는 아이가 영화를 찍으면, 성 경험이 있는 사람의 영화와는 완전히 다른 영화가 나오는 것처럼요. 막 성년이 된 상태에서 찍은 영화라, 남성적 혹은 여성적 사고의 흔적이 아직 없었던 거예요. 그래서 샹탈이 주목을 받은 것이고, 저도 그렇죠.

필립 아주리: 그런 점에서 당신은 샹탈이 18살에 찍은 〈내 마을을 날려 버려(Saute ma ville)〉나 당신의 첫 영화들이 대단한 가치를 가졌다고 보는 것이죠? 미국 영화를 비롯하여 오늘날 모든 영화의 가장 중요한 주제이기도 하죠. 젊은이들이 항상 영화의 중심에 있으나, 그걸 찍는 사람은 30세 이상이죠. 그런데 1960년대 말 당신의 영화나 아커만의 영화는 처음으로 15살 감독이 찍은 15살 아이들, 18살 감독이 찍은 18살 아이의 욕망과 꿈, 분노와 에너지, 섹슈얼리티를 보여준 거죠. 멋진 거죠. 왜냐하면 필터에 걸러진 것이 아니니까요. 그런 점이 당신의 작품을 독특하게 만드는 첫 번째 요소일 거예요.

필립 가렐: 예술에서는 이미 누군가 하지 않은 시도를 해야 되는 거죠. 실제적인 의미에서요. 단지 스타일뿐만 아니라 우리가 말하는 주제도 그래야 한다는 거예요. 청소년기에 찍은 영화들은….

필리 아주리: 직접성이 있었죠.

필립 가렐: 그렇죠. 그런데 당신이 틀린 점이 있어요. 제 생각에는 오늘날에도 디지털 기술로 인해서 많은 청소년들의 영화가 있을 겁니다.

필립 아주리: 인정합니다.

필립 가렐: 요즘 청소년 감독이 가진 문제는 젊은 영화를 찍느냐 아니냐가 아니에요. 어떻게 영화를 찍는 수십만의 젊은이들 사이에서 주목을 받을 것이냐 하는 거죠. 그래서 이제는 존재하는 걸로 알고 있는데요. 그렇게 많이 있다는 것 자체는 좋은 거예요. 그런데 1950년대 같은 경우에는 예를 들어 프랑스에 아마추어 화가까지 합쳐서 이미 3만 5천 명의 화가가 있었는데, 그런 상황에서 화가가 되기로 결심한 사람이 갖게 되는 문제 같은 게 있는 거예요. 3만 5천 명 사이에서 어떻게 주목을

받느냐? 이건 그냥 확률의 문제예요. 아주 어렵다는 얘기죠. 젊은 영화학도의 경우는, 우선 조그마한 카메라로 돈 많이 안 들이고 영화를 찍을 수 있다는 것은 참 좋은 일이지만, 어떻게 그의 영화가 이미 누가 하지 않은 것인지를 이해시키는 것은 어려운 문제가 되죠.

필립 아주리: 자키와 제라르가 이 자리에 계시니까 이런 질문을 드려볼게요. 두 분 모두 가렐의 유례없는 초기 10년간 영화를 발견하신 세대잖아요. 68년 혁명을 이루어낼 당시 젊은 세대의 모든 분노와 욕망을 부르짖던 가렐 감독님의 젊은 시절 영화들은 당시 어떻게 받아들여졌고, 두 분은 개인적으로 어떻게 받아들였었나요? 우선 자키부터 답변 부탁드릴까요? 레이디 퍼스트로 하죠.

자키 레이날: 가렐 감독을 위해 퍼포먼스를 하나 준비했어요.

필립 아주리: 이 마이크는 제가 들고 있죠.

자키 레이날: 신사숙녀 여러분, 안녕하세요. 가렐이 〈집중〉 촬영 당시 저에게 업무를 하나 준 것이 있어요. 그래서 당신을 위해 준비한 게 있어요. 아, 바닥에서 해야 할 것 같아요. 일종의 몽타주랑 비슷한 거예요. 제가 직접 뜨개질 한 거예요. 편집이 아니라 뜨개질이죠. 그리고 당신을 위해 쓴 게, 여기에 있어요. 독립 선언문이랄까요? 마이크 좀 잡아주실래요?

필립 아주리: 하고 싶으신 대로 하세요.

자키 레이날: 우리가 사랑했던 시절에 대한 추억. 죄송합니다. 제가 약간 감정적으로 격앙되어 있어요. 먼저 큐레이터 분에게 감사드리고, 우리가 사랑했던

시절에 대한 추억, 앉아서 하는 게 낫겠네요. 좀 길어요. 죄송해요.

필립 아주리: 시간 많습니다. 걱정 마세요. 아직 대낮입니다.

자키 레이날: 사실 당신을 어떻게 이해해야 할지 사람들이 잘 모르잖아요.
가렐에게, 아니 차라리 필립에게. 이 편지를 통해 당신에게 감사를 전하고 싶습니다.
내가 당신에 대해 알고 있는 두세 가지 것들에 대한 감사입니다. 내가 당신을 알게
된 1968년으로 돌아가보죠. 파리 6구 레쇼데가 36번지에 있던 올리비에 모세의
스튜디오에서였습니다. 나중에는 변했지만, 당시에 당신은 마치 나에게는 혜성
같은 존재였습니다. 누벨바그의 여러 감독들의 작품에 편집감독으로 일했던 저에게
말입니다. 그리고 당신은 나중에 우리 무리에 동참했습니다. 친구들이 뭉쳐 만든
잔지바르라는 무리였죠. 세르주 바르, 마르가레트 클레망티, 실비나 브와소나,
파트리크 드발, 에티엔느 오리리와 나까지 포함한 그룹이었습니다. 우리는 슈퍼 8mm
영화를 함께 감상했습니다. 필립, 괜찮아요? 올리비아 모세가 만든 영화였습니다.
앤디 워홀의 팩토리에서 찍고서, 뉴욕에서 돌아온 참이었죠. 당시 저는 〈수집가
(La collectionneuse)〉의 편집을 막 끝낸 참이었습니다. 에릭 로메르의 영화였죠.
1967년 작품으로, 누벨바그의 끝과 뭔가 새로운 것의 시작을 알리는 작품이었습니다.
다니엘 폼므뢸르가 대사를 쓴 작품입니다. 와우, 제가 진짜 잘나가던 때죠. 제가 당시
프랑스 최연소 편집감독이었어요. 프랑스 최연소 감독과 최연소 편집감독인 거죠.
아무튼 당시 사건들과 풍속들에 대해 많은 글들이 쏟아졌고, 다니엘과 파트리크,
당신들은 이러쿵저러쿵하면서. 저희 잔지바르 그룹의 첫 번째 영화의 편집도
제가 했습니다. 아, 당신은 정말 모르는 게 없었어요. 당신은 셀룰로이드 필름에
대해서 모르는 게 없었죠. 슈퍼 8mm 코닥 리버설 필름이었죠. 미안해요. 좀 더
위로요. 아, 장난이에요. 아무튼 그래서 저는 잔지바르가 제작한 첫 영화 〈당신을
파괴하세요(Détruise-vous)〉를 편집했습니다. 필립, 당신은 20살이었죠. 그리고
우리들의 리더였습니다. 가장 어린 멤버였지만요. 놀랄 만한 것은, 당신 영화의
인물도 그렇고, 당신도 항상 세련되게 옷을 입었죠. 돈도 전혀 없었으면서요. 당신은
모든 것에 재능이 있었습니다. 영화를 능숙히 만드는 방법, 촬영과 화면구성까지
모든 기술적인 측면을 다 알고 있었죠. 필름 현상, 촬영, 사운드까지도. 그리고 당신
할아버지가 피뢰침을 발명했다는 얘기를 했을 때, 저는 완전 매혹당했죠. 번개를
피하려고 집 위에 설치하는 조그만 쇠구조물이요. 번개 얘기를 하다 보니 생각나는
게, 이건 우연이 아닌 것이, 당신도 폭발적인 사람이었거든요. 여성들 사이에서
엄청 인기가 있었죠. 모든 여자들에게 인기 있는 사람이었죠. 맘만 먹으면 어떤
여자도 꼬실 수 있었지만, 그렇다고 아무에게나 애정을 주진 않았죠. 그 당시에는
에이즈라는 무서운 병이 없었어요. 모든 사람이 모든 사람과 섹스를 했죠. 안
될 게 뭐 있겠어요? 당시는 성해방의 시대였습니다. 그 당시에는 사랑과 꽃들의
히피정신이 도처에 꽃피고 있었습니다. 샌프란시스코에서 시작된 운동이었죠.
역시나 또 미국인들이었네요, 이런. 실바나와 올리비에 모세는 당신이 입던 멋진
옷들을 좋아했죠. 물론 런던에서 만들어진 옷이었어요. 당시에는 누구나 런던 산 옷을
좋아했고, 롤링스톤즈도 좋아했죠. 주주는 당신의 뮤즈였죠. 정복욕이 있던 당신, 정말

많은 여자들이 당신의 품에 안겼죠. 그리고 일화들… 1967년 〈수집가〉 얘기는 아까 했고, 1968년에는 〈집중〉과 관련된 내용이네요. 〈집중〉을 여기서 상영하나요? 아, 아쉽네요. 제가 간단하게 설명해드리지요. 그래도 될까요?

　　　필립 가렐: 〈집중〉이요?

　　　자키 레이날: 네.

　　　필립 가렐: 하세요.

　　　자키 레이날: 고마워요. 당신은 주주와 장피에르 레오를 포함한 모든 배우들이 LSD를 복용하라고 결정을 했죠. LSD가 당시에 인기가 많았어요. 그 당시에는 불법적으로 밀매되지 않았거든요. 그리고 도비디스의 스튜디오에서 하룻밤 만에 〈집중〉을 끝냈어요. 하룻밤 만에! 〈집중〉이라는 영화는 저에게는 하나의 은유였어요. 당신은 너무나 즐거움에 차있었고, 그리고 뭐랄까… 순박해 보였습니다. 배우들 귀에 속삭이면서요. 마이크를 이용하지 않고 직접 귀에다가 대사를 속삭여서 알려주었죠. 그러니까 약간은 앤디 워홀 식 영화였죠. 폴라로이드 영화라고나 할까요? 진짜 놀라웠던 것은 배우들을 아동복도, 청소년 복장도 아니고 아기들처럼 유아복을 입힌 거예요. 저희는 완전 기겁을 했죠. 저게 도대체 뭐냐고. 말도 안 된다고. 그렇게 입고 커플이나 화목하지 않은 집의 아이들 연기를 한 거예요. 물론 대본도 없었고, 스튜디오 한 가운데 레일을 깔아두었죠. 아주리는 그의 훌륭한 책 『죽음을 두려워하지 않았던 사람, 베르너 슈뢰터에게(À Werner Schroeter, qui n'avait pas peur de la mort)』에서 이렇게 얘기를 했죠. "오페라 음악을 배경으로, 팝음악에 맞는 춤을 추는 소년의 이미지를 보여주는 것처럼, 모든 게 혼합되어 있다. 여러 시대들, 여러 성별들. 〈집중〉에서 두 주인공은 유아복을 입고 있고, 마치 성별이 없는 천사의 모습이다. 천상의 디바이고 창녀이며 음악이다. 과장된 것도 있고, 1950년대식 멜로 슬픈 노래도… 아니 이건 나중 얘기네요. 니코랑 찍었을 때 얘기구요. 그리고 소비의… 신성함… 아무튼 이게 당신입니다. 당신의 내면성, 자발성, 데쿠파주도 시나리오도 없는 당신 그대로입니다. 그리고 그렇게 다음 작품 〈폭로자〉로 이어졌습니다.

　　　필립 가렐: 감사합니다. 제가 촬영하는 동안에 저걸 뜨개질로 짠 거예요?

　　　자키 레이날: 아뇨, 이걸 짠 거는….

　　　필립 가렐: 촬영 이후군요.

　　　자키 레이날: 아, 네. 아, 그리고 〈집중〉 편집하고 남은 것들도 있네요, 여기.

　　　필립 가렐: 지금 읽으신 내용 중에 사실인 내용도 있지만, 제가 재밌게 생각하는 것은 시나리오 없는 영화라는 대목입니다. 왜냐하면 1978년도까지 제가 찍은 영화들은, 시나리오 없이 찍었습니다. 저만 그런 게 아니라, 샹탈 아커만도 시나리오 없이 찍었었죠. 시나리오 없이 찍는 감독들이 여럿 있었어요. 당시에는 이게 완전히 새로운 것이었어요. 어떻게 보면 오해 때문에 이런 것이 시작됐는데, 저는 고다르를 스승으로 생각했는데, 고다르도 시나리오 없이 촬영하는 줄 알았어요.

　　　필립 아주리: 네, 당시에 다들 그렇게 얘기했죠.

　　　필립 가렐: 그런데 아니었거든요. 단지 자기 공책에 시나리오를 써두고,

배우들에게 주질 않았던 거죠. 그리고 그냥 하나의 스토리에서 출발을 한 것이죠. 이미 시나리오에 있는 이야기를 카메라로 다시 쓰는 것은 아니었죠. 당일 찍을 것만 알고, 다음날 찍을 것도 모른 채 촬영을 했어요. 많은 젊은이들이 저처럼 오해하고 있었습니다. 그래서 여러 감독들이 시나리오 없이 촬영했지만, 곧 그런 방식을 포기했죠. 그렇게 찍으면 좀 특이한 영화가 나왔거든요. 그런데 최근에도 시나리오 없이 촬영된 영화가 있죠. 테렌스 맬릭(Terrence Malick)의 최근작 〈나이트 오브 컵스(Knight of Cups)〉(2015)가 그렇죠. 아주 뛰어난 영화는 아니지만, 시나리오 없이 찍은 티가 나는데, 참 독특한 영화가 나왔거든요. 참 흥미롭죠. 난니 모레티(Nanni Moretti)의 멋진 영화 〈나의 어머니(Mia madre)〉(2015)보다는 덜 흥미롭지만요. 아무튼 언제부턴가 카메라만으로 직접 영화를 만든다는 생각은 거의 폐기되었어요. 왜냐하면 모든 작가 영화를 제작하는 과정에서는 시나리오가 필요하거든요. 시나리오를 보고 제작을 결정하거든요.

　　자키 레이날: 돈이 많이 들죠.

　　필립 가렐: 그렇죠. 그래서 그런 것이죠. 그래서 시나리오 보고 결정하죠. 그런데 그러면서 뭔가 상실된 것이 있어요. 카메라만으로 직접 영화를 만들게 되면, 그 전에 없었던 뭔가가 발생하거든요. 그리고 자키가 〈집중〉에 대해 얘기했는데, 하룻밤이 아니라, 실은 72시간 동안 찍은 영화입니다.

　　필립 아주리: 72시간을? 연속으로?

　　필립 가렐: 잠도 안 자구요. 그렇게 미첼 35mm 카메라로 장편 하나를 찍은 거죠. 72시간 만에 만들어진 장편영화는 그 전에는 없었어요. 실험영화죠. 자키가 얘기한 게 또 뭐가 있었드라… 저희 할아버지가 피뢰침을 발명한 게 아닙니다. 피뢰침을 발명한 사람은 따로 있죠. 저희 할아버지가 발명한 것은 격자형 접지망이에요. 피뢰침은 지붕에 있는데, 번개가 치면 사람들한테 맞기 전에, 거기 있는 피뢰침이 대신 맞게 되는 거죠. 그런데 제 할아버지가 발명한 것은, 피뢰침의 전기를 도선을 통해서 땅으로 분산시키도록 하는 격자형 접지망이에요. 그렇게 분산되어서 아무것도 파괴되지 않도록. 그렇게 안하면 지붕 일부는 타게 되거든요. 그리고 또 하나 LSD 얘기를 했는데, 여러분에게 권장할 만한 것이 아닙니다. 위험하거든요. 그래도 지금까지도 계속 그렇게 하는 사람들이 있다고는 해요.

　　필립 아주리: 자키가 잔지바르에 대해서 얘기했잖아요. 라벨이라고 할지 창작집단이라고 해야 할지 모르겠는데, 자키가 사용한 단어가 가장 정확한 것 같아요. 일종의 무리, 한 무리의 친구라고 했거든요. 그 부분에 대해서 좀 더 설명을 듣고 싶습니다. 그 부분에 대해서 말해주신 적이 별로 없어요. 그룹에서 만든 영화들이 서로 대화하듯 연관이 있었나요? 서로 만나고 어울리는 친구들 그룹이면서, 더불어 종종 각자 영화도 만들고 그랬던 것인가요? 이 그룹을 어떻게 정의해야 될지 잘 모르겠거든요.

　　자키 레이날: 조금 후에 잔지바르 영화 일부를 보여드릴 수도 있을 것 같아요.

　　필립 아주리: 우선 가렐 감독이 얘기해주시고, 다음에 자키가… 잔지바르가 짧은 기간 동안 존재했지만, 매우 생산적이었는데, 회고적으로 보았을 때 어떤

그룹이었나요?

　　필립 가렐: 1968년 5월은 학생들이 시작한 혁명이었어요. 낭테르 대학의
사회학과나 그 외 다른 대학들에서부터 발발되었죠. 학생들이 성과 관련된 계기로
68년 5월을 시작했어요. 지금은 대학 기숙사에 성별 구분이 없지만, 최근에 그렇게
변한 것입니다. 당시에 그러니까 남자 기숙사의 남학생들이 여자 기숙사로 간
일이 계기가 되었죠. 그리고 기숙사장이 당국에 신고를 했어요. 그러자 학생들이
교수들에게 반항하기 시작했죠. 교수들이 강의를 할 때 학생들이 "선생님 왜 그렇게
얘기하세요? 알고나 하는 얘기인가요? 어떤 시대에 대한 역사 얘기하시는데,
저희보다 모르시는 것 같네요. 말도 안 되는 소리를 하는군요. 선생님의 권위의
근거가 뭔가요?" 이러면서요. 학생들이 이런 항의를 하자 이제는 대학교 학장이
당국에 신고를 합니다. 그래서 학생들이 이제 시위를 하기 시작했고, 그 중 일부가
체포되었습니다. 그러자 이 운동이 더 확산되었죠. 선량한 젊은이들이 윤리규범에
항의해 체포되었다는 이유에서요. 저를 포함해, 학생들 또래의 사람들, 이미 교육
시스템에서 벗어나 있는 이런 사람들이 수백, 수천 명으로 꽤 많았어요. 저도 14살
이후로는 학업을 관두었어요. 고등학교도 안 갔어요. 관심 없었거든요. 당시에는 경제
위기도 아니었고, 실업률도 안 높아서, 학업을 마치지 않고도 독학으로 직업을
구할 수 있었어요. 아무튼 그렇게 많은 젊은이들이 대학을 그만두고 예술가가
되고자 했어요. 이런 사람들이, 한 삼백, 혹은 삼천 명… 아니 오히려 삼천 명에 더
가깝겠는데, 그렇게 있었어요. 이런 사람들이 학생들과 함께 야간 시위를 하고,
바리케이트를 치고 했습니다. 그리고 68년 5월이 실패로 끝나고 나서….

　　필립 아주리: 혁명으로서는.

　　필립 가렐: 그렇죠.

　　필립 아주리: 68년 5월이 혁명으로서는 실패였다는 거죠.

　　필립 가렐: 네. 당시 68년 5월에, 백만장자의 딸이었는데, 시위에 참가하고
극좌파가 된 사람이 있었어요. 대재벌의 딸이었어요. 예를 들어… 여기라면 뭐라
할까요… 삼성이나 노키아? 그렇죠. 노키아의 상속녀가 반란 시기에 시위에
참가하고 극좌가 되었다고 생각해보세요. 그리고 반란이 끝나고 나선, 그 전의
권력의 위치로 돌아가지 않은 거죠. 그렇게 실비나 브와소나라는 대재벌의 딸이
있었습니다. 1968년 당시 시위에 참여하고 그런 모습이 당시 자료에도 많이 나와요.
대학생 및 예술가들과 함께 있는 그런 것들이요. 68혁명이 끝나자, 실비나는
예술가을 후원하기로 결심합니다. 화가 올리비에 모세를 후원했고, 세르주 바르,
자키….

　　자키 레이날: 다니엘 폼므뢸르.

　　필립 가렐: 다니엘 폼므뢸르, 파트리크 드발 등등을 후원해서, 영화나 회화가
만들어질 수 있었죠. 실비나는 매우 부자였기 때문에, 산업적인 측면으로 보면
프랑스 주류 영화산업에서 만들어진 영화만큼의 지원을 할 수 있었어요. 그래서
잔지바르라고 하는 운동에 대해서 질문을 했는데, 잔지바르라는 그룹은 68혁명
실패를 겪은 예술가들의 집단이고, 그렇게 서로 친분 있게 지내면서 예술 활동을

했던 사람들입니다. 68혁명 실패의 산물이죠.

자키 레이날: 실비나가 후원한 뮤지션도 있었죠. 록그룹 크루이유 마르토 (Crouille Marteaux)와 장피에르 칼퐁이요. 그게 참 멋졌죠.

필립 가렐: 그러니까 생각나는 게… 지금은 68년 5월이, 투정이고 현실 불가능한 소리였다고 말하는 분위기이지만. 그런데 보들레르가 썼던 것들을 다시 읽어보았거든요. 보들레르가 1848년 2월 혁명에 참여했었어요. 그는 혁명적인 얘기도 했지만, 이후에는 자신들의 요구사항은 불가능한 것이었다는 등등의 이야기를 하거든요. 그러니까 혁명적 운동이 유토피아적 생각을 기초로 하는 것은 68혁명만의 현상이 아닙니다. 모든 혁명이 그런 것 같아요. 성공한 혁명도 포함해서요. 성공 후에도 다른 식의 생각이 들게 되잖아요.

필립 아주리: 제 질문으로 돌아가서 보면, 그러니까 잔지바르는 어떤 창작집단이었고, 그 집단에 참여를 한 것이었나요? 아니면 개인적인 어떤 예술적 모험이었나요? 젊은 예술가들의 그냥 무리라든가… 창작집단은 아니었던 것이군요.

필립 가렐: 창작집단은 아니었어요.

필립 아주리: 각자가 그러니까 자신의 작품을 했던 것이군요.

필립 가렐: 한 무리의 예술가들이었죠.

필립 아주리: 자키가 퍼포먼스를 하게 되면서, 제라르 쿠랑의 얘기를 못 들었었네요. 당신은 1970년대 가렐의 영화를 동반했었고, 그의 영화들을 여러 곳에 가서 보여주기도 했고, 가렐 감독과 토론도 했습니다. 그 시절에 대한 생각을 얘기해주셨으면 합니다. 〈기억 속의 마리〉, 〈집중〉, 〈폭로자〉, 〈처녀의 침대〉 등의 초기 장편들이 그때 만들어졌고, 여기서도 상영되는 〈내부의 상처〉, 〈처절한 고독〉 등의 영화가 만들어진 1970년대에 대해서요. 제라르가 그 시기에 대해 얘기해주셨으면 합니다.

제라르 쿠랑: 우선 분명히 해둘 것은, 당시에는 프랑스가 둘로 분열되어 있었다는 것입니다. 파리가 있었고 그리고 그 나머지 지역이 있었습니다. 이 둘은 서로 완전히 단절된 세상이었습니다. 1980년대 와서 TGV가 생기면서, 지방의 대도시들이 몇 시간대로 서로 연결되면서, 프랑스는 완전히 변하게 됩니다. 예를 들어 1968년 저는 지방에 살았어요. 파리에서 320km 떨어진 디종이라는 곳에서 살았습니다. 아주 먼 것은 아니지만, 실질적으로는 다른 세계였습니다. 완전히 다른 세계였어요. 지금은 상상하기 힘들죠. 불가능해요. 당시 저는 변두리에 사는 시네필이었고, 제가 사는 곳에서는 필립 가렐 영화는 볼 수가 없었습니다. 그뿐만 아니라 마르그리트 뒤라스나 베르너 슈뢰터 등 다른 감독들의 영화도 볼 수 없었죠. 디종까지 배급이 안 되었어요. 불가능했죠. 완전히 다른 세계였던 거예요. 저는 영화 잡지를 읽었었는데, 1968–1969년경에 필립 가렐에 대한 글들이 등장하기 시작했습니다. 찬사로 가득한 글이 있는가 하면, 이건 영화도 아니라고 하는 글도 있었죠. 그런데 영화비평가들이 그의 영화들을 말하는 방식을 보니, 그 영화들이 너무 보고 싶어지더군요.

필립 아주리: 그러니까 비평가들이 혹평을 하면 할수록….

제라르 쿠랑: 비평가들은 대체로 주류 영화의 입장에 있었고, 그래서 가렐의
영화는 완전히 낯선 작품, 화성에서 만들어진 것 같은 영화였죠. 가렐의 영화에
관심을 갖는다고는 해도, 그 낯섦은 사라지지 않고 있음이 보였습니다. 디종에 살다
보니, 저는 그 영화들을 볼 수 없었죠. 그래서 마음먹고 파리에 와서, 필립 가렐의
영화를 보기 시작했습니다. 물론 저에게는 대단한 쇼크였습니다. 마치 1960년대
고다르 영화를 처음 보고 느낀 쇼크 같은 것이었어요. 고다르가 슬럼프에 시달리고
있을 때 필립 가렐을 발견한 것이죠. 고다르는 포스트 68년 시기, 베르토프 그룹
시기에 최악의 시기를 보냈거든요. 고다르가 위기에 처한 때였죠. 그런데 고다르
대신 가렐이 등장했다고 생각했습니다.

자키 레이날: 고다르도 그런 말을 했어요. 그 말을 했을 때, 제가 그 자리에
있었어요. 1968년에 LTC 현상소를 나서면서 말하기를, 가렐이 영화를 찍으니까 나는
영화를 그만 둘 수 있겠군이라고 하더군요.

필립 아주리: 가렐이 영화를 찍으니까, 나는 영화를 그만 둘 수 있다라고요?

제라르 쿠랑: 가렐의 영화에서 참 강렬한 것이, 아까도 이야기한 바로 그의
젊음입니다. 사실 당시 1960년대에 영화를 찍던 감독들은, 예를 들면 누벨바그
감독들은, 28–29살에 영화를 시작했거든요. 로메르는 거의 마흔이 되어 첫
장편을 찍었고. 그런데 완전히 다른 세대의 감독이 나타난 거죠. 정말 놀랍다고
생각했습니다. 제가 18–19세였고, 영화를 찍고 싶었는데, '아 영화를 찍기에는
내가 너무 늙었나?'라는 생각마저 들더라구요. 한참 동안, 지금 내가 영화를 찍기
시작해도 되는지, 너무 늦은 것은 아닌가라는 고민을 했어요. 저도 은밀히 제 영화를
찍고 있었어요. 어느 카테고리에도 속하지 않는 종류의, 남들한테 보여주지도 않던
영화들이죠.

필립 아주리: 변방 중에 변방에서요.

제라르 쿠랑: 네. 당시 가렐은 작품을 많이 했어요. 매년 새로운 영화들을
만들었고….

필립 아주리: 1960–1970년대에는 1년에 2–3편정도 찍었죠?

필립 가렐: 매년 2편이요.

필립 아주리: 2편이군요.

제라르 쿠랑: 그리고 매번 혁명적인 영화였습니다. 기존의 영화를 완전히
부숴버리는 영화 말입니다. 기존의 아방가르드 영화도 부숴버리는 그런 영화였죠.
당시 미국 언더그라운드 영화가 있었는데, 그것도 부숴버렸고. 모든 것을, 모든
영화를 부숴버렸죠. 비록 가렐은 누벨바그와 깊은 연관을 갖고 있지만, 누벨바그도
다 부숴버렸습니다. 거울의 저편으로 넘어가서 완전히 다른 영화에 다다른 것이죠.
우리는 완전히 이상주의자였고, 새로운 사회와 새로운 세계를 꿈꾸었었는데, 가렐은
마치 우리의 대표자 같았어요. 가렐의 영화를 볼 때마다 매번 새로운 진전이 보였고,
혁명이 도래할 것이다, 세상은 완전히 바뀔 것이라는 생각을 하게 했어요. 가렐의
영화는 계속적인 혁신이었죠. 같은 틀에서 영화를 하나하나 만들어가는 것이 아니라,
매번 자신의 틀, 모델을 깨고 새로운 것을 만들어내었죠. 고다르가 1960년대에

그렇게 했거든요. 고다르는 매번 자신의 전작을 깨고 새로운 영화를 만들었거든요. 자신의 영화를 계속 회의하면서. 1968년부터 1970년대 중반까지의 가렐의 영화의 힘은 매번 총체적인 혁신을 하는 데에 있었어요. 가렐의 다음 영화는 도대체 어떤 것이 나올까 궁금해 했었죠. 특정 작품들이 다른 작품보다 나을지도 모르고, 본인이 어떤 영화는 별로 성공작이 아니라고 해도, 저희에게는 강렬한 영화들이었습니다. 그의 영화는 마치….

필립 아주리: 매번 새로운 역사였다는 거죠.

자키 레이날: 해외에도 많이 갔어요. 그건 전혀….

필립 아주리: 자키가 잘 지적해주셨는데, 오늘날 가렐의 영화를 프랑스 영화의 하나의 전범으로 보거든요. 으스타슈나 샹탈 아커만 얘기도 아까 했고. 아, 샹탈은 벨기에인이긴 하죠. 당신이 1970년대 찍은 영화들은 마치 상상의 나라에서의 작업 같아요. 전혀 자신을 프랑스 감독이라고 생각하지 않았던 것 같아요. 아이슬랜드에서나 미국의 사막에서도 촬영하고, 아파트 실내 공간에서 촬영하는데, 마치 시공간을 초월한 곳에서 찍은 것 같아 보이기도 하였고. 당신은 1970년대에 어떤 나라를 꿈꾸고 있던 것입니까? 프로이트의 나라일까요?

필립 가렐: 아까 68에 대해서 얘기를 했는데요. 그 외에 다른 과거의 이야기가 있는데, 자키가 아까 잠깐 얘기했지만, 68처럼 아직 제대로 평가를 못 받은 그런 것이 있어요. 수십 년 전부터 68혁명은 재평가되고 있죠. 하지만 당시의 평화주의적 히피운동은 부정적으로 평가되고 있어요. 히피운동은 대단했거든요. 전 세계에 퍼진 반전운동이었어요. 만약 언젠가 더 이상 전쟁이 없는 세상을 상상할 수 있다면, 바로 그 언젠가는 지금이어야 한다고 주장하는 운동이었죠. 1969년 그 당시에는 불가능한 것으로 보였던 것이지만, 충분히 상상 가능한 것이었어요. 무언가가 우리의 머리로 상상 가능해지는 그 순간, 도대체 왜 그게 실현되도록 하질 않는지 의문을 갖게 될 수 있죠. 요즘은 히피운동을 한가한 몽상가들이 한 것처럼 얘기하지만, 당시 지식인들의 운동이었어요. 그래서 당시 세대의 지식계급에 속했다면 히피가 안 될 수가 없었어요. 히피가 아닌 사람은, 그냥 그럴 여력이 없었던 거에요. 기존 사회 질서에서 너무 소외되어 있어서, 세계에 언젠가 평화가 도래하는 것이 중요하다는 것을 생각조차 할 수 없었던 이였죠. 이건 너무나 당연한 얘기인데요. 히피운동이 언젠가는 그 가치를 제대로 평가를 받을 거라 생각해요. 저는 그 당시에 니코와 함께 동거하고 있었어요. 니코도 히피였어요. 당신이 보편적이다, 여러 나라에서 촬영한다, 등등을 이야기한 그것은 바로 그런 이유에요. 히피운동이 전 세계에 확산되었던 운동이었다는 거죠.

필립 아주리: 국제히피연맹같이요?

필립 가렐: 네. 평화주의요. 전쟁은 멈춰야 한다는 생각이요. 요즘은, 저도 마찬가지지만, 좀 다르게 생각하죠. 그것은 불가능하다고, 정당한 전쟁도 있다고, 어쩔 때는 자기방어를 해야 할 필요가 있을 수도 있다고 생각하잖아요. 하지만 당시에는 보편적인 전제 같은 것이었어요. 예를 들어 지금 여러 나라에서 사형제도가 사라졌고, 언젠가는 모든 나라에서 폐지될 거라고 생각하는 것처럼. 모두 당연하게 사형제도는 너무 시대에 뒤떨어진 것이라고 생각하잖아요. 당시 히피는 전쟁을 당연히 시대에

뒤떨어진 것이라고 생각했죠. 니코의 영향도 있었고….

필립 아주리: 68혁명이 실패해서, 뭔가 다른 것을 모색하던 것이….

필립 가렐: 오늘날 이해하게 쉽게 얘기하자면, 전쟁 말고 예술을 하자는 거죠. 전쟁 말고 예술이요. 그런 생각을 했었어요. 우리 안에 내재하는 폭력성으로, 전쟁보다는 예술을 하는 것이 낫다고.

필립 아주리: 지금 히피 시대와 관계된 몇몇 영상물을 보게 될 텐데요.

자키 레이날: 몇몇 영상물이에요.

필립 아주리: 자키가 한 몇몇 인터뷰 영상인데, 자키가 더 잘 설명하겠네요.

자키 레이날: 〈평범한 연인들〉 DVD의 서플먼트로 들어갔던 거예요. 잔지바르가 만든 영상 발췌본입니다.

(발췌 영상 중에서)

<u>올리비에 모세</u> 카메라를 대여하고 필름을 사기 위해서는 제작사가 필요했어요. 그래서 제작사를 만들었습니다. 회사를 만들려면 2명이 있어야 되거든요. 그래서 실비나가 99%의 지분을, 제가 1% 지분을 갖게 되죠. 이 프로젝트에 돈을 댄 것은 실비나니까요. 그리고 필립이 바로 관심을 가졌어요. 제작사에서는 영화를 계속 만들었습니다. 필립을 처음 만났을 때 굉장히 인상적이었어요. 저희 집에 왔었는데, 저녁 내내 한마디도 안 하더군요. '멋진데?'라고 생각했죠.

파트리크 드발: 멋졌던 것은, 누구도 잔지바르 그룹에 속했다는 의식이 없었던 거죠. 당시에는. 안그래요?

자키 레이날: 맞아요. 그런 조직적인 그룹이 아니었죠.

파트리크 드발: 은둔자나 댄디들 무리가 조직이 될 순 없었죠. 그냥 이런저런 사람들의 무리였죠. 무리의 이름도 없었죠. 잔지바르는 나중에 붙여진 거죠.

자키 레이날: 이게 다예요. 죄송해요. 마지막은 파트리크 드발이었어요. 잔지바르 운동에 대해 얘기했는데, 좀 빨리 커트되었네요.

필립 아주리: 좀 더 틀지 그랬어요?

자키 레이날: 처음은 올리비에 모세였습니다.

필립 아주리: 화가인 올리비에 모세가 처음 나온 분이었어요. 올리비에가 일화 하나를 얘기했는데, 올리비에가 가렐을 처음 만났을 때, 같은 방에 있었는데 한마디도 안 했다고. 그래서 생각난 것이, 필립 감독은 특히 70년대에 완전히 무성으로 된 영화들도 찍었어요. 영화의 기원으로, 뤼미에르로 돌아간 것이죠. 말이 아니라 이미지를 통해서만 표현되는 초기 무르나우 작품 같은 원초 영화로의 회귀죠. 한편만 있는 게 아니에요. 〈폭로자〉, 〈아타노르〉, 〈처절한 고독〉, 〈시초의 블루〉 이렇게 4편인 것 같아요. 그러니까 10년 동안 18살에서 28살이 될 때까지 완전히 무성으로 만들어진 네 편의 장편영화를 찍었거든요. 돈이 없거나, 그게 편해서 그랬을 수도

있어요. 그렇지만 진짜 이유는 다른 것일 듯해요. 그렇게 말을 배제하고 이미지만 우선 선택한 필연성 같은 것이 당신에게 있었을 것 같거든요. 이에 대해서 얘기해주셨으면 해요. 흔한 경우가 아니잖아요. 실험영화 영역에서도 흔치 않은 일이죠.

필립 가렐: 당시에 대해 많은 글을 읽으셨을 거예요. 누벨바그가 말하기를 앙리 랑글르와의 시네마테크가 우리의 대학이었다든가, 우리는 모든 것을 시네마테크에서 배웠다든가… 앙리 랑글르와가 시네마테크를 발명한 사람 같아요. 그 전에는 그런 것은 없었죠. 그가 최초의 시네마테크를 만들었을 거예요. 랑글르와는 무르나우의 전작과, 특히 스트로하임 영화를 많이 틀어주었죠. 1960년대 당시에는 세계 최고의 감독은 에리히 폰 스트로하임(Erich Von Stroheim)이라고 생각을 했어요. 요즘은 잘 안 보는 것 같아요.

필립 아주리: 많은 작품이 유실되었죠.

필립 가렐: 네, 많이 유실되었죠. 당시 영화광들이 가장 열광하던 감독이 스트로하임이었어요. 그의 영화는 꽤 길었고, 무성영화였죠. 그래서 시네마테크에서 졸면서 봤어요. 이것이 당시의 영화 체험 중 하나였어요.

필립 아주리: 좀 자다가 눈 뜨고, 이야기도 잘 이해 못하면서….

필립 가렐: 위대한 스트로하임의 영화와 그만큼 위대한 무르나우의 영화로부터 제가 배운 것이 있다면, 무성으로도 영화를 만들 수 있다는 거예요. 아까 즉흥 영화도 만들 수 있다고 얘기했듯이. 무성영화도 마찬가지죠. 무성이라고 영화가 아닌 것은 아니고….

필립 아주리: 덜 현대적인 것도, 덜 동시대적인 것도 아니고….

필립 가렐: 글을 영화로 옮긴 것보다 더욱 영화적이라고 생각했죠. 아니, 글은 즉흥 영화와 관련되고, 대사가 없는 것이 무성이겠죠. 아무튼 그렇게 배워서 그런 듯해요. 지금도 그런 것이요. 전 항상 과거의 걸작을 다시 보게 되요. 나쁜 영화를 보면, 영화는 허접하다, 예술이 아니다, 왜 이 직업을 선택했나 자문하게 되거든요. 그래서 항상 제 영화보다 훌륭한 영화들을 찾아보게 되요. 그래서 항상 제가 못 본 베리만 영화나 안토니오니(Michelangelo Antonioni) 영화를 찾아서 봐요. 이 부분은 제가 좀 까다로워요. 나쁜 영화를 보면 정말 제 영화도 할 맛이 안 나거든요. 그래서 항상 천재들의 영화들을 보려고 해요.

필립 아주리: 어느 감독을 제일 좋아하세요?

필립 가렐: 요새 감독이요?

필립 아주리: 네. 모레티도 좋아한다고 알고 있어요.

필립 가렐: 으스타슈, 샹탈 아커만, 자크 드와이옹를 빼면, 카락스 감독 좋고. 정말 훌륭한 감독이죠. 데스플레샹(Arnaud Desplechin) 감독도 훌륭하고요. 프랑스 감독들 중에서는. 한국에도 훌륭한 감독이 있겠죠, 물론. 젊은 시절에는 주로 누벨바그 영화를 좋아했다면, 요즘에는 무엇보다도 유럽 영화가 좋아요. 모레티, 알모도바르(Pedro Almodovar), 카우리스마키(Aki Kaurismaki)의 신작을 항상 기다리죠. 요즘은 프랑스 영화보다 유럽 영화가 훨씬 흥미로워요. 고다르만 빼고. 제가 스승으로 생각하는 감독이니까.

필립 아주리: 고다르와의 관계는 거의 동양적이에요.

필립 가렐: 스승과 제자 관계 말인가요?

필립 아주리: 네. 프랑스에서는 흔치 않고, 꽤 동양적인 관계죠. 프랑스에서는 스승에 저항하지만, 당신은 고다르에게 항상 충실하잖아요.

필립 가렐: 요즘에는 제자가 스승을 능가할 수 있다느니, 스승을 부인할 거라느니 하는 태도가 있어요. 베리만 작품같이 위대한 영화를 빼면, 저는 회화에서 계속 영감을 얻습니다만. 미술사를 보면, 화가가 되려면 꼭 스승이 있어야 했어요. 스승 없이는 배울 수 없었죠. 요즘은 대학에서 예술을 가르치니 변하긴 했죠. 하지만 옛날에는 스승의 작품을 연구하면서 배웠죠. 오늘날 세계의 미술관들에 전시되어 있는 대가들도 모두 스승이 있었고, 스승이 없었으면 대가가 못되었을 거예요. 요즘에는 태도가 좀 바뀌었지만… 원래는 이게 당연한 거예요. 좋아하는 감독을 스승으로 삼아서… 모든 것을 타파한 피카소에 고다르를 비교했었잖아요. 좀 다른 비유를 하자면, 다니엘 콩방디(Daniel Cohn-Bendit)한테 고다르 영화 종종 보고 하니까, 답하기를, 고다르를 보면 꼭 아인슈타인 같다고 하더군요. 마치 과학 천재같이, 지상에서 그 누구도 하지 않았던 것을 카메라로 하는 사람이라는 거죠. 무슨 말인지 알겠더군요. 능가할 수 없는 천재 같은 거죠. 진정성을 넘어, 어떤 소임같이 그걸 하는 거죠. 고다르는 아인슈타인처럼…. 제 아버지가 연극배우였고, 예술가의 아들로서 제가 증명하고 싶었던 것이… 고다르가 한 것은 뭔가 다른 거예요. 영화계에서 권위를 갖고 그런 게 아니고. 제 영화를 통해서 은연중에 항상 표현하고자 한 것은, 예술가라는 것은… 그런데 예술가는 자유로운 사고를 할 권리가 있다는 건데, 세상에서 가장 큰 즐거움은 자기 마음대로 생각하는 것이거든요. 매우 즐거운 일이죠. 사고의 자유가 우리가 가진 최후의 자유거든요. 저는 항상 우리는 다르게 생각할 수 있는 권리가 있음을 보여주고 싶었습니다. 그래서 여기 계신 여러분들 중에도 오늘날 통용되는 논리에서 자유로운 사고를 하고 싶으실 거예요. 어느 한편으로 모든 가능성과 미지의 세계를 사유를 통해 섭렵할 수 있는 자유가 있음을 감지하신 거예요. 제가 고다르의 제자로서 하고 싶은 것은, 고다르가 어쩌면 무의식적으로 모더니티와 천재성을 가지고 영화계를 평정했지만, 그런 것 말고…. 그런데 예술가라는 말이, 지식인이라는 말처럼, 수십 년 전부터 부정적인 의미로 쓰이기 시작했죠. 지식인이라고 하면, 없는 문제도 있다고 하는 사람처럼 여겨진 때가 있었어요. 예술가라고 하면 어딘가 제 정신이 아니고….

자키 레이날: 또라이.

필립 가렐: 네, 맞아요. 또라이라는 그런 생각이 있죠. 제가 영화를 통해 증명하고 싶은 것은, 영화가 산업이기도 해서, 이게 설득력을 갖기는 힘들지만, 영화에도 자유로이 생각하는 지적인 예술가가 있을 수 있다는 거예요. 특히 일상의 문제들에 대해서요. 자유로이 생각할 권리가 있죠. 많은 나라에서이지만, 제가 소수의 관객만 가지고 있는 것은, 사상의 자유는 세상에 대해 다수의 생각과 다르게 생각할 자유를 내포하기 때문이죠. 꼭 정치적인 의미에서만은 아니에요. 삶의 철학의 측면이라든지….

필립 아주리: 사적인 것이라든지….

필립 가렐: 네, 사적인 것이라든지.

필립 아주리: 연인관계나 생존, 나이, 흐르는 시간 등에 대해 예술적 사고를 할 수 있다는 거죠?

필립 가렐: 만약에 여러분이 아이가 있는데, 아이가 갑자기 예술적인 것을 하면, 우선 먹고살기 힘들 테니 일단 겁부터 들 테지만, 동시에 어떤 면에서는 구원받은 것이에요. 자기 스스로의 삶에 관심을 가졌다는 것이니까. 어릴 때 연극이나 무용, 회화 등에 관심을 가지게 된다는 것은, 그 아이에게는 삶의 권리를 얻은 것과 같은 것입니다, 예술을 발견했을 때.

필립 아주리: 1970년대 영화를 할 권리를, 제라르도 같은 생각이실 텐데, 어렵게 획득하신 것 같아요. 개봉도 안 되기도 하고, 단관 개봉만 되기도 하고, 아니면 시네마테크에서나 틀어졌죠. 어떤 영화는 무성영화였고, 직접 촬영도 해야 했고, 촬영을 하면서 연기 지도도 했죠. 직접 제작자 역할도 하셨죠. 직접 쓰다 남은 필름을 찾으러 다녔으니까. 돈이 아니라, 예술가적 행위만을 필요로 하는 영화를 한 거죠. 물감만 가지고, 그림을 만들어내는 화가처럼. 어찌 보면 등장인물도 없이 찍었죠. 차라리 모델이라 하는 것이 맞죠. 예를 들어 전시되는 작품의 진 세버그는 여자 모델인 거죠. 화가의 영화가 아니라, 화가의 행위로 만든 영화죠. 마치 화가가 모델을 그리듯, 모델을 촬영한 거죠. 그리고 모델과 함께 뭔가를 탐색하는 거죠. 또 놀라운 것은, 제작자가 촬영허가를 하는 것을 기다리지도 않고, CNC(프랑스국립영화센터)의 지원금도 기다리지 않고, 그냥 찍는 거예요. 언더그라운드에서 어떻게든 쓰다 남은 필름이라도 구해서 이렇게 자신의 영화를 찍겠다는 거죠. 1970년대 내내 그렇게 보내셨잖아요. 자키가 아까 강조했듯이….

자키 레이날: 폴라로이드 영화요.

필립 아주리: 그렇기도 하지만, 또 파리에서 가장 댄디한 세련된 감독이면서 세계에서 가장 가난한 감독이기도 했죠. 1970년대에 당신보다 가난한 감독은 없었던 것 같아요. 그래도 버텨냈죠.

필립 가렐: 초기 수년간의 이런 실재적 빈곤은 영화 연출가에게는 흔치 않지만, 화가에게는 흔해요.

필립 아주리: 물론이죠. 영화는 산업이지만, 당신 영화에는 산업의 흔적이 없죠. 보통 찍거나, 못 찍는 거죠. 그런데 당신은 어떻게 해서든 찍었죠, 돈 없이도.

필립 가렐: 화가처럼. 그림이 팔릴지 아닐지 생각하며 그리지 않잖아요.

필립 아주리: 개봉 여부도 개의치 않으면서.

필립 가렐: 네. 전시할 화랑이 없어도 그리는 거죠. 영화도 진짜 예술이기 때문이에요. 영화는 단번에 탄생한 예술이에요. 진보하지 않는 예술이고. 영화에는 진보가 없어요. 진짜 예술이기 때문이에요. 동시에, 영화가 120년 전에 발명되었는데, 이건 참 불안스럽죠. 영화를 다른 예술과 분리한다면… 저는 영화를 생각하면, 동시에 회화나 문학을 생각하게 됩니다. 안 그러면 겁이 들거든요. 불안한 게, 발명된 지 얼마 안 된 예술이거든요. 다른 예술들은 아주 오래 전부터 있었지만. 마치 자연처럼 다른

예술들은 존재해왔는데, 영화는 마치 현대성의 괴물 같기도 하잖아요. 다른 예술보다 수천 년 뒤늦게 태어나서 막 120년 되었거든요. 다른 예술과 분리된 영화라는 생각은 저를 매우 불안하게 합니다. 내가 영화를 한다 생각하면 불안한데, 영화는 회화나 연극과 다를 게 없다 생각하면 안심이 되요. 연극도 정당한 예술이고, 회화도 그러니, 영화도 정당한 예술이구나 하는 거죠. 하지만 가장 역사가 짧은 예술이라 다른 예술보다 더 불안하긴 해요.

필립 아주리: 조금 전 오후에 당신 영화로 꾸민 전시를 보셨잖아요. 아마 이런 경우는 처음인 것 같아요. 물론 퐁피두센터에 〈폭로자〉가 그림처럼 전시된 적은 있지요. 여기 현대미술관에 당신의 작품이 예술가의 행위로서 재해석되어 전시되어 있는데, 참 멋진 것 같거든요. 당신의 작품에 다시금 생명력과 에너지를 부여해주고 있잖아요. 이에 대해 어떻게 생각하는지 알고 싶어요. 원래 설치미술로 고안된 것은 아니었으니까요. 영화였죠. 근데 여기서 보면서 아주 흥미로워하신 것 같거든요.

필립 가렐: 다시 샹탈 아커만 생각이 나더군요. 아커만이 죽기 전 몇 년 동안 쓴 글이 최근에 공개되었는데, 영화계라는 게 저나 샹탈 같은 사람에게, 나름 너그러우면서도 적이라고 생각을 합니다. 마치 우리가 시스템을 파괴한다는 듯이요.

필립 아주리: 당신이나 샹탈이 프랑스 영화에서 갖는 위상이요?

필립 가렐: 네.

필립 아주리: 그렇죠. 통역이 될지 모르겠으나, 짜증나는 존재로 여겨졌겠죠.

필립 가렐: 그래서 샹탈이….

필립 아주리: 저예산으로 훌륭한 영화를 만드는 것 자체가 이미 도발이었거든요.

필립 가렐: 그래서 여기서의 전시는 샹탈의 설치미술 전시를 떠올리게 했어요. 샹탈은 죽기 전 인터뷰에서 영화계가 그녀에게 너무 폭력적이라고 했어요.

필립 아주리: 네, 제작하기 힘든 영화였죠.

필립 가렐: 관객들이 영화를 보다가 나간다느니 진짜 심한 비난을 들었다고 해요. 영화가 심하게 비난을 받았죠.

필립 아주리: 영화계가 사실 매우 순응주의적이죠. 한국은 어떤지 모르겠네요.

필립 가렐: 아주 반동적이죠.

필립 아주리: 네, 반동적이죠.

필립 가렐: 당연하죠. 자본의 것이다 보니. 영화산업은 완전히 자본의 것이잖아요. 세계자본주의죠. 냉전시대까지는 국가 영화와 자본 영화 사이에 변증법이 있었죠. 지금은 영화가 완전히 자본에 종속되었죠. 산업이니까. 그러다 보니 자본주의의 폭력성을 그대로 흡수한 것이죠. 그래서 저 같은 사람에게는 호의적인 동시에, 내부의 적처럼 간주하죠. 그래서 샹탈에게는 미술관이 피난처였다고 해요. 그리고 설치미술을 하며 살았죠. 미술관 사람들이 훨씬 호의적이었거든요.

필립 아주리: 훨씬 개방적이죠.

필립 가렐: 훨씬 덜 반동적인 거죠. 태도의 폭력성의 측면에서요. 그래서 설치미술을 한 거죠. 영화가 너무 폭력적이라서 찾은 피난처죠. 그래서 미술관이나

이런 것이….

자키 레이날: 죄송한데, 잠깐 말을 끊게 되었네요. 저는 별로 동의할 수 없네요. 제가 샹탈을 잘 알았고, 제가 미국에서 그의 영화를 배급도 했죠. 〈잔느 딜망〉은 미국에서도 배급을 했고, 좋은 프린트를 받으려고 벨기에 영화제도 했어요. 샹탈에 관련된 일은, 제가 보기엔, 훨씬 복잡했어요. 샹탈은 유태인이자 벨기에인이었죠. 레즈비언이기도 하고. 프랑스에서 살기엔 힘든 조건이죠. 금방 알려지거든요. 당신 얘기에 동의를 하지만, 이러한 이유 때문에도 더 영화계가 폭력적이었던 것이에요. 뿌리 깊고 암묵적인 편견이죠. 영화계 사람들이 알고 있었어요. 모르겠네요. 제 의견에 동의 안 할 수도 있겠네요. 제가 미국에 있었는데, 샹탈 영화는 대학가나 제가 운영하던 예술영화 전용관에서 작지만 프랑스보다는 큰 성공을 거두었어요. 댄 탈봇(Dan Talbot)이 영화를 사고, 필름 포럼에도 상영되었죠. 3개월 동안 상영되었어요. 그래서 미국의 자본주의자들이 어떤 의미에서는 프랑스보다 그의 영화를 더 수용해주었죠. 이 얘기를 첨언하고 싶었습니다.

필립 아주리: 현대미술계에서 피난처를 찾았던 샹탈 아커만과는 별개로, 당신의 작품이 이렇게 미술작품처럼 전시된 것에 대해 어떻게 생각하시나요? 예를 들어 이게 하나의 전망이 될 수 있을까요?

필립 가렐: 확실한 것은 상황주의자들이 이미 예견했던 것인데요, 예술이 자본주의에서 유행하는 마지막 상품이 되었다고 했거든요. 사실이죠. 금괴보다 더 비싼 게 그림이고. 그렇잖아요. 동시에 각 국가가 국민들의 문화 향유권에 대한 책임이 있고, 국가가 문화에 지원을 하는 것은 중요하다는 것입니다. 전후의 예술가의 경우에는… 제 부모님은 전후에, 둘이 처음 만났을 때, 인형극인이었습니다. 저희 조부모는 터무니없는 짓이라고 생각했던 일이죠. 근데 오늘날 어떤 젊은이가 나는 인형극인이 되고 싶다고 하면, 멋지다, 정말 독창적이다, 라고 할 거예요. 이런 게 바로 문화에 관심 없는 사람들이 보여준 문화에 대한 존중 때문에 가능한 것이에요. 이렇게 우리가 위협받지 않는 공간을 가졌다는 것 자체가 성과죠. 예를 들어 여기 현대미술관에서 우리가 여기 갇혀버려서 한 달 반을 살아야 한다면, 할 수 있을 것 같아요. 우리에게는 살기 좋은 장소고, 폭력적이지도 않거든요. 이러한 것이 현대에서의 중요한 성취죠. 이렇게 모든 국가에서 문화가 존중받고, 조금이라도 지원받는다는 사실이요. 그래도 이런 틀에 갇히지 않도록 조심은 해야 됩니다. 왜냐면 우리가 알다시피 문화가 파시즘에 부역할 수도 있거든요. 예술가의 직업은 어려운 직업이지만 하나의 직업으로 성립해야 해요. 의사가 직업이듯이. 이건 세계 평화가 오랜 동안 지속되어서 성취된 것입니다.

그래서 제가 지금 여기 있을 수 있는 겁니다. 파리 그랑 불르바르의 어느 극장이 아니라. 모두 보셨을 법한 영화 〈미치광이 피에로(Pierrot le fou)〉 예를 들어보죠. 〈미치광이 피에로〉를 서울에서 가장 큰 극장에 걸어서, 사람들이 다 보게 해달라는 게 아니에요. 그런 것을 요구한 것이 아니에요. 그냥 〈미치광이 피에로〉를 어디든 상영을 하고, 볼 수 있게 해달라는 것이죠. 우리가 요구하는 것은 이런 자유지, 전 세계 모든 이에게 문화적 전체주의를 강요하자는 것이 아닙니다. 결국 지금 이렇게 된 것은 많은 시간이 걸린 하나의 큰 승리죠. 여러분이 예술을 연구하기도 하잖아요. 사실 국가가 지원금을 통해 예술을 후원하는 이유가, 예술이 아니라면 대학에서 젊은이에게 도대체 뭘 가르쳐야 삶의 의지를 줄 수 있을까요? 문학, 영화, 미술 외에 무엇을 가르칠 수 있을까요? 결국 무용한 이런 예술도, 교육의 현장에서 삶의 의지를 주는 등 긍정적 미덕을 가지고 있는 것입니다.

　　필립 아주리: 30분 정도 남았네요. 그래서 여기 청중 여러분에게도 질문의 기회를 드리고 싶은데요. 3, 4일 후에 두 번째 토론이 있을 것이고, 그래서 첫 토론을 마치면서 필립과 제라르에게 질문을 하나 드리겠습니다. 여기서도 상영되는 1978년 작 〈비밀의 아이〉로 내러티브 영화로 돌아왔는데요. 이 작품은 감독님 팬들에게 있어서는 최고의 걸작 중 하나로 평가받고 있고, 1966년부터 1979년까지, 그리고 지금의 작품까지도 이해하기 위해 봐야 하는 중심 작품이라고 여겨집니다. 뭔가 이 작품에 핵심이 있는 것 같아요. 이 작품으로 다시 대사를 사용했고, 유성으로 돌아왔으며, 처음으로 등장인물이 등장합니다. 그간의 실험영화에서의 성과를 간직한 채 서사로 복귀했죠. 제라르도 함께 이 순간을 나눴는데요. 이 작품을 어떻게 당시에 받아들였나요? 자키는 배반이라고도 얘기했듯이, 1960년대의 급진적이고 단호한 무성실험영화에 대한 배신, 단절로 보셨나요? 아니면, 다른 방식을 통해 이야기와 모더니티로의 역사적인 회귀로 보셨나요?

　　제라르 쿠랑: 제가 이 영화를 봤을 때는, 이미 필립에게서 몇 달 동안 많은 얘기를 들었었죠. 최종본이 아닌 프린트가 현상소에서 몇 달간 묶여 있었거든요. 그래서 많은 얘기를 해줬어요. 거의 강박적으로요. 여전히 그 작품 빠져 있었고, CNC에서 빨리 입장수익 선지급금을 받아 영화가 완성되기를 기다리던 때에요. 결국 저는 몇 달 전부터 심리적으로 이 영화를 볼 준비가 되어 있었던 거예요. 뭔가 완전히 다른 것이 나올 것을 기대하고 있었죠. 이 작품은 1960년대 후반에서 1970년대의 필립의 영화와, 83년 이후 그가 찍을 영화 사이의 교두보 같은 작품이었어요. 그래서 매우 중요한 영화죠. 그의 70년대 영화들은 어떤 심연에 닿아있으면서 동시에 다른 세계로 진입해가는 작품이에요. 그런데 1980년대가 되면서 세상도 변하죠. 70년대의 유토피아가 80년대와 함께 마감되었는데, 필립은 완전히 그런 변화 안에 있던 거예요. 엄청난 동시대성을 보여준 작품이죠. 이 영화를 보고 나서는, 필립이 앞으로 무슨 영화를 찍을지 모르겠더군요.

　　필립 아주리: 그러니까, 70년대에서 80년대로 넘어가는 시기의 변화가 감지되기 전인 거죠?

　　제라르 쿠랑: 이후에 무슨 영화가 나올지 상상이 안 되더라구요. 이 영화 속에는 그의 모든 과거가 담겨 있고, 그 이후 지금까지의 그의 영화가 예견되어 있어요. 그래서 정말 매우 중요한 작품인 것이죠.

　　필립 아주리: 거기서부터 다른 질문을 시작해보죠. 그러면 어떻게 계속 고다르의 제자로서, 영화에서 계속 단절을, 그러니까 재현, 인물과 상황의 창작, 대사에서의 단절을 만들어내면서 모던함을 지속할 수 있었던 것일까요? 어떻게 서사를 다시 가져오면서도 계속 모던할 수 있었던 것일까요?

제라르 쿠랑: 내러티브 영화 치고는 매우 특이하죠.

필립 아주리: 네. 상당한 공백이 존재하죠.

제라르 쿠랑: 필립은 어떻게 생각할지 모르지만, 매우 브레송적인 측면이 있어요. 두 주인공 배우도 브레송적인 의미의 모델이죠. 여기서 벌써 톤이 감지되죠. 인물과 더욱 조직적인 서사를 가진 필립의 영화라고 해도, 프랑스식 작가영화는 아닌 겁니다.

필립 아주리: 자연주의적 작가영화 말씀이죠?

제라르 쿠랑: 네.

필립 아주리: 매우 사실주의적인….

제라르 쿠랑: 그렇죠. 70년대의 가렐 영화에 브레송, 그리고 당시 많이 회자되던 베리만을 섞어 놓은 것 같아요. 이때부터 가렐 감독의 작품에는 베리만 영화의 흔적이 많이 보이죠. 베리만은 물론 매우 중요한 감독이죠. 그런데 가렐과 달리, 베리만은 어느 시점에서 TV용 영화 쪽으로 눈을 돌리는데, 이것은 그의 경력에서 오점인 것 같습니다. 가렐은 항상 한 눈 팔지 않고 영화만 했죠. 물론 아르테(Arte, 독일과 프랑스가 공동으로 제작, 방영하는 문화예술TV 채널)나 INA와 협력하여 83년에 〈밤에는 자유〉를 찍긴 했지만 영화라는 끈을 완강히 고수했죠. 절대 영화를 놓지 않았죠. 지금까지도 절대 놓지 않았죠. 이건 흔치 않은 일인 것이, 많은 감독들이 TV를 통해 우회해야 하는 상황에 있고, TV가 요구하는 시나리오, 배우, 이야기를 강요받거든요. 가렐은 항상 그것을 거부했고, 항상 자기 자신으로 남았죠. 그게 가장 중요한 것 중 하나인 것 같습니다.

필립 가렐: 1979년에 이러한 단절에 대해 어떤 의식을 가졌는지 물으셨는데, 아주 구체적인 거예요. 언더그라운드가 죽었다고 생각했던 때죠. 니코를 만나기 전 저는 고다르의 제자였고, 니코는 제게 앤디 워홀을 소개시켜 줬어요. 동영상 처음에 나오는 수염 난 분이 올리비에 모세인데, 제가 약간 그처럼 된 것이죠. 올리비에도 저도 앤디 워홀에 완전히 매혹당했어요. 1970년대 제게 영향을 준 사람은 고다르와 앤디 워홀이었던 것이죠. 1979년에 니코와 헤어졌고, 워홀과도 헤어진 셈이 되었죠. 그리고 저는 언더그라운드가 죽었다고 생각했어요. 이때 언더그라운드가 죽었던 시기라고 생각했어요.

필립 아주리: 흥미로운 것은, 같은 시기에 독일의 언더그라운드 감독 베르너 슈뢰터도 그의 가장 아름다운 작품 〈나폴리 여왕(Nel regno di Napoli)〉으로 픽션으로 돌아왔구요. 샹탈 아커만은 〈잔느 딜망〉으로 다른 이들보다 먼저 회귀했죠. 고다르도 점차….

필립 가렐: 저에게는 훨씬 극적인 사건이었어요. 언더그라운드라는 배가 침몰한다고 생각했거든요. 제가 시나리오를 안 쓰면 나도 같이 침몰하겠구나 싶었죠.

필립 아주리: 같이 침몰하죠. 살아남기 위해 시나리오로 돌아온 것이군요?

필립 가렐: 그렇죠.

필립 아주리: 안 그러면 언더그라운드랑 같이 죽겠구나….

필립 가렐: 시나리오를 쓰게 되니 제가 만들 영화의 성격이 확 달라지더군요.

그리고 장 비고상을 수상하면서, 언더그라운드에서 구조되었죠. 그렇게 해서 저녁
도시 극장에도 걸릴 만한 작품의 감독이 되었어요. 언더그라운드가 죽었다는
생각에서 그렇게 된 겁니다. 앤디 워홀은 대가죠. 그래도 그의 영화 〈먹기(Eating)〉나
〈잠(Sleep)〉 같은 것을 보면… 제가 왜 앤디 워홀의 제자가 되었냐면, 〈첼시
걸즈〉를 봤기 때문이에요. 환상적인 영화죠. 영화의 문제는 문학이나 회화와 달리
시간이 강요된다는 거예요. 상영관에 들어가면 영화의 처음부터 끝까지의 시간이
강요됩니다. 강요된 시간이 모든 영화를 규정하면서도, 영화의 모든 문제들의
근원이에요. 시나리오를 쓰면 우리가 이야기를 쓰는 것이고, 이러한 이야기가 강요된
시간의 문제를 완화합니다. 저는 진짜 앤디 워홀 영화를 봤어요. 폴 모리세이(Paul
Morrissey) 버전 말고, 오리지널 버전을 전부 다 봤어요. 그가 어떻게 강요된 시간의
문제를 해소했냐면, 극화 없이 촬영했기 때문에….

필립 아주리: 기록을 한 거죠.

필립 가렐: 그냥 기록만 했거든요. 〈첼시 걸즈〉는 호텔의 여러 방들에서
촬영되었고, 4시간짜리 영화입니다. 그런데 16mm 영사기 두 개로 4시간 동안
상영되어요. 하나의 스크린에는 한 호텔 방에서 벌어지는 일이 보이죠. 별일 안
일어나요. 여자들이 머리를 자르고, 호텔 방 침대에 있는 아기 얘기를 하고 등등.
그리고 다른 프로젝터는 동성연애자 두 명이 말다툼 하는 것을 보여줍니다.
어쩌면 헤어진 커플일지도 모르구요. 아무튼 스크린이 두 개이다 보니, 강요된
시간의 문제가 해결되어 버린 겁니다. 관심 있는 스크린을 보다가, 지루해지면
다른 스크린을 보는 거예요. 동시에 작동하는 두 개의 영사기로 두 개의 스크린을
보여주면서, 그 문제를 해결한 것이죠. 그런데 이 영화를 제외하면, 예를 들어 잠자는
한 남자를 몇 시간 동안 보여주는 〈잠〉이나, 엠파이어 스테이트 빌딩을 8시간
보여주는 〈엠파이어(Empire)〉 같은 것을 보면, 현대예술에 대한 체험 정도는 될지
몰라도, 강요된 시간이라는 영화의 문제를 해결하지 못하고 있습니다. 앤디 워홀의
제자가 된 것은 〈첼시 걸즈〉 때문인데, 결국 그를 떠난 건 언더그라운드가 죽었다는
생각 때문입니다. 그리고 시나리오 하나를 썼죠. 그러니까 다른 형태의 영화가
만들어졌죠. 영화에서는 사실 우리가 무언가를 하고 싶어 결정해서 하는 게 아니라,
그냥 출구가 하나일 뿐인 거예요. 그렇게 해서 작품을 하나 하고, 그리고 또 다른
상황에서 계속 영화를 하면서 살려면, 딱 하나의 선택지만 생기고, 그쪽으로 가는
거죠. 그렇게 항상 처한 상황에서 탈출하는 겁니다. 영화는 산업이기 때문에, 매우
복잡한 과정이죠. 영화는 스펙터클이고, 그냥 찍기만 하는 게 아니라 상영이 되어야
완성이 되요. 어려워요. 그렇게 〈비밀의 아이〉를 하게 된 겁니다. 근데 왜 관객
질문을 안 받죠?

필립 아주리: 네, 그러려던 참입니다. 우선 이어폰을 착용하겠습니다. 혹시
관객에게 넘길 마이크가 있나요? 이건가요?

김은희: 아니요. 이미 준비했어요.

필립 아주리: 아니요. 이미 준비했어요. 그렇군요. 이제 여러분들이 가렐
감독에게 질문을 해주시면 되겠습니다. 자키가 여기를 다 부숴버리기 전에요.

수줍어하지 마세요. 어느 분부터 질문하실까요? 아 저기 한 분 계시네요.

관객: 감독님 영화에서 즉흥성이 토대가 되는 현실의 재료들이 있습니다. 예를 들어, 즉흥 연기를 보여 달라고 주문하기 위해서는 영화감독은 재치 있는 사람들이 모여 사는 그런 마을에 사는 게 아마 제일일 것 같은데요. 제 개인적인 생각인데 지금 현실 자체가 과거와는 다르게 변한 것 같습니다. 이게 제 사견이라고 만도 볼 수 없는 게 몇몇 사회 분석가들도 그렇게 얘기를 하고 있고 1910년대에 여류소설가인 버지니아 울프(Virginia Woolf)도 1910년대에 인간의 성격이 변해버렸다는 말을 할 정도로 그런 변화 자체는 누구나 감지할 수 있는 것으로 볼 수 있는데, 비교적 최근작인 〈새벽의 경계〉라는 영화에서 감독님의 고전적인 주제인 부르주아와 파시즘을 위해서 그 주제들을 다루기 위해 1968년에 하신 기억을 2007–2008년이라는 멀리 떨어진 시기로 옮기셨는데, 일종의 변화가 이런 40년이란 시간적 격차 때문에 어떤 버거움이나 실망으로 다가오진 않았는지, 연출에 있어서. 과거의 배우들의 인간성 자체가 변했다든가, 즉흥적인 연기를 주문하거나 할 때 어려움을 느끼시지 않았는지 그런 게 궁금합니다.

필립 가렐: 당신 질문 중 가장 흥미로운 점은, 우리가 변하고 있다고, 버지니아 울프를 인용해 주신 부분입니다. 제가 프로이트 책을 읽으면서, 이해했다고 생각한 것이 있다면요… 우리가 일반적으로 인류가 진화한다고 하면, 수천 년에 걸쳐서 조금씩 진화해서 변화한다고 생각하죠. 조금씩 인류가 변하면서 진화한다고. 그런데 프로이트를 읽으면서 이해했다고 생각한 것은, 우리의 진화는 그보다 훨씬 활성화되어 있다는 것입니다. 겁날 정도로. 고다르가 〈두 어린이의 프랑스 일주(France Tour Detour Deux Enfants)〉에서 "아침이 되면 괴물이 깨어나고, 괴물들은 일하러 간다"라고 얘기를 하는데요, 어쩌면 우리는 괴물일지도 모른다는 것이죠. 그렇지만 우리의 내면이 진화를 하는 겁니다. 인류가 내면에서, 우리의 삶의 주기 안에서 진화를 한다는 거죠. 할아버지 세대만 봐도 벌써 그들에게도 원시적인 측면으로 보이는 것이 있잖아요. 제가 프로이트 책을 읽으면서 이해한 바가 그거예요. 우리는 사는 과정에서도 진화한다는 거죠. 그건 겁나는 일이구요. 니체 이후로 신은 죽었으니, 우리는 신이 없는 인류라고 한다면, 우리가 살아가는 동안에 진화를 했다는 겁니다. 그래서 고다르가 우리는 괴물이라고 했다고 한 거예요. 이런 사실을 의식하는 것은 매우 불안한 일입니다. 우리 인간이 지금도 우리가 아닌 무언가로 진화하고 있다는 사실이 그렇다는 거예요. 그런 부분이 질문에서 흥미로웠습니다. 그리고 오늘날 즉흥 연기 수업은 필요치 않다고 하셨는데, 어쩌면요. 그런데 그 이유나, 그게 중요한지 아닌지는 모르겠네요. 하지만 우리가 살아가는 동안에 진화를 한다는 것은, 저도 그리 오래지 않은 때에 제가 깨달은 바입니다. 당연히 예술도 진화를 하겠죠. 샹탈 아커만의 스승은 고다르였고, 레오 카락스도 그렇고요. 그것은 어쩌면 고다르 영화에서 이런 것을 느껴서 그런 것 같아요. 그러니까 고다르의 영화는 삶 속에서 벌써 변이를 일으키고 있는 것들에 대해 보여주거든요. 전에는 일어나지 않았던 변이요. 이런 것이 제 생각입니다. 그렇지 않다면 더 위안은 되겠죠. 예전에 제가 생각했듯이, 인간은 처음부터 하나도 변하지 않았다고 생각하면. 그런데 저는 요즘은 인간은

하나의 종으로서 살아가는 동안에도 진화한다고 믿고 있습니다, 인류가요. 다른 것은 전혀 없어요. 이런 것이 당연히 예술에도 흔적이 남죠. 예술은 지문처럼 하나의 흔적이니까요. 예술은 인류의 지문 같은 거라 할 수 있겠죠. 인류가 매 순간 남기는 흔적인 것이죠. 질문의 10분의 1정도만 답변 드린 것 같네요.

필립 아주리: 두 번째 질문자가 계시네요.

관객: 안녕하세요. 질문 하나가 있는데요, 어쩌면 감독님이 이 질문에 별로 관심이 없으실지도 모르겠습니다. 이 질문은 정치·사회적인 질문이고, 감독님 작품과 직접 연관된 것은 아니거든요. 질문은 68혁명의 맥락에 대한 담론 중에, 합당한 열광, 변화, 해방에 대한 부분을 고려하지 않고, 미셸 푸코(Michel Foucault)도 이런 식으로 접근했듯이, 68혁명의 정치·사회적 맥락으로 보면, 이것이 프랑스에서의 미국 문화의 점진적 유입으로 보는 의견은 어떻게 생각하시나요? 그러니까 겉으로는 진정한 해방적 변화로 보일 수 있지만, 록앤롤 등의 미국 젊은이들의 문화의 유입을 통한 사회의 획일화 과정으로 보며 훨씬 부정적으로 보는 견해요. 감독님은 68혁명에 주요인물로서 참여하고 경험하셨습니다. 감독님은 68혁명을 이렇게 양면적인 사건으로 보는 담론에 대해 어떻게 생각하시나요? 그러니까 물론 사회적인 변화를 이끌기는 했지만, 젊은 세대들을 획일화시키며, 미국식 모델이 유입되는 미묘한 과정으로 보는 의견이요. 질문이 의미가 있었는지 모르겠네요.

필립 가렐: 네오사르코지주의군요.

관객: 절대 아닙니다.

필립 가렐: 맞아요. 68혁명이 자유주의를 모델로 했다는 것이잖아요. 사실 당시에는, 자유주의라는 것이 풍속에 대한 태도로서의 자유주의였어요. 리버럴하고 개방적인 그런 것이요. 아까 그건 농담이에요.

관객: 제 질문은, 아까 그런 견해가 제가 옹호하는 것도 아니고, 이런 류의 담론에 대한 감독님의 생각입니다.

필립 가렐: 그래서 제가 〈평범한 연인들〉을 만들었죠. 68혁명 이후에… 제가 68혁명 당시 찍었던 뉴스릴을 다시 발견했어요. 아까 보여드린 동영상에서 자키랑 얘기하는 사람인 파트리크 드발이랑, 또 잔지바르를 같이 했던 세르주 바르와 함께 68년 3.22 운동에 헌정하는 뉴스릴을 만든 거예요. 이걸 잃어버렸었거든요. 68혁명이 실패한 다음에 68혁명에 대한 스펙터클은 절대 만들지 않겠다고 다짐했어요. 결코 우리의 좌절된 희망에 대한 영화를 만들지 않겠다고, 입 닥치고, 이건 우리의 정신적 패배라고 인정하자고 했죠. 그런데 30년 뒤에, 사르코지가 68혁명은 젊은이들의 돈에 대한 자유의 모델이다, 누구나 다 부자가 되고 싶어했다고 말하는 거예요. 바로 거기서 자본주의적 자유주의를 도출해내죠. 아니, 이런 터무니없는 소리가 어디 있나 싶었어요. 18살, 20살 젊은이들이 이 이야기를 듣는데, 68혁명은 그게 아니었다는 증거가 없는 거죠. 그러니까 그 젊은이들이 이걸 믿을 것 아니에요? 68년 당시 젊은이들이 권력을 가지고 싶어 했던 거라고. 그런데 우리가 패배한 이유는 권력을 거부했기 때문이거든요. 권력이 누군가의 죽음으로 달성되는 것을 거부했죠. 우리 중 누구든, 경찰 중 누구든 죽는 것을 거부했죠. 이탈리아나 독일에서는 그렇지 않았지만,

우리는 물러섰어요. 우리는 차라리 패배를 선택한 거예요. 그래서 물러섰죠. 그런데 15년쯤 전부터 프랑스에서 우리 68세대가 작금의 반동적 행태를 만든 것이라고 해서 제가 〈평범한 연인들〉을 만든 거예요. 35년이 지나서 68세대의 반은 이미 죽고 나니, 사람들이 아무 소리나 하는 거예요. 증언이 없었던 거죠. 그런데 우연히도 저는 당시 거리에 있었고, 당시 일들의 증인인 겁니다. 그리고 우연히 제가 감독이다 보니, 영화를 만들 줄 아는 거죠. 그래서 빨리 영화 하나 만들어서 진짜 68혁명이 무엇인지 후세에게 보여주고, 우리 사회의 실패의 이유가 아님을 보여주자고 했죠. 물론 우리 사회의 실패는 상당합니다. 그래서 질문에 제가 반발을 한 것입니다. 68세대가 의식적으로는 했던 것 외에, 사실 무의식적으로 모두 부자가 되고 싶었던 것 아니냐는 식으로 덮어씌우거든요. 68혁명의 젊은이들은 정말 사심 없는 사회참여를 한 것이거든요. 사실 반대로 모든 게 얽혀 있음도 알고 있었어요. 섹슈얼리티 등의 풍속적인 문제도 연관이 있다는 것을. 패배이지만, 사실 너무 순수해서 패배한 거예요. 자기가 인정하듯 어떤 냉소주의 때문에 패배한 것이 아니에요. 아주 복잡해요. 아까 프로이트 말대로, 인류는 살아가는 동안에 진화한다고 했잖아요. 그래서 당시에 그 세대가 왜 갑자기, 다 부수자, 다 버리자, 모든 제도를 폐지하자고 했는지 알기는 쉽지 않습니다. 이런 당시 세대의 정신은 절대적으로 사심이 배제된 것이었습니다. 아까 2월 혁명과 관련해 보들레르도 인용했지만, 허황된 꿈이었다고는 말할 수 있어요. 그런데 다른 꿍꿍이가 있었다고 해서는 안돼요. 68혁명은 절대적으로 순수했습니다. 질문에 답변을 한 것 같습니다. 그래도 당신을 비판하려는 건 아닙니다. 젊으니까 그런 얘기할 수 있다고 봐요. 제 관점에서요? 네, 정말 그래서 그 영화를 찍었죠. 제 아들이 스무 살인데 배우였거든요. 그리고 저도 68년에 스무 살이었기 때문에, 아들을 주인공으로 68혁명을 재연하는 영화를 찍자고 했죠. 그리고 연극원 교수였던 터라, 스무 살 남짓의 학생들을 모두 끌어들였어요. 그리고 요즘 경찰에는 예술위원회도 있거든요. 경찰극단도 있고. 그래서 혹시 경찰 중에 68년 당시 경찰 역에 관심 있는 사람 있으면 또 모아서, 학생들과 섞여 연기할 사람들을 꾸렸습니다. 그리고 폐쇄된 공항부지에서 밤에 바리케이트 쳐진 거리를 재현했고. 뭔가 증거를 남기기 위해 한 거예요. 전 최근에 〈혁명의 순간들〉을 찾았습니다. 그래서 이젠 항상, 여기서처럼 68년 당시 뉴스릴인 〈혁명의 순간들〉을 틀고 바로 〈평범한 연인들〉을 상영하죠. 완전히 딱 맞아떨어져요.

필립 아주리: 내일 또 상영이 되죠.

필립 가렐: 딱 이어지죠. 이게 꽤 중요해요. 그런데 우리가 역사라고 여기는 것이, 에이젠슈테인(Sergei Eisenstein)의 예를 들어봅시다. 그렇다고 제가 동급이라는 것은 아니고. 베리만처럼 에이젠슈테인도 뛰어넘을 수 없는 거장이죠. 우리가 10월 혁명을 연구할 때 우리가 보는 것은 진짜 10월 혁명이 아니라, 에이젠슈테인의 영화 〈10월(Oktyabr)〉입니다. 에이젠슈테인은 혁명이 일어난 지 10년 후에 레닌(Vladimir Lenin)에게 당시 레닌 연기를 해달라고 합니다. 그러니까 영화를 위해 레닌이 배우들과 엑스트라들 사이에서 10년 후에 연단에서 다시 연설을 재연한 겁니다. 그러니까 우리가 역사라고 여기는 것은 아벨 강스(Abel Gance)의

〈나폴레옹(Napoléon)〉만큼이나 실제 역사는 아닌 거예요. 물론 아벨 강스의 〈나폴레옹〉도 연구하죠. 결국 역사와 예술은 내밀하게 섞여 있습니다. 우리가 역사를 연구할 때 예술작품에 의존을 하지만, 대체로 그 미장센에 대해 이야기를 합니다. 러시아 혁명을 얘기할 때는 그렇게 에이젠슈테인의 영화 얘기를 하죠. 그렇지만 정신적인 차원에서는 러시아 혁명은 에이젠슈테인의 영화와 비슷할 가능성이 큽니다. 그렇게 저는 〈평범한 연인들〉이 정신적인 차원에서는 68혁명과 비슷하길 바랬고, 당시 뉴스릴인 〈혁명적 순간들〉에 이어서 상영되기를 바랬습니다. 물론 에이젠슈테인 영화에서처럼 상상을 통한 변조가 있을 수 있죠. 하지만 제가 처음 아벨 강스의 〈나폴레옹〉을 봤을 때는 뉴스릴을 보는 줄 알았어요. 제가 11–12살 초등학생 때, 영화를 좋아하던 선생님이 아벨 강스의 〈나폴레옹〉을 틀어줬어요. 근데 저는 듀도네가 진짜 나폴레옹인줄 알았어요. 다큐멘터리 같았죠. 카메라를 가지고 나폴레옹 시대로 가서 찍었다고 생각했어요. 이게 바로 예술가나 종교 같은 게 아니라 예술을 사랑하는 우리의 힘입니다. 역사를 이야기해주는 게 우리거든요. 물론 우리는 가능하면 사실을 말해야 한다는 도덕적 기준이 있지요. 역사를 만드는 것은 우리가 아니지만, 그것을 이야기해주는 것은 우립니다. 미술관에는 역사로 가득 차 있지만, 그것은 사실 역사에 대한 화가의 해석이죠. 바로 이것이 우리 일의 상상적 측면입니다. 역사를 주제로 삼지만 현실을 잡아낼 수는 없으니, 그것을 변조하는데, 바로 그 변조가 상상적인 것이죠.

　　　　필립 아주리: 또 다른 질문 있으십니까? 아, 저기 계시네요. 이게 마지막 질문

되겠습니다.

관객: 네, 저는 방금 얘기 나왔던 〈평범한 연인들〉을 처음으로 감독님
영화로 봤던 작품이었는데요. 그 영화를 보고 굉장히 충격적이었던 게 그 전 해인가
베르톨루치(Bernardo Bertolucci)의 〈몽상가들(The Dreamers)〉이 나왔었잖아요.
그걸 보고 나서 봤는데, 대부분의 영화들은 혁명이라든지 청춘을 굉장히 낭만화하고
특히 68혁명 같은 경우는 〈몽상가들〉에서 좀더 과도하게 포장해서 파는 듯한
느낌이 있었는데, 대부분 영화들이 젊은이들의 삶을 그리는데 그것을 상업화하고
포장해서 파는 것에만 관심이 있지 진짜 젊은이들이 겪는 감정 같은 것에는 관심이
잘 없다는 느낌이 들었었는데, 〈평범한 연인들〉을 보고 청춘이나 혁명에 대해서 정말
감독님이 되게 솔직하게 그려내셨다는 게 너무 좋았거든요. 그래서 그 뒤로 만드신
영화들도 계속 보고 있는데, 신기한 게 절박한 사랑 이야기 같은 것을 해도 되게
청춘의 정신 같은 게 살아 있다는 느낌이 들거든요. 계속 영화를 많이 찍어 오신 노장
감독님이시지만 요새 나오는 어떤 젊은이들의 영화들 보다 젊은 영화라는 생각이
들고. 그런데 방금 나온 68혁명의 실패나 아니면 주변 사람들의 이런저런 일이나 많이
겪으신 게 있을 텐데 어떻게 아직도 좌절하거나 냉소하지 않고 그런 태도를 유지하며
영화를 찍으실 수 있는지 궁금합니다.

필립 가렐: 이 분께서 참 이쁜 표현인 '청춘의 정신'이라는 얘기를 해주셨어요.
고다르나 68혁명이 도래했을 때 참여했던 모든 이들은, 그것이 '청춘의 정신'이라고
의식했어요. 청춘의 정신은 사라질 수 없는 것입니다. 우리가 18살, 20살일 때는
굉장히 복잡합니다. 권력도 없고, 누구도 진지하게 대해주지 않거든요. 하지만 이때
누구보다도 존재의 조건에 대한 통찰력을 훨씬 더 많이 가집니다. 삶을 살면서
소외당하고 상처받은 어른들보다도. 제가 늙어서도 계속 그런 정신을 유지할 수
있었냐 물으셨죠. 제가 영화를 찍었던 초기, 아주리가 말했듯, 정말 가난했을 때는 너무
살기가 힘들어서 절대 아이를 갖지 않겠다고 했어요, 절대로. 1991년에는 이젠 내가
도대체 뭘 해야 할까 싶었습니다. 이제 어느 정도 감독으로 인정도 받았고 하니까,
이제 변해도 되겠다 싶었어요. 아이를 안 갖겠다고 한 친구들을 배반해서 죄책감이
들고 그런 것이 아닙니다. 그냥 애를 갖겠다는 쪽으로 생각이 바뀌고, 그렇게 하고자 한
거죠. 무신론자가 갑자기 종교를 믿는 게 죄는 아니잖아요. 종교를 믿다가 무신론자가
되어도 죄가 아니고. 이렇게 변할 권리가 있는 영역이 있는 거예요. 아이를 갖거나 아닌
것도 그 중 하나죠. 33살이 되었을 때, 저는 무신론자이지만, 당연히 제가 뭐 예수도
아니고, 대단한 걸 한 게 없더군요. 영화 몇 편 찍은 것밖에는. 그래서 어떻게 하면
내 인생이 계속 흥미로울 수 있을까 생각하다가, 아, 아이를 갖자, 라고 생각했어요.
그렇게 세 아이를 두게 되었습니다. 그 중 두 아이는 배우가 되었고, 막내는 아직
어립니다. 아이를 갖게 된 것은, 제가 갑자기 U턴을 한 거예요. 그대로 뒷걸음치는 것이
아니라, 뒤로 돌아서 앞을 보고 가는 것이죠. 이게 참…. 아무튼 시간도 별로 안 남았고,
곧 예술에 대해 생각하며 자리를 뜨셔야지, 아이를 갖는 것을 생각하면 안 되잖아요.
애가 생기면 일도 많이 해야 되고, 기저귀 값도 비싸고, 특히 예술가의 경우에는 쉽지
않죠. 제가 아이를 가지라고 선전하려는 게 아닙다. 하지만 제게 어떻게 젊을 때처럼

실제로 삶에 밀착되어 있을 수 있었냐고 물으신다면, 세상이 힘들다는 것을 너무 잘 알아서 아이를 안 낳겠다고 했지만, 생각을 바꿔 아이를 가졌기 때문입니다. 이건 어느 정도 이기적인 거예요. 아이를 갖는 거는 자기 자신을 위해서거든요. 어렸을 때 상상처럼, 이타적인 행위가 아닙니다.

필립 아주리: 이것으로 끝내야겠네요.

필립 가렐: 대단히 감사합니다.

필립 아주리: 수요일에 다시 감독님과의 대화를 이어가겠습니다. 다시 한 번 영화와 삶에 대한 이야기를 할 것입니다. 여러분 모두에게 감사드립니다. 특히 필립 가렐 감독에게 감사드리고, 자키 레이날과 통역사분, 제라르 쿠랑에게 감사드립니다. 이리 오세요.

핍 초도로프: 아무도 절 모를 거예요. 다음 수요일 오후 3시, 두 번째 컨퍼런스 전에 가렐 감독의 신작이 상영된다고 알려드립니다. 아주리가 이미 약간 얘기를 했는데, 관심 있으시면 그때 보실 수 있을 것입니다.

필립 아주리: 영화를 먼저 보고 그 다음 대화를 할 것입니다. 수요일 오후 3시에 영화 보러 오시고, 영화 상영 이후 긴 시간 동안 토론이 진행될 것입니다. 다음에는 여러분들에게 더 많이 질문할 시간을 드리겠습니다. 감사합니다. 좋은 저녁 되십시오.

가렐과 친구들, 영화를 생각하다

2015년 12월 23일
국립현대미술관 서울관 멀티프로젝트홀

필립 가렐, 필립 아주리,
카롤린 데루아스-가렐, 유운성,
제라르 쿠랑, 핍 초도로프

　　김은희: 안녕하세요. 지난 19일에 마스터클래스가 있었습니다. 그때 못다
한 이야기들이 굉장히 많았을 것 같은데요. 관객과의 대화를 더 많이 가지지 못해서
아쉬운 마음도 많았습니다. 오늘 '가렐과 친구들, 영화를 생각하다'라는 타이틀이 붙어
있고, 많은 분들이 무대에 나와 계십니다. 필립 가렐 감독님을 비롯해서 많은 분들이
나와 계시는데, 일단 한 분 한 분 소개를 해드리겠습니다. 가장 끝에 계신 유운성
영화평론가님, 그리고 그 옆자리에는 영화평론가이자 저널리스트인 필립 아주리 씨는
필립 가렐 감독님에 관한 책을 2013년에 출간하셨으며, 지난 시간에 사회를 맡아
주기도 하셨습니다. 그 옆자리에 굉장히 아름다운 여성이 앉아계시는데, 필립 가렐
감독님과 함께 시나리오 작업을 계속 해오고 계시는 카롤린 데루아스가렐(Caroline
Deruas-Garrel)이 이 자리에 나와 주셨습니다. 박수 부탁 드려요. 가렐 감독님 옆에
계시는 제라르 쿠랑 씨는 작가이자 〈시네마통〉이라는 굉장히 긴 시리즈의 영화를
쉼 없이 만들어오고 있으며 다양한 영화 활동을 하고 계십니다. 그리고 옆에는 핍
초도로프 씨인데, 현재 동국대학교 영화과에서 학생들을 가르치고 계시고 실험영화

감독이시면서 실험영화나 독립영화 쪽에서 DVD를 내시면서 다양한 아티스트 필름의 매개자 역할을 하고 계십니다. 자, 그리고 가운데에 제가 설명하지 않아도 아실 것이고 또 여러분도 이 분 때문에 오셨죠? 필립 가렐 감독님입니다. 큰 박수 부탁드릴게요. 일단 '가렐과 친구들, 영화를 생각하다'는 오늘 필립 아주리 씨와 제가 공동으로 진행하려고 합니다. 저희 MMCA 필름 앤 비디오가 2년 전에 출발했는데, 그동안 영화를 좀 더 깊이 탐구하면서 확장시킬 수 있는 다양한 프로그램을 기획해왔고, 필립 가렐 감독님의 영화 세계를 좀 더 깊이 들여다볼 수 있는 기회를 만들면서 올해의 말미를 장식한다는 의미에서 MMCA 필름 앤 비디오 입장에서는 굉장히 큰 의미를 가진 프로그램입니다. 특히나 처음으로 전시와 연계를 했는데, 감독님께서 '필립 가렐—찬란한 절망'이라는 이 제목을 어떻게 생각하시는지 모르겠는데요. 감독님 영화의 바닥 깊은 곳에 있는 어떤 핵심적인 기운, 에너지에는 슬픔과 기쁨이 공존하고 있는데, 그것이 인간의 깊은 곳에서 우러나오는 아름다움으로 승화되는 듯한 인상을 많이 받아서 전시 제목도 '필립 가렐—찬란한 절망'이라고 붙여보았습니다. 일단 오늘 토크는 자연스럽고 편안하게 진행할 예정이며, 특히 관객 여러분들이 중간 중간에 궁금한 게 있으면 바로 사이사이에 질문을 해주셔도 괜찮을 것 같습니다. 자유로운 토크가 됐으면 합니다. 감독님의 개별적인 작품에 대한 궁금한 점들이 많았는데 지난 시간에 얘기를 다 못한 부분들이 많아서, 작품 하나하나 작업하실 때 여러 가지 에피소드 등 많은 궁금한 점들을 들어볼 수 있는 시간이 됐으면 좋겠습니다. 아울러 영화란 무엇인가에 대해 여기 나오신 패널 분들하고 같이 이야기할 수 있는 그런 시간이 됐으면 합니다. 아주리 씨가 오늘 어떤 식으로 얘기를 할지 시작해볼까요?

필립 아주리: 아뇨. 진행을 아주 잘 해주신 것 같은데요. 프랑스에서는 여성들께 항상 먼저 우선권을 드립니다.

김은희: 좀 전에 영화를 보셨는데, 신작입니다. 〈인 더 섀도우 오브 우먼〉이라는 제목의 영화죠. 일단 Q&A라고 생각하면서 신작 관련한 이야기부터 시작하면 어떨까 싶습니다. 이 신작은 〈질투〉에 이어서 나온 영화인데, 감독님은 전혀 차이가 없다고, 이전 작품과 특별히 변화된 것이 있다고는 말씀하시지 않으셨는데, 또 상당 부분은 다른 변화가 감지된다고 얘기를 하시기도 하는데요. 저희가 거꾸로 신작부터 얘기해서 개막작이었던 〈혁명의 순간들〉을 얘기할 수 있는 시간이 되었으면 합니다. 〈인 더 섀도우 오브 우먼〉에 대해서 이 작품을 만드셨을 때에 어떤 변화가 있었다면 말씀해주실 수 있을까요?

필립 가렐: 무슨 생각을 하셨냐고 물어보셨는데요. 아티스트로서 돈을 벌기 위해 촬영한 부분도 있었습니다. 사실 이것이 제 직업이었으니까요. 〈인 더 섀도우 오브 우먼〉를 찍었을 때는 제가 아티스트이고 물질적으로 풍요롭지 못했기 때문에 사실 저는 영화를 찍을 수밖에 없는 상황이었습니다. 또한 이 〈인 더 섀도우 오브 우먼〉라는 영화는 제가 21일 만에 다 끝낸 영화입니다. 처음부터 끝까지 굉장히 빨리 촬영했어요. 좀 새로웠던 것은 이 영화가 어느 정도는 흥행을 했다는 것입니다. 그래서 저로서는 좀 새로운 경험이었습니다. 이제까지 제 전작들은 많은 흥행을 하지 못했었거든요. 그런데 어떻게 보면 프랑스에서 제 영화들 중에 가장 성공을 했던

영화가 〈인 더 섀도우 오브 우먼〉일 것입니다. 사실 제가 영화를 찍은 지가 51년 되었어요. 흥행을 할 때까지 이렇게 시간이 오래 걸렸습니다.

필립 아주리: 이 영화가 다른 영화들에 비해서 어떻게 흥행을 하게 되었을까요?

필립 가렐: 아무도 몰라요, 왜 그런지는. 나중에 사람들이 이렇다 저렇다 설명을 붙이지만 사실 아무도 모른다는 거죠. 제작사들은 잘 알고 있다고 얘기를 하지만 그들도 사실은 모릅니다. 솔직히 말씀 드리자면 어떤 영화가 흥행하고 실패할 때는 그 이유를 정확히 아는 사람은 없습니다. 아무도 예측할 수가 없어요. 이게 예술이거든요. 예술이라는 것은 이론화할 수 없는 어떤 것이 있고 정의를 내릴 수 없는 부분이 있습니다. 그렇기 때문에 흥미로운 거죠. 논리가 없어요. 왜 그런지 모릅니다. 그런데 저에게 물어보신다면 2개의 주제가 들어가 있는데 그것으로 설명해볼 수 있지 않을까 싶습니다. 사실 120년의 영화사에서 2개의 주제, 즉 연인들 사이의 배신과 살인이라는 2가지 핵심적인 주제가 있습니다. 우리가 영화관에 가면 이런 2개의 주제에 관심이 가거든요. 그리고 저희 감독 세대는 연인들의 배신만 그대로 썼어요. 그리고 살인이라는 것은 없었어요. 어떻게 보면 이중적인 배신이 있잖아요. 두 커플이 배신을 하잖아요. 연인들 사이의 이중적인 배신을 기반으로 어떻게 보면 남녀평등이라는 주제를 다루고 싶었습니다. 남녀평등이라는 주제도 윤리적인 차원에서 다루고 있거든요. 그렇지만 왜 〈인 더 섀도우 오브 우먼〉이 흥행했는지 저도 모르겠습니다. 사실 어떻게 보면 해피엔드라서 그랬을까요? 그 전작들은 비극적인 결말이 많았는데 해피엔드여서 좋았을까요? 그런데 영화를 보러 가는 관객들은 이게 해피엔드인지 모르고 갔잖아요. 그런데 많이 갔잖아요. 그 이유는 저도 모르겠습니다.

필립 아주리: 그 말도 맞는 것 같네요.

필립 가렐: 그래서 저는 이 영화를 아까도 얘기했지만 한 1년 전에 촬영했었으며, 지금 다른 영화를 촬영하고 있지만 〈인 더 섀도우 오브 우먼〉에 대해서 아직도 많은 관심이 가고 흥미가 있습니다. 그래서 〈인 더 섀도우 오브 우먼〉에 대해서 질문이 있으시면 제가 대답을 해드릴게요.

핍 초도로프: 제가 질문이 있습니다. 제가 살았던 파리 19의 동네에서 이 영화를 찍으셨어요. 저는 파리 19에 간 이유는 파리 중심에 있으면서 집값이 비싸지 않은 동네이기 때문입니다. 그런데 영화에 제가 아는 카페와 길이 있더군요. 왜 이곳에서 찍으셨어요?

필립 가렐: 비싸지 않은 동네니까. 제가 카페 같은 데 촬영할 때 비싼 돈을 안 들이고 촬영할 수 있어서 당연히 그곳으로 갔습니다. 그리고 또 제가 이 영화를 21일 만에 찍었다고 얘기를 했는데 21일 만에 촬영을 끝내는 것은 정말 대단한 것으로, 사실 영화업계에서는 굉장히 빠른 겁니다. 저는 새로운 작업 방식이 하나 있는데, 〈질투〉와 〈인 더 섀도우 오브 우먼〉 이후에는 비슷한 방식으로 제가 촬영을 했지만, 21일 만에 촬영을 끝내기 위해서는 굉장히 집중적으로 촬영해야 합니다. 그래서 저는 일단 로케이션 담당자에게 지금 재개발되는 어떤 건물을 찾아달라고 하고, 미술

담당에게 그 건물 안에 모든 세트를 지어달라고 합니다. 그래서 그랑 블루바르 뒤편, 구시가지 쪽에 이런 무너지기 직전의 빌딩을 찾아, 그 주위의 모든 길에서 집중적으로 촬영해 21일 만에 끝내는 일이 가능했습니다. 21일 만에 촬영을 끝내기 위해서는 3~4개의 씬을 하루에 찍어야 하거든요. 그런데 이상적인 상황에서 영화를 찍을 때는 한 씬 촬영할 때 이틀이 걸리거든요. 저는 이틀 동안 한 씬을 촬영한 적도 있었습니다. 그럴 경우 이 씬이 아주 완벽하게 나왔거든요. 그런데 하루에 서너 씬을 찍잖아요? 그러면 우리가 뛰면서 찍는 것처럼 급하게 하는 거죠. 달리기를 하면서 찍는 것과 같은 거예요.

핍 초도로프: 그러면 이렇게 빠른 리듬으로 즉흥적으로 촬영하며 일한다는 게, 당신 초기 영화에서처럼, 장소를 찾고 카메라를 돌리면 빨리 진행된다고 얘기를 하셨고, 이렇게 하면서 에너지 같은 게 생성이 되잖아요? 이 영화의 성공은 이런 에너지와 관계된 것은 아닐까요?

필립 가렐: 저는 사실 경제적인 어려움이라든가 물리적인 어려움이 어떤 면에서는 예술에게 오히려 좋은 점이 있다는 생각에는 반대합니다. 이런 이론에는 반대해요. 자학적인 이론이죠. 제가 특별히 자학적인 사람은 아니에요. 하지만 영화가 어떤 에너지를 가지고 있고 신속하게 진행이 된다면 제가 영화를 찍을 때는 사실 씬을 순서대로 찍는 편이거든요. 그게 저의 독특한 방식이라 할 수 있을 것 같습니다. 저랑 같이 시나리오를 쓴 제 부인이 말하기를, 리허설을 하는 것도 참 독특하다고 하더군요. 보통 영화에서는 리허설 안 하거든요. 저는 배우들과 매우 많은 리허설을 합니다. 한 1년 동안 일주일에 한 번씩 만나서 합니다.

필립 아주리: 매주 토요일 오후죠?

필립 가렐: 매주 토요일 오후에 만나서 리허설을 합니다. 지금도 다음 영화를 리허설 중입니다. 사실 프랑스든 세계 다른 곳에서 영화를 찍을 때 리허설을 하는 것 같지는 않습니다. 영화에서는 리허설을 안 하거나, 해도 아주 조금만 하죠. 리허설을 한다는 사람들은 3~4번 정도 하는 사람들이 그런 말 하죠. 그리고 대부분은 안 합니다. 제가 리허설을 하는 이유는 촬영은 딱 한 테이크만 하거든요. 딱 한 테이크로 적정한 장면을 얻어내려면, 작업 방식이 좀 달라야 하는 거죠.

핍 초도로프: 두 테이크를 간 것은 전혀 없어요?

필립 가렐: 그런 경우도 있죠. 예를 들어서 몇몇 씬을 저한테 보여주면, 아 이것은 두 테이크를 간 장면이구나, 알 수 있습니다. 그런데 아마도 3/4 정도는 한 번만 찍은 촬영 씬으로 편집한 것입니다. 그러기 위해서는 이전에 사전 작업을 정말 면밀하게 해야 되는 거죠.

필립 아주리: 어떤 장면을 두 테이크를 촬영할 때는 어떤 이유에서였나요? 기술적인 문제가 생겼다거나….

필립 가렐: 네. 그럴 때는….

필립 아주리: 사운드 문제거나.

필립 가렐: 기술적인 문제가 발생할 수도 있고, 아니면 예를 들면 카메라에 필름을 안 넣고 돌렸다든가 그런 경우도 있어요. 발생합니다, 실제로.

김은희: 어제 감독님한테 들은 얘기인데, 2011년 이후 유럽의 경제위기 때문에 영화를 저예산으로 만들도록 신경을 많이 쓰셨다고 하셨습니다. 예를 들어 등장인물 수를 줄인다든가 하는 것처럼 시나리오 작업할 때에도 서로 어떤 식으로 논의가 되나요? 구성을 주고받고 대화하면서 이야기가 진행되는지, 대사를 나눠서 하는지 구체적으로 듣고 싶습니다.

　　필립 가렐: 보통 엔딩 크레딧을 보면 시나리오가 서너 명 있는 경우가 있죠. 그러면 1번 시나리오를 쓰신 분, 그 다음에 초벌 쓰신 분, 2번째 시나리오를 쓰신 분, 3번째 쓰신 분, 특히 읽으면서 리듬에 맞춰서 다시 정리하신 분, 이렇게 있습니다. 이 영화는 두 남자와 두 여자가 시나리오 작업을 했는데, 카롤린하고 아를레트 랑만(Arlette Langmann)이 그들입니다. 랑만은 모리스 피알라(Maurice Pialat)와 작업을 했던 분인데, 여러분들이 모리스 피알라 감독을 아시는지 모르겠지만, 지금은 돌아가셨고 아주 위대한 감독이셨죠. 〈반 고흐(Van Gogh)〉(1981)라든가 〈룰루(Loulou)〉(1980), 〈우리의 사랑(A nos amours)〉(1983) 등 이런 영화를 찍으신 정말 훌륭한 영화감독입니다. 랑만은 이 감독과 작업하던 시나리오 작가 분인데. 남성 같은 경우에 저랑 장클로드 카리에르라고 하는 분께서 같이 시나리오 작업을 하셨습니다. 카리에르는 나이가 굉장히 연로하신 분으로 최소 85세가 되신 분이세요. 루이스 브뉘엘(Luis Buñuel) 감독과 작업하셨던 분입니다. 브뉘엘 감독의 만년의 작품들은 대부분 이분께서 시나리오 작업을 했고, 고다르의 〈할 수 있는 자가 구하라: 인생(Sauve qui peut: la vie)〉과 〈패션(Fashion)〉의 시나리오를 썼고, 루이 말(Louise Malle)과도 작업을 했던, 저희에게는 시나리오 교수라고 말할 수 있을 정도로 훌륭한 시나리오 작가입니다. 아를레트, 카롤린, 저, 그리고 지금 말씀 드린 카리에르, 이렇게 4명이서 만나서, 혹은 시간이 되는 사람들이 2명, 3명이 계속 만나서 시나리오 작업을 했습니다. 그래서 차츰차츰 저희가 이야기도 진척되기 시작했고 대사 작업도 진전되고, 드라마투르기도 그랬죠. 드라마투르기란 영화의 극적인 특정 요소들을 말해요. 이렇게 동시에 작업을 했어요. 각자는 따로 혼자 써오다가, 저희가 공동으로 만나서 작업을 하고, 다시 헤어져서 각자 작업을 합니다. 시나리오에 살이 덧붙여지고, 그리고서는 이렇게 만든 시나리오로 다시 작업합니다. 또 각자 작업을 하고, 또 다시 만나서 논의를 하는 식으로 작업이 진행되었습니다. 그러니까 4명의 공동 시나리오 작가가 같이 썼다고 말씀드리면 될 것 같네요. 그리고 제가 작업을 할 때에는 시나리오를 들고 하는 게 아니라 배우들만 대사 때문에 시나리오를 갖고 있고, 저는 카메라로 작업하면서 '카메라로 시나리오를 다시 쓴다'라고 말씀드릴 수 있을 것 같습니다. 거기서 바로 영화의 스타일적 일관성이 나오는 것이죠. 시나리오에 쓰여 있는 대로 하나하나 각 씬을 찍으려고 하지 않습니다. 사실, 시나리오를 보시면 알겠지만, 시나리오가 마치 초현실주의자의 문장만들기 놀이(Cadavre exquis)처럼 되어 있어요. 무슨 표현인지 아실지 모르겠지만, 시나리오에는 여러 문체가 공존하거든요. 물론 구문이나 단어들은 통일시키지만, 그런 것은 별로 중요하지 않고, 정말 중요한 부분은 이 시나리오가 남성/여성이 반반씩 표출하고 있어야 한다는 것이었죠. 그래서 시나리오가 거의

무의식적으로 변증법적인 방식으로 제작되었다는 것입니다. 여성의 시점과 남성의
시점이 사랑에 대해서, 특히 성적인 배신행위 같은 것들이 남성 2명, 여성 2명에
의해서 쓰였기 때문에 서로 우리가 정확하게 어떤 씬은 누가 할지를 구분할 필요
없이 어느 정도 조화를 이루면서 나눠졌다고 말할 수 있습니다. 직감적으로,
무의식적으로 저희 시나리오가 남성과 여성 사이에서 균형점을 찾아간 거죠. 그래서
남성적인 철학이나 여성적인 철학이 균형이 잘 맞춰졌다고 생각합니다. 바로 그러한
이유로 공동으로 시나리오 작업을 한 것입니다. 바로 시나리오가 시작될 때부터
남녀가 나눠서 작업한 것이 의미가 있다고 생각합니다.

카롤린 데루아스: 제가 생각하기에 이 영화가 다른 영화와 다른 점이 있다면
물론 이런 시도가 남성, 여성 시나리오 작가가 공동 작업한 것이 처음은 아니지만
이번에 독특한 점이라고 한다면 이 영화 시작할 때부터 바로 남녀 간의 문제를
평행론 적으로 다루기 시작했다는 것입니다. 남성적인 시선, 여성적인 시선을
공통으로 다루기 시작했다는 것이죠. 그게 바로 독특한 점이라고 생각합니다.

김은희: 예를 들어 〈인 더 섀도우 오브 우먼〉를 보면 이런 장면이 나옵니다.
"남자가 바람을 피고 나면 꽃을 사다 준다"라는 얘기를 여주인공이 하는데 저는 이
장면을 보면서 이것은 가렐에게서 나온 대사가 아니라고 생각했거든요. 카롤린이
생각한 대사가 아닐까 생각했거든요. 맞죠?

카롤린 데루아스: 맞습니다.

김은희: 그것은 대부분의 관객들도 아실 수 있을 것 같은데. 특히 여성
관객들은 이 대사가 여성 시나리오 작가에게서 나왔음을 느낄 수 있거든요. 그래서
아, 이게 서로 조화를 이루는구나…라고 생각했습니다. 그런데 재미있는 것은 어쨌든
이번 작품에서는 그 전에는 느낄 수 없던 어떤 유머가 있습니다.

필립 가렐: 이 장면을 본 여성들은 이제 남성들이 꽃을 줄 때마다 아, 나를
배신해서 주는 구나라고 생각하실 수 있거든요. 사실 저는 그걸 몰랐습니다.
흥미로운 점은, 사실 영화는 삶과 직접적인 연관을 가지고 있거든요. 여기 이
자리에 계신 여러분들이 이제 꽃다발을 받으시게 되면 영화를 보기 전보다
굉장히 불안해하실 거죠. 그래서 저는 사실 카롤린이 제시해준 그 장면이 굉장히
흥미진진하다고 생각했습니다. 저는 정말 몰랐거든요. 남성들이 여성을 위해서,
물론 외도에 대해 죄책감을 느낄 때 꽃 선물을 한다고 하는 것을 잘 몰랐거든요.
그런데 이제 카롤린이 그 얘기를 쓴 다음부턴 알게 되었습니다. 그래서 특히 저의
관객들도 같은 생각을 하게 해줬습니다.

핍 초도로프: 그런데 정말 그렇습니까?

카롤린 데루아스: 그럴 때도 있죠.

필립 가렐: 아 어떤 경우에는 정말 그런 남성이고 어떤 경우에는 아니라고
생각합니다. 그런데 남성들이 여성을 그렇게 성적으로 배신하는 경우가 드물지
않나요? 아니에요, 정말이에요. 그렇죠? 사실 여러분 보셨죠? 정말 그 주제가
나오니까 모든 분들께서 영화에 더 관심을 갖잖아요? 왜냐하면 그 전에 나왔었던
레지스탕스에 대한 얘기는 재미 없으셨죠? 영화라는 게 그래요. 왜인지는

모르겠지만. 영화가 성적인 것과 관련되면, 바로 정신분석과 연결되는 것 같아요.
이게 저속하고 그런 것이 아니에요. 물론 고상하게 다루었을 경우에요. 성적 배신을
아까 이야기한 것처럼 먹고 살려고 다룬다는 그런 것은 품위 없는 짓이 아니라는
거에요. 사실 정신분석에서도 마찬가지이지 않습니까? 그런 주제들을 다루고 있지
않습니까? 그런데 그것이 저속한 것은 아니라는 거죠.

　　　　김은희: 가렐 감독님과 다르지만 비슷한 어떤 영화를 만드는 감독이 한국에
있다고 하면 예를 들면 홍상수 감독님도 있는데, 유운성 선생님께 영화 평론가로서
가렐 감독님에게 질문하시고 싶은 몇몇 부분들이 있으실 것 같은데요.

　　　　유운성: 사람이 많을 때는 조용히 있는 편이기도 하고 이야기 듣는 게
재미있어서 듣는 중이었는데요. 그래서 크게 개의치 않으셔도 됩니다. 제가
질문을 드리고 싶다기보다는 다른 분들 질문해주시는 것 들으면서 재미있게 듣고
있었고, 다만 그냥 제가 질문하는 거보다는 방금 저도 신작을 처음 봤거든요. 제가
부산영화제에서 할 때는 보질 못했고 이 자리 오기 전에 여러분들도 보신 〈인 더
섀도우 오브 우먼〉을 처음 봤는데, 개인적으로는 영화 끝나고 짐 정리하고 있는데 맨
마지막에 갑자기 카메라를 조종하고 있는 두 남녀 주인공들 나오고 카메라 뒤에서
굉장히 오랫동안 서로를 쳐다보는 쇼트 하나가 짧게 들어가 있더라고요. 그걸 보면서
방금 전에 감독님께서 본인의 영화가 왜 이번에 흥행을 했는지 잘 모르겠다고
말씀을 하셨는데, 저도 그 이유는 모르겠지만, 다만 개인적으로는 이 영화를 보면서
제가 감독님 영화를 볼 때 궁금하게 여기거나 이런 거에 관심이 있으신 분이구나
하고 생각하게 된 하나의 답변이라고 해야 되나, 아주 따뜻한 그런 걸 들은 기분이
들었어요. 제가 이번에 필립 가렐 회고전에 맞춰서 글을 하나 썼었는데, 아직 출간은
되지 않습니다. 거기서 몇 가지 토픽들을 이야기를 했는데, 주로 얘기한 것 중
하나가 필립 가렐 감독의 영화에서 두 연인이 부부이건 혹은 연애를 갓 시작한
사람들이건 서로가 서로를 바라보는 걸 카메라로 찍는 게 얼마나 힘든 일인지를
계속해서 영화를 통해 보여주는 것 같다는 것입니다. 해서 서로가 서로를 오랫동안
바라보고 있는 연인들이 나오면 반드시 깨어지거나 혹은 누군가의 상대방의 눈을
바라보고 있을 때는 직접 바라보는 게 아니라 이 사람이 감독의 입장에서 배우를
보거나 화가의 입장에서 모델로서의 연인을 보거나, 이렇게 항상 무언가를 매개자를
거쳐서 보는데, 그리고 특히 감독님 영화 중에서 굉장히 좋아하는 영화가 있는데,
이번에 상영은 안 하더군요. 〈구원의 키스〉라는 제목의 영화가 있는데, "사랑이란
서로가 서로의 눈을 바라보는 거야. 당신은 왜 날 바라보지 않는 거야. 나 대신
왜 그 여자가 또 이런 역할을 대신하는 거야" 하면서, 극중에서 연기하기로 했던
분이 다른 사람으로 바뀌면서 감독인 연인한테 따지는 건데, 이 영화가 방금 새로
만들어진 영화의 마지막 쇼트에서 필립 가렐 감독님의 영화에서 지금 얘기했던 것
중에서 사실은 한 사람이 카메라 뒤에 있고 카메라 앞에선 사람을 바라보는 것이
아니라 나란히 카메라 뒤에서 무언가 일을 하고 있고 일을 다시 시작하기 이전에
무슨 이야기를 하는지 저희는 알 수 없지만 서로가 눈을 굉장히 오랫동안 바라본
다음에 일을 딱 시작하려는 순간 그 쇼트가 끝이 납니다. 영화에 대한 어떤 제 의견을

덧붙이기 전에 이것을 보면서 아, 적어도 여기에서만은 이렇게 카메라 뒤에서 공동의
작업을 하는 두 남녀를 보여줄 때 이들이 서로가 무슨 말을 주고받으면서 오랫동안
눈을 바라보는 쇼트 하나를 보기 위해서 50년을 기다렸나보다…라는 생각을 제
나름대로 했어요. 개인적으로는 지금 막 본 영화여서 말씀드린 거였고, 그냥
붙여진 쇼트라기보다는 감독님 영화에서 뭔가 찍을 때 힘들게 여겨졌던, 왜 연인들은
서로가 서로를 바라보는 게 힘든가, 카메라는 그걸 보는 게, 담아내는 게 그렇게
힘든가. 그래서 이번에 전시하는 작품 중에 진 세버그가 거의 메인으로 나오는
〈처절한 고독〉 같은 걸 보면 아예 누군가를 바라볼 필요가 없이 카메라 뒤에선
감독하고 그 앞에 서 있는 어떤 한 배우, 보고 보는 자의 관계로만 되는 경우도
있었는데 이런 영화에서는 좀 다른 것, 감독님께서는 예전과 달라지지 않으셨다고
하지만, 저도 달라졌다곤 생각하지 않는데, 뭔가 숨어 있거나 말하지 않았거나
보여주지 않았던 몇몇 장면들 같은 것들이 와 닿았고, 그 중 하나가 방금 말씀드린
거였습니다. 질문은 갑자기 물어보셔서 생각이 안 나고, 말씀을 듣다가 생각이 나면
다시 질문 드리도록 하겠습니다.

    핍 초도로프: 질문이 있는데, 남자 주인공이 영화에서 한 번도 안 웃잖아요.
그리고 마지막에 한 번 웃는데, 시나리오에서 그렇게 명시되어 있나요?

    필립 가렐: 아니요. 배우가 그렇게 한 거에요. 거의 끝부분에 화해를 할
때 한 번밖에 안 웃죠. 사실 이 배우가 제대로 연기를 하기 위해서는 자유롭게
연기를 할 수 있게 내버려 둬야 합니다. 어떻게 보면 지휘자가 지휘를 하는 것과
비슷한 거예요. 피아노나 바이올린 솔리스트를 너무 묶어두면 안 되죠. 그래서
피아니스트가 피아노를 제대로 치지 못하게 손을 묶어두면 재능을 발휘할 수
없습니다. 연기 연출과 미장센은 많은 부분 관찰을 통한 것입니다. 대부분의 경우에
간섭하지 않기 위해 참아야 합니다. '아냐, 별로 중요한 것도 아닌데'라고 자신에게
말하고, 개입을 안해야 합니다. 그리고 확실할 때만 지적하고, 더 정확한 것을
제안할 수 있다는 확신이 있을 때만 감독이 개입해야 합니다. 그래서 대부분의 경우
좋은 연기 연출이란 간섭을 최대한 적게 하는 것입니다. 항상 생각하면서 배우가
어떻게 움직이는지 관찰하고 자유롭게 연기할 수 있도록 자유를 줘야 됩니다. 절대
꼭두각시 인형처럼 다루려고 하면 안 됩니다. 스타니슬라스 메하르, 이 배우는
매우 특이하고 예민한 배우입니다. 두려움을 가지고 연기를 하는 배우입니다.
제가 너무 자주 개입하거나 간섭하거나 끼어들고 더 잘하는 취지에서 그러면, 그
배우의 독특한 연기 방식의 무언가를 제가 깰 거라는 걸 알았거든요. 그리고 우리가
모든 배우들을 똑같은 방식으로 감독할 수는 없습니다. 이 배우가 어떻게 연기를
하는지, 어떻게 연기해야 제대로 된 것이 나오는지 우리가 감지하고 이해하고
감독해야 합니다. 사람들은 배우들에 따라 다르게 감독한다고들 하죠. 제가 또
지휘자 얘기를 할 텐데, 우리가 피아니스트와 바이올리니스트에게 똑같은 지적을 안
하잖아요. 뮤지션의 성향에 따라 좀 더 혹은 덜 개입하는 것입니다. 어떤 수학적이고
체계적인 법칙이 있는 것은 아니에요. 이 배우가 어떻게 연기하고, 어떻게 해야
제대로 된 것이 나오는지 관찰하고 내가 감독으로 언제 산통을 깨지 않고 개입을

할지를 파악해야 합니다. "저 감독은 연출을 안 해요. 말을 거의 안 해요" 하면서
불평하는 배우가 있는데, 그게 연출을 안 하고 있는 것이 아니라는 겁니다. 배우가
세트장에 도착하자마자 어떤 배우인지 파악이 되거든요. 유기적인 뭔가가 있어요.
어떻게 감독이 유기적으로 배우에게 영향을 미쳐서 이 씬을 찍을지 우리가 느낄 수
있습니다. 연기를 하는 동안 감독이 침묵을 하는 것도 사실은 의도적인 것입니다.
미주알고주알 모든 걸 분석할 필요는 없습니다. 배우들을 제대로 감독하기 위해서는
배우들에 대한 큰 존중이 있어야 하고, 연기라는 게 얼마나 어려운 건지를 우리가
이해해야 합니다. 왜냐하면 카메라 앞에서의 연기라는 게 매우 어려운 작업이거든요.
저는 리허설을 많이 하니까 그들을 더 잘 알게 되죠. 일 년 동안 매주 만나서 같이
작업을 했으니까 감독이 개입을 하면 리듬이 끊길 건지 안 끊길 건지 파악됐겠죠.
개입을 하는 것은 항상 더 나쁜 결과를 낳을 수도 있다는 리스크가 있는 거예요.
개입했다고 꼭 더 나아지는 것은 아니거든요. 감독의 일인 연기 연출이라는 것은
매우 복잡한 것입니다. 촬영 중의 감독의 일의 9할은 연기 연출이거든요. 말을 안
한다고 연출을 안 하고 있는 것이 아니에요. 그게 연기 미장센이고, 연기 연출이고,
그게 영화에요. 얻어내기 매우 어려운 지식이고, 다른 감독이나 감독이 되고자 하는
학생들에게 전수를 하는 것도 참 어려운 것입니다. 실질적으로 배우들을 데리고
관찰하면서 직접 해봐야 되는 거거든요. 이론이 있는 것이 아닙니다. 지휘자랑
똑같은 거예요. 저는 지휘자가 어떻게 일을 하는지는 모르겠습니다. 어떤 콘체르토를
다른 지휘자보다 어떤 지휘자가 몇 배 더 아름답게 들리게 할 수 있는 방법이 뭔지
저는 모르겠어요.

　　　핍 초도로프: 남자 주인공을 보면 안 웃는데, 이건 배우한테서 나온 것이라고
하셨잖아요.

　　　필립 가렐: 네.

　　　핍 초도로프: 어쩌면 안 웃는 것은 그가 어디에서 오고, 어떤 인물인지
알려주는 연출에서 나온 것이고, 마지막에 배우가 웃으면서 자신만의 터치를 덧붙인
것 같은데. 그러면 아주 멋진 것 같아요.

　　　필립 가렐: 아니에요. 제가 스타니슬라스 메하르를 선택했을 때는, 샹탈
아커만 감독하고도 작업했었고, 앤 폰테인(Anne Fontaine)이라는 감독하고도
작업했었습니다. 제가 다른 영화에서 이 배우가 연기한 것을 보았고, 제가 이 배우를
만났을 때 여기에 딱 맞겠다는 생각을 했습니다. 이 배우의 실질적인 행동, 태도를
보고 연기를 해야 할 인물이 겪게 되는 모든 심리적 상황을 연기할 수 있겠다고 본
것입니다. 이때가 진정한 일을 하게 되는 때입니다.

　　　핍 초도로프: 캐스팅을 할 때 이런 작업을 하신다는 거죠?

　　　필립 가렐: 네. 역할을 나눠줄 때 그런 작업을 합니다. 뛰어난 연기가
들어가 있는 영화는 항상 성공하고, 영화가 이야기하고 있는 게 뭐든 간에 연기가
훌륭하지 않은 영화는 절대 성공적인 작품이 아니라고 저는 생각합니다. 영화는
우선 연기가 좋아야 합니다. 음악과 다시 비교를 하자면 콘체르토가 지금 나오는데
음이 이탈되거나 불협화음이 있으면 아름답게 들릴 수가 없죠. 콘체르토보다 훨씬

덜 화려한 작은 소네트 곡이라도, 제대로 연주가 되었다면 항상 아름답게 들리죠. 배우의 정확한 연기는 그래서 필수불가결한 것입니다. 그래서 배우들이 부정확하게 연기한 영화는 만들 수가 없는 것입니다. 음악하고도 똑같은 거죠. 음정을 틀리는 뮤지션들의 오케스트라를 지휘할 수 없는 것과 마찬가지입니다. 그런데 이런 것들이 매우 복잡하기 때문에, 일종의 자연선택처럼 보이는 거예요. 관객들이 이유는 모르면서도 어떤 영화는 좋고, 어떤 영화는 싫다고 생각하잖아요. 그런데 이 영화들의 촬영 현장을 보면, 한 영화에서는 그게 실내든 스튜디오든, 실외든 연기가 정확하게 되고 있음을 발견하게 될 것입니다. 다른 영화 촬영 현장에서는 엄청나게 거북한 기운이 있고, 연기도 틀리고, 서로 간에 유기적으로 불편함을 자아내는 사람들이 있는 것을 볼 수 있을 것입니다. 지금 여기에 오신 영화학도들에게 꼭 얘기하고 싶은 것은 연기자를 올바르게 감독하는 것, 어떤 영화를 찍든 간에 반드시 신경을 쓰셔야 됩니다. 10cm 정도의 소형 디지털 카메라든, 정말 좋은 디지털 카메라를 쓰든, 35mm를 써도 언제나 마찬가지예요. 영화는 정확하게 연기되어야 합니다. 그래서 영화는 하나의 표현의 가능성이라고 생각해요. 무언가에 대해서 표현을 하는 거죠. 〈인 더 섀도우 오브 우먼〉도 남녀평등에 대한 성적인 관계, 배신에 있어서 평등을 표현하죠. 무언가를 말하고 싶어 하는 것입니다. 그런데 이 메시지를 연기하는 배우들이 제대로 연기를 해줘야죠.

필립 아주리: 아버지 모리스 가렐이 배우셨잖아요. 배우에 대한 이런 관심을 아버지로부터 물려받은 것인가요?

필립 가렐: 물론 그렇습니다. 저는 8살 때부터 아버지가 나오는 연극을 보러 갔거든요. 그 당시에 아이는 저밖에 없었어요. 밤 10시까지 공연이 계속 됐으니까요. 아버지가 연기하는 것을 본 것은 제게 큰 도움이 되었죠. 아버지는 무엇보다도 연극 배우였거든요. 아버지 친구들도 연극 배우셨습니다. 큰 도움이 되었습니다. 그러나 아버지가 저에게 무언가를 특별히 가르쳐주신 적은 없습니다. 어릴 때 그렇게 아버지의 연기를 직접 본 경험은, 제게 물론 어떤 면에서 연기 연출에 있어 도움이 되었을 겁니다. 하지만 저는 한 번도 연기자가 되고 싶진 않았어요. 작은 역할은 할 수 있겠지만 저는 배우로서는 재능이 없다고 생각해요.

필립 아주리: 그래도 연기하신 적이 있잖아요. 〈구원의 키스〉라든가에서.

필립 가렐: 네. 그런데 그건 어쩔 수 없었어요. 감독에 대한 이야기였는데, 제 또래의 감독 자크 드와이옹이 연기하기로 되어 있었어요. 그런데 때가 되어서야 드와이옹이 이 역할을 연기하는 데 관심이 없다고 고백을 했어요. 차라리 자기 작품에 더 신경을 쓰고 싶다면서. 촬영이 3주밖에 안 남았었고, 영화가 망했다고 생각했었어요. 그래서 제가 직접 했어요. 그때는 그렇게 할 수밖에 없어서 제가 제 영화에 나왔는데, 어색하고 불편했습니다. 예를 들어 쇼트-리버스-쇼트(촬영기법에서 두 대의 촬영기가 서로 마주보는 위치에서 촬영하는 숏으로 앞의 화면과 반대 시각의 장면을 보여줌) 장면이 있었는데, 일단 상대역의 쇼트를 찍고 나서는 리버스 쇼트 부분은 없애버리자고 한 적도 있어요. 저는 제가 연기를 하는 게 제가 어디 가서 주사 맞는 것처럼 고통스러웠습니다.

필립 아주리: 그러니까 무대에 서고 싶은 나르시시즘으로 한 것이 아닌 것이군요.

필립 가렐: 네. 진짜 솔직하게 연기는 싫습니다. 또 지휘자 비유를 다시 하자면 지휘자가 악기 다룰 필요는 없잖아요. 피아노라든지 바이올린을 못 쳐도 되잖아요. 피아노로 코드 3개 정도 칠 순 있겠죠. 제가 작은 역은 연기할 수 있는 것처럼. 사실 많은 감독들이 젊었을 때는 배우였다가 나중에 감독으로 직업을 바꾸신 분들이 있죠. 또 어떤 감독들은 젊었을 때 소설을 쓰고 싶다가 나중에 영화감독으로 전환하신 분들이 있죠. 어떤 감독들은 화가가 되고 싶었던 감독들이 있습니다. 제가 그랬습니다. 제가 젊었을 때 화가가 될까 아니면 감독이 될까 좀 고민을 했습니다. 모리스 피알라 감독에 대해서 제가 얘기를 했잖아요. 피알라 감독도 마찬가지입니다. 그도 화가와 감독 사이에 고민했던 감독입니다. 장뤼크 고다르도 사실 소설가가 되고 싶었는데 감독이 된 경우죠. 그래서 어떻게 보면 많은 감독들이 원래 배우로 시작했다가 감독이 된 경우도 꽤 있죠. 연기 연출은 참 어려운 문제입니다. 어떻게 오케스트라 지휘자가 되는지는 모르지만, 적어도 오케스트라가 있어야 가능한 것 아니겠어요? 연기 연출도, 배우들과 함께, 관찰을 통해서, 워크숍을 통해서만 직접 체험을 하면서 할 수 있는 것입니다. 연기 연출에 대해서는 이론적으로 할 수 있는 말이 거의 없어요. 질문 3개에 답변 3개 정도면 할 수 있는 말은 다 한 거나 마찬가지죠. 일단 시나리오를 가지고 촬영을 시작해야지, 이론적으로만 배운다고 되는 것이 아닌 거죠. 현장에서의 실천을 통해서만 배울 수 있죠.

필립 아주리: 스타니슬라스 메하르 배우가 〈인 더 섀도우 오브 우먼〉의 마지막 장면에서 미소를 선사하잖아요? 이 미소가 리허설 중에 이미 있었고, 그걸 그대로 실제 촬영에서 다시 한 것인가요? 아니면 오랜 시간의 리허설과 촬영을 거쳐 마지막에 새로운 것을 추가하면서 당신에게 주는 하나의 선물 같은 식으로, 촬영 당시에 즉흥적으로 나온 것인가요?

필립 가렐: 사실을 말씀드리면 리허설 때는 이 배우가 전혀 웃지 않는다는 걸 인식하지 못했어요. 저는 영화 연출만 하면서 먹고 살기가 힘들기 때문에, 부업으로 연기 교수를 하고 있는데, 국립고등연극원에서 연기를 가르치고 있죠. 그런데 젊은 배우들을 위한 제 강의에서, "아, 이렇게 하면 안 돼!"라고 했을 때 "더 미소를 띠고 해볼까요?"라고 질문하는 학생은 바로 내보냅니다. 그렇게 묻는 사람이 가장 바보스런 사람이라고 생각해요. 안 좋은 감독은, 좀 더 웃으면서 다시 해봐라고 하는 사람이에요. 어떻게 해야 할지 모르는 배우는 "조금 다르게 해볼까요? 웃어볼까요?"하고 질문하는 경우가 많습니다. 그걸로 딱 구분할 수 있어요. 배우가 존재의 행복감을 표현하는 사람인가, 존재의 비극성을 표현하는 사람인가, 왜 여기 내가 존재해야 되는지, 질문을 던지는 사람인지, 내면에 대한 질문을 하는지 그런 심리적인 내면 분석을 하지 않습니다. 단지 내가 원하는 그 장면을 정확하게 연기해 달라는 거죠. 그런데 사실 음악 같은 경우에 연주할 때 음정을 정확하게 노래하는지 안하는지 우리가 잘 알 수 있죠. 어떤 가수가 노래를 부를 때 정확하게 부르는지 음치인지 아닌지 알 수 있지만 영화에서는 훨씬 더 복잡하고 어렵습니다. 물론

연극과 같은 방식으로 하긴 하지만 그럼에도 불구하고 연극하고 다른 점이 많죠.
공통점이 있긴 하지만 다른 점이 많기 때문에 연기를 제대로 하는지 정확하게 하는지
참 말하기 쉽지 않습니다. 그게 바로 감독으로서 어려운 부분이죠. 누가 연기를 했을
때 생각을 하고, '이게 내가 원하는 장면을 제대로 연기를 한 것인가 아닌가, 내가
보기에는 잘 연기가 된 것 같다'라고 추정하듯 말하게 되는 거죠. 추정만 가능하죠.
이게 잘됐다는 걸 절대 확신할 수는 없어요. 연기 수업에서도 그래요. "제대로 연기한
것 같다"라고 말을 하죠. "제대로 연기한 것이다"라고 말하는 것은 틀린 거예요. 물론
제가 착각해서 실수하는 경우도 있죠. 정확하게 '맞았다' 하고 생각한 장면이었는데
러쉬를 보니까 '아, 아니었다'라고 생각하는 경우도 있긴 있습니다.

  필립 아주리: '정확하게 연기한다'는 개념도 영화사에서 보면 변화하지
않았나요? 예를 들면, 당신의 페르소나 배우이기도 하고, 루이 가렐의 대부가 되어
주기도 했던 장피에르 레오 같은 경우 〈엄마와 창녀〉에서도 연기를 합니다. 그런데
그런 경우에 상업영화를 많이 본 사람들은 프랑수아 트뤼포나, 고다르, 장 으스타슈,
그리고 당신의 영화에서 그가 처음 연기하는 것을 보고는 '어 저 사람 연기를 잘
못한다'고 생각했습니다. 그런데 지금 우리는, 그간의 영화에서의 모더니즘과
어린 시절부터 35살이 되기까지 연속되는 트뤼포 영화 속 앙투완 드와넬(Antoine
Doinel)이란 인물을 연기하는 것을 보면서, 이제는 장피에르 레오의 연기에
익숙해졌고, 그가 정확히 연기한다고 알고 있습니다. 그가 대사하는 것을 들으면,
정확히 연기한다는 것을 알 수 있죠. 대사를 들으면서 연기 연출을 하십니까?
헤드폰을 끼고 눈을 감고, 대사를 들으면서?

필립 가렐: 절대 확신을 할 수는 없죠. 제가 언젠가 바흐를 연주하는 대연주가가 글렌 굴드(Glenn Gould)에 대해 이야기하는 것을 들은 적이 있습니다. 대부분의 사람들은 글렌 굴드를 바흐를 가장 잘 친 사람이라고 알고 있죠. 그런데 제가 만난 이 분은 글렌 굴드에 대해서 얘기하면서 "아, 제가 생각하기에 글렌 굴드는 마치 바흐를 복사할 뿐인 것 같아요"라고 얘기하는 걸 들었습니다. 바흐의 복사판이라는 것이죠. 그런데 글렌 굴드가 연주하는 걸 들어보면 무슨 뜻으로 그 말을 했는지는 이해할 수 있어요. 하지만 동시에, 그 말은 이해가 가지만, 그래도 글렌 굴드 연주는 정말 멋지다고 생각합니다. 예술은 정밀과학이 아닙니다. 과학적인 의미에서 완전히 정확하게, 그러니까 더하기를 했을 때 항상 딱 떨어지는 숫자가 나타나는, 이런 게 예술이 아니라는 겁니다. 대부분의 경우에 저는 항상 조건법을 다는데, "정확한 것 같다"라고 이야기하죠.

필립 아주리: 연기의 정확도를 촬영할 때 배우의 존재감을 통해서 가늠하기도 합니까?

필립 가렐: 어떤 배우는 존재감이 있고, 어떤 배우는 안 그러기도 하죠.

필립 아주리: 아니, 촬영 때 배우의 현존감을 가늠하느냐는 뜻입니다.

필립 가렐: 네. 그게 제 아버지에게 배운 것이기도 합니다. 제가 생각하기에 카메라 앞에서 연기를 할 때 배우는 현존감이 있어야 합니다. 제가 학생들한테 설명하는 건데, 인위적으로 연기를 하는 것이긴 하지만 그럼에도 불구하고 마치 괄호 안에서 연기하는 것 같이 하는 거라고. 카메라 앞에서 연기를 한 그 시간에, 네가 죽기 전에 너에게 반환되는 시간이 아니라는 것입니다. 그러니까 축구에서 경기외 시간 같은 거예요. 현존감이라는 것은 그 배우의 실제 삶의 일정 시간에 괄호가 처진다는 것을 아는 것입니다. 그의 삶은 계속 이어지고 있는 것이죠. 그러니까 카메라 앞에서 현존하는 현존감이 있어야 된다는 거죠.

필립 아주리: 그런 이유로 어떤 면에서는 단 하나의 테이크로 촬영을 하시는 거네요?

필립 가렐: 그렇게 말씀하실 수 있을 것 같네요. 사실 저는 배우의 불안감을 이용해요. 카메라 앞에서 무엇을 찍는다는 것이 불안감을 주죠. 촬영장에서 느끼게 되는 불안감은 바로 삶에서 느끼는 불안감과 같다는 것입니다. 그래서 사실 우리가 존재하면서 미래가 어떻게 될지 모르지 않습니까? 아주 가까운 미래도 모르잖아요. 그래서 확신 없이 처음으로 연기를 하면서 갖는 불안감은 우리가 삶에서 미래를 모르며 살아가는 불안감과 상응해요. 만약에 커트를 하고, 두 번째 테이크로 다시 연기를 하라고 하면 마치 리와인드를 해서 방금 자기가 걸었던 발자국을 다시 한 번 밟아보라고 하는 것과 똑같은 것입니다. 더 이상 미지의 상태와 미래에 대한 불확신이 없는 것이죠. 그것을 이용하는 겁니다. 처음에 제가 제 영화를 찍을 때 한 테이크만 했던 것은 제작자가 없었기 때문이었죠. 필름을 가장 적게 소비할 수 있는 방식으로 영화를 찍어야 됐기 때문에 한 번밖에 찍을 수 없었기 때문입니다. 처음에는 그렇게 경제적인 이유 때문이었습니다. 그러다가 그게 바로 하나의 방법론이 되었습니다. 제가 바로 이해를 한 거죠. 한 번만 찍으면 다른 장면이 없을 거고, 그래서 바로 그런

방식으로 하게 된 것입니다. 디지털 시대가 되면서 또 다시 이게 경제적인 방법론이 되었습니다. 제가 한 테이크만 찍으니까, 그렇지 않으면 필름으로 찍게 두지를 않았겠죠. 필름은 돈이 드는데, 디지털 데이터는 거의 돈이 안 드니까요. 제가 제 동료들처럼 여덟이나 열다섯 테이크씩 찍는다면, 필름으로 찍게 내버려 두지 않았을 거예요. 예를 들면 〈인 더 섀도우 오브 우먼〉은 5시간 분량의 필름이 들었어요. 예를 들어 압델라티프 케시시(Abdellatif Kechiche)의 아름다운 영화인 〈가장 따뜻한 색 블루(La vie d'Adele)〉의 경우, 필름이었다면 600시간 분량의 필름이 들었을 거예요. 어떤 제작자도 케시시가 600시간 분량의 필름을 쓰는 것을 가만 두지 않았을 것입니다. 그렇게 하면 어쩌면 이 미술관 예산의 5배가 들어갈지 모릅니다. 그래서 다시 이게 경제적인 방법론이 된 것입니다. 여러 이유로 저는 필름으로 계속 촬영하고 싶기 때문에, 그래서 그러려면 한 테이크로 찍는 것이 필수적인 방법이 되어 버린 것입니다. 왜 한 테이크만 촬영하느냐고요? 말씀드렸듯이, 처음에는 경제적 이유로 그렇게 하다가 그게 스타일이 되었고, 기술 발전에 따라 다시 그게 경제적인 방법론이 된 것이죠.

　　　　필립 아주리: 촬영을 하게 됐을 때 두려움 같은 걸 얘기하셨는데, 왜 배우의 두려움이 한 테이크 촬영과 연관되는지 이제 이해될 것 같습니다. 배우는 이미 여러 차례 리허설을 당신과 했음에도 불구하고, 두려움이 있는 것이, 예를 들면 마치 한 남자가 한 여성을 두 번째 만나러 가는 것과 같지 않을까 해요. 처음 만나러 가는 것이 아니라. 이미 한 번 만났지만, 두 번째로 만나러 가는 것이죠.

　　　　필립 가렐: 같은 성격의 것은 아니죠.

　　　　필립 아주리: 물론 같은 성격의 것은 아니죠. 뭔가 다시 한 번 해야 하는데, 이번에도 잘 될지는 모르는 상태로 다시 하는 것이죠.

　　　　필립 가렐: 예 맞습니다. 한 테이크만으로 촬영하는 것은, 관찰도 그렇지만, 정말 이건 특별한 거라고 생각해요. 오늘날 보면 한 테이크로 촬영을 끝내기 위해서는 리허설이 꼭 필요합니다. 제가 초기에 처음 찍을 때, 〈기억 속의 마리〉의 경우에는 8일 만에 다 끝냈거든요. 이게 첫 번째 저의 장편영화였는데 이때는 리허설을 하지 않았습니다.

　　　　필립 아주리: 〈처녀의 침대〉의 경우도 리허설이 없었나요?

　　　　필립 가렐: 네, 없었어요.

　　　　필립 아주리: 그때는 시대 분위기나 젊음 때문이었나요? 아니면 공동 작업을 했기 때문인가요?

　　　　필립 가렐: 잘 모르겠어요. 제가 감독 친구보다는 화가 친구가 더 많은데, 계속 그리면서, 그리고 계속 촬영하면서, 처음의 퀄리티를 유지하기 위해서는 엄청난 노력을 해야 한다는 것을 알 수 있습니다. 그러나 우리가 굉장히 노력을 하면 퀄리티가 향상된다고 생각하는데, 오히려 저희가 퀄리티가 저하되는 부분을 보완하기 위해서 노력을 하는 것이죠. 오랜 작업을 하면 그래서 점점 더 노력해야 해요. 그래야 양질의 작품을 계속 만들 수 있죠. 예술은 더 잘 한다는 게 불가능합니다. 아주 훌륭한 거장들일 경우에, 예를 들면 위대한 화가들을 보게 되면

그들 초기의 회화 작품을 보면 정말 대단한 것들이 있습니다. 진보란 없는 거죠.

필립 아주리: 처음부터 강한 것이 만들어지는 것이군요.

필립 가렐: 처음에 작품이 창조될 때 이미 강하다는 거죠. 초기 작품부터 이미 예술적 욕망이 온전히 담겨져 있는 것입니다. 말년의 작품에서도 남아 있는 그 욕망이 이미 담겨져 있는 것이죠. 그게 바로 예술의 특징이죠. 정말 독특한 분야라고 생각합니다. 다른 분야에 비교해 본다면.

김은희: 배우들 연기를 어떤 방향으로 이끌어 가느냐에 대한 방법론에 관련된 이야기가 나왔는데, 예를 들면 로베르 브레송의 영화 속에서의 배우들, 브레송이 얘기했던 어떤 모델로서 배우들의 존재를 느끼는 것과, 고다르 영화 속에서의 인물들 또는 알랭 레네 감독의 초창기 작품 〈지난 해 마리앙바드에서〉의 인물들, 〈내사랑 히로시마〉의 인물들을 보면 나중에 극적인 연기를 보여주게 되는 드라마의 인물들과는 굉장히 다를 수밖에 없거든요. 감독님 영화 속의 인물들의 연기는 제가 느끼기에 날것의, 가장 자연스럽게 있는 그 순간의 어떤 것을 기다려서 잡으려고 하는 듯한, 포착하려고 하는 듯한 그런 느낌이 들기도 합니다. 그런데 그것은 첫 작품 〈어울리지 않는 아이들〉 때부터 항상 똑같았던 것 같아요. 내러티브가 있는 드라마로 만들어졌던 배우들의 연기나 초창기 실험적인 작품들을 만들 때 인물들의 느낌도 어떻게 보면 루이 가렐의 모습도 마찬가지지만, 날것의 어떤 느낌, 흔히 그전에 얘기했던 추상성이라고 할 만한, 배우들의 몸 자체가 어떤 순간에 추상적으로 우리에게 다가오게 하는 그 순간을 감독님이 무의식적으로 알고 있는 게 아닐까 하는 생각도 듭니다. 제가 느낀 부분이긴 하지만. 어쨌든 이 이야기가 많이 나왔는데 오늘 보신 작품과 관련해서 관객들의 질문을 받아보는 건 어떨까요? 제 해석에 대해서 덧붙이실 말은 없으실 것 같아서요. 질문을 좀 받아볼까요? 영화를 보시고 이 자리에 오신 분들도 계실 것 같습니다.

관객: 오늘 영화에서 인상적이었던 부분은 내레이션이었거든요. 남녀가 외도를 한 다음 자기 변호를 할 때 나오는 찌질함을 내레이션에서 남자의 입장을 조금 더 자세하고 솔직하게 설명한다는 느낌을 받았어요. 내레이션에 시나리오를 쓰신 분이 혹시 여성이지 않을까 생각을 했었는데, 영상으로 충분히 설명할 수 있었는데, 굳이 내레이션을 넣으신 이유가 있을까요?

필립 가렐: 어느 분이 질문하셨어요? 누가 질문했는지 보지를 못했어요. 아, 그렇군요. 왜 내레이션을 넣었는지 궁금하셔서 질문하셨다는 것이죠? 저는 그런 생각을 했어요. 이 내레이션 목소리를 여자의 목소리로 처리할까 생각을 했는데 제가 같이 작업하는 여자 배우에게 내레이션을 해달라고 했는데 이상하더군요. 안 맞았어요. 사실 이 영화는 카롤린도 강조해주었지만 어떻게 보면 반(反)여성혐오적 영화입니다. 그렇지만 반여성혐오적이 되려면, 변증법적으로 보면 우선 여성혐오가 있다는 것을 이해해야 하죠. 이 영화는 여성의 리비도의 섹슈얼리티에 대한 여성혐오적 분석에 반대하는 영화입니다. 이 영화는 동시에 여성혐오에 대한 반대에 기초하고 있습니다. 그래서 남자가 내레이션을 했을 때는 제대로 나오는데, 여자가 하니 이상했던 것 같습니다. 배우에 대한 특별한 시선에 대한 질문에 대해서

말하자면, 정서가 다르다고 할 수 있습니다. 제가 아버지를 매우 사랑했었는데, 제 아버지도 젊었을 때 가난하셨거든요. 배우로 활동하시면서 말이죠. 그래서 배우에 대한 존경을 넘어서서 공감대라는 것이 있습니다. 그래서 카메라로 배우를 포착할 때 일반적인 다른 감독이 촬영을 할 때와는 정서가 조금 다른 것 같습니다. 그래서 고다르도 그것을 이해한 것 같아요. 책에서 고다르도 이야기를 했거든요. 가끔은 고다르가 저를 대변하면서 옹호해주었는데, 가렐이 영화에서 주인공들을 많이 사랑해주고 이해하려고 노력을 한다고. 존 휴스톤(John Huston) 영화를 보면 그러한 것을 잘 느낄 수 있는데요. 연기자들, 인물들, 배우들을 쳐다보는 시선이 너무나 부드럽거든요. 다른 감독들이 갖고 있지 않은 그런 것들을 느낄 수 있습니다. 제가 어떻게 보면 감독이지만 배우의, 연기자의 아들이기 때문에 그게 얼마나 어려운지 알거든요. 그래서 카메라로 이 배우를 담을 때는 다른 감독하고 다르게 담는 것 같습니다. 그리고 또 내레이션이 왜 들어가느냐고 질문하신다면, 이 스토리 자체가 복잡하잖아요. 이 시나리오의 이론적인 출발점은 여성의 리비도가 남자의 리비도만큼 강하다, 세다는 것을 보여주고 싶었거든요. 현대에 와서 알게 된 것이죠. 이 사실이 발견된 게 1세기도 안 되었죠. 이 영화를 시작할 무렵에, 95세의 정신분석학자를 제가 만난 적이 있습니다. 그런데 이 분은 무스타파 사푸앙(Moustafa Safouan)이라는 아주 나이가 있는 라캉주의 정신분석학자였습니다. 그래서 그분에게 물었어요. 여자들의 리비도가 남자들의 리비도만큼 강하다고 생각하시냐고 물으니까, "아마도 그럴 것이다"고 대답하시더군요. 물론 이 분은 95세였고 똑똑한 분이셨는데 "아마도"라고 이야기하는 것을 듣고, 정신분석학 쪽에서도 이게 아직 끝난 이야기가 아니구나, 하는 느낌이 들었습니다. 사실 요즘 우리 사회에서 남자가 부인을 배신하면 "돈 후안(Don Juan)이네," 부인이 남편을 배신하면 "정말 못된 년이다" 이렇게 이야기하잖아요. 이것 자체가 말이 안 됩니다. 정말 구시대적인 생각이지만 이게 아직도 이어지고 있어요. 그래서 이 영화가 어떤 면에서 진보적인 영화가 되고 싶었냐 하면, 영화에서 부인이 남편을 배신한다면 그냥 색정 과다일 뿐이라는 겁니다. 색정 과다라는 말이 이미 부정적인 함의를 가지고 있긴 하죠. 색정광이든 돈 후안이든 딱히 적당히 표현할 말은 없네요. 사실 이런 여자들을 우리가 좋게 얘기할 수 있는 단어도 존재하지 않아요. 어떻게 보면 남자들은 기본적으로 어쩔 수가 없다, 성적인 욕구가 강해서 이렇게 바람을 필 수밖에 없다는 이야기하는데, 여자들도 똑같다는 거죠. 여자들도 어떻게 보면 바람 필 수밖에 없는 성적인 욕구가 있을 수 있어요. 쉽지는 않아요. 어쨌든 이 이야기는 21세기적인 이야기입니다. 19세기의 이야기가 아니에요. 이 영화는 이런 면에서는 굉장히 솔직해요. 여자가 오랫동안 부부생활을 하다가 만약에 바람을 핀다면 그건 어쩔 수 없는 것이다. 여자도 욕구가 있으니까, 그래서 남편을 사랑하지만 자신의 욕구를 충족하기 위해서 바람을 필 수도 있다, 이것은 여성의 성적인 욕구가 남성의 성적인 욕구만큼 세고 강하기 때문에 그럴 수밖에 없다는 것입니다. 사실 지능도 똑같아요. 옛날에는 여자들은 영혼도 없다고 생각을 했었습니다. 그런데 아니라는 게 밝혀졌잖아요. 2세기 전에는 여자가 남자보다 지능이 떨어진다고 생각했는데 이제는 그렇게 생각을 안 하죠.

제라르 쿠랑: 더 똑똑하죠, 사실.

필립 가렐: 어떤 면에서는 더 똑똑하지만 어떤 면에서는 아니라고
생각해요. 성적인 얘기로 돌아오면 여성들이 남성들만큼 성적인 욕구가 강하냐고
일반인들에게 물어보면 남자들의 성적인 욕구가 훨씬 강하다고 대답을 하죠. 그런데
요즘 지식인들에게 가서 여자가 남자만큼 성적인 욕구가 강하냐고 물어보면
지식인들은 여자들의 성적인 욕구가 남자보다 더 강하다고 이야기합니다. 꼭
그렇지는 않다고 생각해요. 평등은 평등입니다. 유사성이 아니에요. 여성적 지능은
남성적 지능과 다르고, 여성의 리비도는 남성의 리비도와 다르죠. 여성의 영혼도
남성의 영혼과 다릅니다. 지금 하는 이야기는 본질의 문제가 아니라, 강렬한 정도의
문제입니다.

김은희: 굉장히 복잡한 주제인 것 같은데, 우리가 가지고 있던 여성과 남성의
성적 통념과 대립되는 지점을 감독님이 넘으시려고 했던 것 같습니다. 그래서
정치적인 담론이 있는 작품인 것 같습니다. 이 작품 전에 〈밤에 부는 바람〉이나
〈뜨거운 여름〉과 같은 시기가 있었는데요. 그 영화들에 비해서 이 영화의 예산이
조금 더 들었던 영화인가요? 스타가 나왔기 때문에? 이전 작품 〈질투〉와 〈인 더
섀도우 오브 우먼〉를 만들 때 어떤 차이가 있는지 듣고 싶습니다.

필립 가렐: 시스템이 이렇습니다. 사실 우리가 스타하고 찍는다고 하면
갑자기 투자자들이 막 와요. 그리고 투자를 해준다고 해요. 그런데 질문이
뭐였는지… 차이를 물어보신 건가요?

김은희: 어떤 특별하게 변화를 꾀했던 그런 지점이 두 작품 사이에
있었나요?

필립 가렐: 경제적인 문제가 더 많았죠. 사실 경제위기가 2011년 11월에
유럽에 도래했고, 그래서 제가 〈뜨거운 여름〉이나 〈밤에 부는 바람〉과 같은
예산을 가지고는 찍을 수 없었습니다. 그래서 스타 배우들과 함께 찍기로 한
〈죽은 달(La Lune crevée)〉이 있었는데, 경제위기가 시작되자 제작자와 함께
이 영화는 만들어질 수 없겠다고 생각을 했습니다. 주식시장도 폭락했죠. 유럽이
그때는 다 어려웠거든요. 그래서 유럽 모든 도시의 증시가 폭락했고 작가영화들이
다 위기에 봉착했고 사실 작가영화에 투자하기로 한 투자자들이 이제는 더 이상
작가영화를 원하지 않는다, 우리는 상업영화만 만들 것이라 말했거든요. 그래서
2011년 11월에는 카롤린과 다른 2명의 시나리오 작가와 1년 동안 작업한 영화를
포기했습니다. 왜냐하면 영화가 이제 제작이 안 될 거라는 것을 알았거든요. 그래서
3개월 만에 다른 시나리오를 빨리 썼어요. 그래서 조금 더 검소한 미니멀리스트적인
영화 작업을 시작했습니다. 그게 〈질투〉였습니다. 그래서 어떻게 보면 감독이나
연출을 하기 위해서는 영화가 산업이기 때문에 그 나라의 경제적인 상황이나
공동 제작사의 국가 상황에 대한 촉이 서 있어야 해요. 상황 파악을 잘해야 하는
거죠. 내가 어떤 종류의 영화를 어떤 예산으로 촬영할 수 있을지에 대한 인식을
확실히 하고 시작해야 합니다. 그래서 제가 예산을 반으로 뚝 잘라서 40일 동안
촬영을 했습니다. 다음 영화는 21일 만에 촬영했고, 제 월급도 작게 받았고 예산을

절반으로 뚝 잘라서 촬영을 시작했습니다. 이렇게 안 했더라면 그 다음 영화는 제가 찍지는 못했을 것입니다. 그래서 감독이라면, 경제적인 상황을 정확하게 파악하고 있어야 합니다. 영화산업에 대한 촉도 서 있어야 되고 상황 파악을 하셔야 합니다. 그래야만 영화를 계속 촬영할 수 있어요. 항상 그랬거든요. 영화산업은 항상 힘든 산업이었습니다. 모든 세대의 영화감독들이 고생했습니다. 장 르누아르(Jean Renoir)도 그랬어요. 장 르누아르도 프랑스 감독이었는데 영화 만드는 게 쉬웠다고 사람들이 착각하는데, 어려웠어요. 모리스 피알라도. 나중에는 굉장히 아파서 영화를 못 만들었는데 인터뷰를 하면서 이실직고했죠. 그 당시에는 최고의 프랑스 영화감독이라고 인정받았는데 "영화 제작은 미친 사람들이 하는 일이다, 너무 복잡하기 때문에"라고 말했죠. 그래서 문학이건 화가이건 제 생각에는 이쪽이 영화보다 쉬울 것 같습니다. 미친 사람들이 하는 짓이에요. 영화산업 자체가 좀 그렇다고 보고 있습니다, 저는. 이게 산업이거든요. 그래서 예산도 높거든요. 어떻게 보면 그렇기 때문에 복잡한 것 같습니다. 이 측면에서 영화에 버금가는 것은 건축뿐인 것 같습니다. 건축을 하는 것도 복잡하고, 돈이 많이 들잖아요. 요구사항대로 건축을 하는 것은 매우 복잡하죠. 건축을 하려면 있던 것을 철거도 해야 하고. 훌륭한 혹은 좋은 건축가처럼 집을 짓는 것은 매우 어렵죠. 건축에 드는 경제의 규모, 소요되는 돈은 일상생활에서의 규모와는 전혀 다르죠. 반면 회화에 드는 돈은 일반 생활에 드는 수준이고, 문학도 그렇습니다. 그런데 영화는 건축과 마찬가지로 산업적인 면이 있기 때문에 경제에 민감한 영향을 받습니다.

필립 아주리: 그런데 지금 감독님 같은 경우에는 70년대에, 제가 개인적으로 걸작이라고 생각하는 〈처절한 고독〉 같이, 영화산업에서 완전히 벗어나서 어떤 제작사도 없이 작업하셨습니다. 필름도 회수한 필름들을 가지고 영화를 찍으셨고. 그때처럼 계속 그렇게 완전히 산업의 변방에서 작업을 지속하실 수 있었을까요? 이 질문은 그러니까 물질적인 차원의 것입니다. 그런 방식으로 수 년 동안 작업을 하는 것을 견디는 게 가능했을까요?

필립 가렐: 불가능하죠.

필립 아주리: 25세나 27세 정도였던 것 같은데. 당시에 몇 살이었죠?

필립 가렐: 74년이니까 26살이었네요. 혼자서 카메라를 다 들고 다닐 수도 있고, 촬영과 연출도 동시에 하고, 다른 기술스탭의 일도 제가 직접 하고, 그 다음에 편집도 혼자 다 할 수 있었죠.

필립 아주리: 그때만 해도 아직 건강하시고….

필립 가렐: 네, 그렇죠. 어쨌든 간에 하나의 영화를 찍는 것, 장편영화 하나를 찍는 것 자체가 굉장히 어려운 일이라고 대부분의 영화인들은 말할 것입니다. 왜냐하면 굉장히 복잡한 일이니까요. 하나를 찍고 또 하나를 찍고 계속 찍어도 역설적으로 여전히 매우 어렵다는 느낌을 받습니다.

핍 초도로프: 감독님께서 "먹고 살기 위해 영화를 만들 필요가 없어진다면, 영화를 그만 만들 것이다"라 말씀하셨는데.

필립 가렐: 그렇게 생각한 지 아주 오래되었어요.

카롤린 데루아스: 나는 그 말 전혀 믿지 않아요.

필립 가렐: 그렇게 생각하기 시작한 것은 한 35년, 34년 전부터입니다. 돈만 충분히 있다면 더는 영화 안 하겠다고 생각했죠. 정말이에요. 이걸 어떻게 설명을 드려야 할지. 어쩌면 한 10년 하고 그만둘지도 모르죠.

필립 아주리: 2년도 안 지나서 죽도록 지루해 하실 거예요.

필립 가렐: 아니에요.

필 초도로프: 만약에 윤택한 생활을 할 만큼 돈이 있었다면, 걱정 없이 원하는 영화를 찍을 수 있지 않을까요?

필립 가렐: 아니죠. 왜냐면 영화가 돈이 굉장히 많이 들어가거든요. 실제 생활비하고는 다른 차원이에요. 웬만한 부자도 자기 돈으로 영화는 못 찍죠. 자기 재산이 수십억은 있어야 해요. 진짜 돈이 많이 들기 때문이죠.

필 초도로프: 제라르나 저 혹은 요나스 메카스(Jonas Mekas) 같은 사람들은 영화를 찍으면서 살고는 있지만, 그것으로는 먹고 살 수가 없죠. 우린 젊었을 때부터 영화를 찍어온 거고, 영화를 하는 게 삶의 일부가 되었어요. 영화를 안 찍고 산다는 것은 상상할 수 없죠. 돈은 다른 문제입니다.

필립 가렐: 아, 이제 이해가 되는데, 그렇죠, 제가 교수로도 일하고 하니까. 영화만으로는 사는 데 충분하지 않기 때문에 강의도 하고 그러는데, 사실 돈이라고 하는 게 양날의 칼과 같죠. 위험하기도 하죠. 돈이 많게 되면 걱정거리가 많거든요. 왜냐하면 어떻게 돈을 관리할지 생각도 해야 되거든요. 저의 아버지가 너무 돈이 많은 게 좋은 게 아니니 그냥 생활할 정도만 있으면 된다고 말씀하신 게 저한테 영향을 미친 것 같습니다. 예술가라는 게 정말 대단한 건 아니지만, 다른 것은 더 끔찍하죠. 사실 저는 이 직업을 갖게 된 것이 운이 좋다고 생각합니다. 물론 치과의사보다 제가 돈이 없는 건 사실이죠. 맞아요. 사람들은 영화감독이라고 하면 매우 부자일 거라고 생각하지만, 그렇지만 대부분의 예술가들은 치과의사들보다 가난하죠.

필 초도로프: 치과 치료비 대신 작품으로 계산하는 예술가도 많아요.

필립 가렐: 물론, 그렇죠. 그래서 예술가는 정말 어려운 직업입니다. 삶이 쉽지 않아요. 아주 드라마틱한 삶을 살 작정을 한 사람들만 예술가가 될 수 있습니다.

김은희: 지난 19일에 아주리도 언급했지만 〈비밀의 아이〉 이전과 이후로 우리가 많은 이야기를 하는데 감독님이 지난 번 인터뷰 때도 말씀하신 것처럼 소수의 시네필만 와서 이 영화를 보는 게 아니라 좀 더 많은 관객들과 공유하고 싶은 이유가 어쩌면 이 영화가 내러티브를 도입한 작업이기 때문인 것은 아닐까 생각합니다. 잠깐 분위기 전환을 위해서 〈비밀의 아이〉 영화의 클립을 보는 게 어떨까 싶어요. 안느 비아젬스키라는 여배우가 나오는 장면인데요. 잠깐 보시고 다시 이야기를 시작하도록 하겠습니다.

(비디오 클립 감상 후)

굉장히 멜랑콜리한 장면일 수도 있는데 이번 전시에서 소개되고 있는 작품이죠. 〈그녀는 조명등 아래서 그토록 많은 시간을 보냈다…〉라는 작품도 그렇고 〈더 이상 기타 소리를 들을 수 없어>도 마찬가지인데, 배우의 연기가 문제가 아니라 감정, 정서를 이렇게 침묵 속에서 보여주는 게 정말 아름답게 느껴집니다. 감독님 영화와 관련된 변화가 물론 경제적인 이유 등 여러 가지가 있겠지만 어쨌든 이 변화가 변질이 아니라 원래부터 만들고자 했던 것을 좀 더 깊게 발전시켜나가는 과정이라는 생각이 들거든요. 그런 의미에서 관객 분들도 질문이 있지 않을까. 여기에는 초창기 작품부터 신작까지 보신 관객 분들도 꽤 많으실 것 같아요. 관객 여러분들에게 질문을 받아보는 것도 좋을 것 같습니다.

관객: 영화 굉장히 잘 봤고 좋은 영화를 미술관에서만 볼 수 있어서 굉장히 아쉽다고 생각이 듭니다. 개인적으로 궁금한 게 두 가지 정도가 있는데, 첫 번째는 대부분의 영화를 흑백으로 촬영을 하셨는데, 흑백이라는 포맷을 선택하시는 기준이 단순히 개인적인 철학 때문인지 아니면 내러티브와 관련된 부분 때문에 흑백을 선택하신 것인지 궁금하고, 두 번째는 아까 바로 전에 말씀하신 것처럼 작가주의 영화를 찍는다는 게 금전적으로 굉장히 어렵잖아요, 한국이나 프랑스나. 그럼에도 불구하고 필름이라는 포맷을 아직까지 유지하시는 것에 대해서 되게 궁금해요. 한국에서는 2009년 이후로는 제가 알기로 장편영화는 더 이상 필름으로 제작되지 않는다고 알고 있는데 어려움에도 불구하고 필름을 고집하시는 이유와 디지털에 대한 생각은 어떠신지, 예를 들어 고다르 같은 경우도 디지털이라는 매체를 굉장히 잘 활용하고 있잖아요. 디지털 관련해서 감독님의 생각과 필름을 고집하시는 이유와 흑백이라는 포맷이 선택되는 기준이 어떤 것인지 알고 싶습니다.

필립 가렐: 흑백영화를 찍는 이유는 제가 화가이고 싶었기 때문입니다. 더 구체적으로 말씀 드리면 사실은 회화보다 데생 작품을 좋아합니다. 저는 어떤 영화학교도 다니지 않았어요. 하지만 저는 어린이들을 위한 장식미술학교, 그러니까 루브르에 가시게 되면 그런 학교가 있거든요. 장식미술학교에서 공부를 했습니다. 15세 미만의 아이들을 위한 워크숍이 있었는데, 제가 거기에 참여했었습니다. 그래서 제가 어렸을 때는 목탄화를 그리는 것을 좋아했었습니다. 그 경험을 그대로 가지고 영화를 하게 되었죠. 저는 스케치하는 것과 고무수채화 작업을 하는 것은, 영화로 따지면 흑백영화와 컬러영화라고 생각합니다. 그 다음에 이제 두 번째 질문에 대한 답을 드리자면 경제적인 이유도 있지만 사실 좀 전에 경제와 영화계라고 하는 것, 그리고 예술 분야라고 하는 것이 연결되어 있다는 말씀을 드렸는데, 우선 아주 오랫동안 그 흑백영화 필름은 사실 칼라필름보다 훨씬 저렴했거든요. 그런데 필름 가격만이 아니라, 예를 들어 <인 더 섀도우 오브 우먼>에서 여성들은 전혀 화장을 하지 않았습니다. 저는 여배우들에게 부탁을 드렸어요. 화장하지 말고 오시라고. 물론 저는 분장사도 없고, 배우들이 직접 화장을 하지도 않았어요. 사실 피부색 때문에 흑백이 아닌 작업을 했다면 어쩔 수 없이 화장을 시켰어야 될 거예요. 그런데 사실 흑백영화를 찍게 되면 훨씬 더 경제적이죠. 화장시키지 않고 분장사 없이도 영화를 찍을 수 있죠. 그리고 어디서든 찍을 수 있습니다. 만약에 오늘 저녁에 35mm 카메라를 가지고 와서, 촬영을 여기를 촬영하겠다고 하면, 저는 동의할 것입니다. 단, 흑백으로 찍는다면. 저는 색채 관련해서 특별한 취향이 있습니다. 예컨대 저는

저기 저 빨강색이 맘에 안 들어요. 그런데 흑백으로 찍게 되면 그것도 표시가 나지 않거든요. 저는 ▨▨▨▨ 같은 경우에 영화감독 중에는 고다르 같은 분은 색채미학에 아주 관심이 많으시고 안토니아니라든가 이런 감독들도 그랬거든요. 그런데 거장 감독들 중에 파스빈더(Rainer Werner Fassbinder) 같은 경우에는 색채와 관련해서 전혀 미학적이지 않은 영화를 찍죠. 그는 색깔에 무관심하고 다른 부분에 신경을 쓰니까요. 그러니까 아무튼 흑백영화를 찍게 되면 정말 경제적입니다. 아까 말씀드린 것처럼, 경제적인 이유로 한꺼번에 찍어야 되기 때문에 어디서든 찍을 수 있는 거죠. 그런데 색채 이유로 어떤 특정 계단에서 찍고 어떤 특정 살롱, 어떤 특정한 길에서 찍고 이렇게 되면, 시간과 비용이 훨씬 많이 소요됩니다. 흑백으로는 가장 가까운 호텔이라든가 바로 밑 골목이든, 바로 여기가 되었든, 아무데서든지 찍을 수 있거든요. 경제적인 이유로 흑백으로 찍기도 하고, 또 제가 특히 흑백영화를 선호하기도 합니다. 또 좀전에 제가 들은 바로는 2009년부터 한국에서는 장편영화를 필름으로 찍는 분도 없고 현상소도 없어 일본에 현상을 맡긴다는데요. 프랑스 같은 경우 아직도 몇몇 영화감독들이 아직도 필름을 가지고 작업을 해요. 그런데 현상소가 없어지게 되면 문제죠. 현상소 딱 하나가 아직 있는데, 사정이 좋지 않다고 해요.

핍 초도로프: 흑백은 현상소 하나뿐이지만, 컬러일 경우에는 아직도 한 서너 개의 현상소가 있습니다.

필립 가렐: 네, 흑백의 경우에는. 저 같은 경우 왜 디지털 촬영을 하지 않냐면, 옛날에 예를 들면 〈처절한 고독〉 같은 경우에 제가 촬영도 했거든요. 그래서 35mm 카메라 사용하는 법도 잘 알고, 35mm 편집 테이블 사용법도 잘 압니다. 그래서 딱히 새로운 기계를 어떻게 사용하는지 배우고 싶지 않습니다. 디지털 카메라가 어떻게 작동하는지, 어딜 눌러야 촬영이 시작되고, 어딜 눌러야 멈추는지 배우고 싶지 않습니다. 몇 년이 걸리거든요. 디지털 기계가 주는 불확실성이 너무 싫습니다. 그래서 안하게 되는 거죠. 그러다 보니까 저는 아날로그식 35mm로 계속 작업하는 거죠. 그리고 만약 프랑스에서 더 이상 35mm를 현상해주는 곳이 없게 되면 더 이상 안 찍죠, 뭐. 물론 디지털로도 멋진 영화를 찍을 수 있죠. 그런 문제가 아니에요. 아까 말한 〈가장 따뜻한 색 블루〉도 디지털 영화고, 자무쉬 (Jim Jarmusch)의 최근 작품 〈오직 사랑하는 이들만이 살아 남는다 (Only Lovers Left Alive)〉도 멋진 디지털 영화죠. 하지만 저 같은 경우에는 아마도 그렇게 하기 위해서는, 디지털 기계를 이해하려면 정말 많은 노력을 해야 될 것 같습니다. 그런데 촬영은 촬영감독에게 맡기고, 편집은 편집기사에게 맡기고, 이렇게 요즘 찍는 방식이 매우 좋습니다. 저도 직접 할 줄 알지만. 그러면 편집과 촬영에 대한 태도 자체가 바뀌더군요. 그리고 또 한편으로는 제가 벌써 67세이거든요. 그래서 디지털 세계와 같은 경우에는, 제 동생이 예술가는 아닌데 핸드폰도 없고 컴퓨터도 없어요. 그런데 뭐 때문에 제가 디지털 카메라를 사겠습니까? 그리고 그 디지털 카메라를 가지고 편집하려고 애를 쓰겠습니까? 그것들은 제가 다룰 줄 모르는 기계거든요. 사용법을 배우려고 한 적도 없고. 별로 중요한 일 같지도 않아요. 왜냐하면 다행히도 저희가 아날로그로 작업을 해놓게 되면 이제 디지털로 복사해서 보실 수 있었잖아요. 제 작품 다 그렇게 보고

계시지 않습니까? 35mm로 제가 작업했는데 여러분들 다 디지털로 복원해서 보고 계시잖아요. 그리고 또 흑백에 대해서 보면 한 가지는 흑백으로 작업하시는 분들도 있으신 것 같아요. 디지털 카메라 같은 경우에 한동안은 완전히 더 이상 흑백영화가 없었는데 요즘에는 디지털이 등장하면서 다시 흑백으로 찍으시는 분들이 많아지신 것 같아요. 20년 전만 해도 흑백영화가 정말 없었어요. 시네마테크 프랑세즈의 관장님이 언젠가, "흑백영화는 사라질 수 없다. 왜냐하면 영화는 흑백으로 발명되었기 때문이다"라고 했습니다. 기원을 잃을 수는 없으니까요. 예를 들어 화가들 같은 경우에 아크릴로 그림을 그리기 시작했을 때 누구나 다 아크릴로 그림을 그리기 시작했지만 그렇다고 유화가 사라진 것도 아니잖아요. 지금도 여전히 화방에 가면 유화물감을 팔잖아요. 그런 것처럼 계속 변화하지 않는 것이 있습니다. 영화와 같은 경우에 진보가 없다고 말씀드렸죠. 예술이기 때문에 그래서 예술은 진보하지 않는다고 말씀드렸는데, 기계가 영화 예술에 진보를 가져다 줄 수 없습니다. 예를 들면 루이 뤼미에르의 영화나 오늘날의 영화나 사실상 다를 바가 없습니다. 우선 저는 흑백으로 촬영하는 것을 선호합니다. 그리고 왜 35mm를 고집하느냐면, 제가 잘 다룰 줄 알고, 잘하는 도구를 사용해 만들고 싶기 때문이고요. 물론 제가 직접 촬영하는 게 아니더라도. 그런데 만약 제가 영화를 가르치는 선생이라면, 오늘날 젊은이들에게 35mm로 영화를 찍으라고 가르치진 않을 거예요. 작은 디지털 카메라를 가지고 찍어보라고 얘기를 하겠죠. 그 대신 시나리오는 많이 작업 해야 한다, 시나리오가 아주 멋져야 되고, 아주 많은 연구가 된, 그래서 정교해야 된다고 이야기할 것입니다. 그리고 또 배우와 함께 많은 작업을 해야 한다고 이야기할 겁니다. 여러 가지 상황이나 대화를 정확하게 잘 연기할 수 있는 배우와의 작업이요. 그리고 그것을 조그마한 아마추어 디지털 카메라로 찍으면, 그걸 나중에 블로우업을 하면 된다고요. 연기가 좋고, 시나리오도 말이 된다면, 십만여 명 혹은 수만 명의, 디지털로 작업하는 전 세계 사람들에게 주목을 받게 될 것입니다. 회화 작품도 마찬가지죠. 평균 이상의 작품을 만들어내는 것이 중요하죠. 아주리가 말한 것처럼 조금 전에 제가 영화사에서 쓰다 남은 필름을 주워다 썼다고 했잖아요. 카메라가 35mm 같은 경우에는 촬영 중에 필름이 부족할까봐 다 쓰기 전에 필름을 갈아 넣어서, 여유분이 남게 되는 거죠. 그걸 주워서 제가 영화를 찍었는데, 그런데 지금은 그런 게 가능하지 않죠. 35mm로 촬영하는 사람이 훨씬 적으니까요. 어떤 독자적인 방법론이 아니라, 제 상황에 따른 방법론인 거예요. 35mm로 계속 찍어도, 상영되기 위해서는 디지털로 바뀌거든요. 그래서 학생들에게는 계속해서 그런 식으로 작업하라고 하진 않습니다. 이제는 단지 연기가 잘 되어야 하고, 시나리오도 매력적이어야 한다고 얘기를 할 겁니다. 그리고 다른 기술적인 것은 그냥 가장 단순하게 하라고 할 겁니다. 이야기가 재미있고, 연기가 좋으면 사람들이 알아볼 것이니까요. 수백만 개의 이미지가 요즘에 매일 촬영되고 있지 않습니까? 그런데 이것들이 뭔가 이상하다면, 만든 사람이 딱히 할 이야기가 없거나 연기가 잘못되어서 그런 것이에요.

필 초도로프: 덧붙이자면, 35mm 흑백영화는 디지털보다 훨씬 더 쉽게, 더 오래 보존될 수 있기도 해요. 하드디스크나 자기디스크는 내구력이 훨씬 떨어지고,

15년 뒤에는 파일이 읽히지 않을 수도 있거든요. 하지만 35mm 흑백필름은 100년, 200년도 살아남을 수 있어요. 그래서 디지털로 촬영을 했다고 해도, 보존을 위해서는 35mm 프린트로도 만들어야 해요.

필립 가렐: 35mm 필름이 사라질 것 같진 않아요. 문제는 현상소들이 없어질 것 같다는 것이죠. 한국 같은 경우에는 현상을 위해 일본으로 넘어가야 된다는 얘기가 나왔잖아요. 35mm 영화는 계속 존재할 것이며, 보존도 35mm 필름으로 될 것입니다. 35mm 필름은 복원도 가능하지만, 디지털은 그것도 힘들어요. 그런데 영화감독들이 만약에 네가 필름을 가지고 현상소 작업을 위해 여러 나라를 가야 된다면, 이게 너무 어렵고 비용도 많이 들고 위험하잖아요. 그래서 실용적인 차원에서 35mm 현상소는 있어야 된다는 겁니다. 모든 나라에서 이게 가능할 것 같진 않아요. 할리우드에서도 35mm로 제작하는 감독들이 있고, 광고 감독도 촬영은 35mm로 하고, 디지털로 변환하는 경우가 많거든요. 35mm 작업의 시장 문제이고 공급 문제입니다. 전 세계적으로 이 작업을 가능하게 하는 현상소들이 있지 않으면, 상황이 조금 복잡하겠죠. 그런데 저는 평생 동안 35mm 카메라로 제작했고 영화를 찍었는데 지금 제가 이 방법을 바꾸지는 않을 겁니다. 요즘 세대의 감독이 20살이며 영화를 찍고 싶다면 디지털 기술은 기회에요. 디지털 카메라를 이용해서 아마추어로 쉽게 촬영을 하고 찍을 수 있으니까 비싸지도 않고 카피도 편하게 해서 상영시킬 수 있죠. 제가 35mm를 고집하는 것은, 과거에 대한 일종의 향수 때문이 아니라, 그냥 제 상황에 따른 것이에요. 제 나이와, 제가 하고 싶어 하는 이야기, 제가 가지고 있는 기술적 노하우 때문이죠. 35mm가 제게는 더 실용적이에요. 디지털에 원칙적으로 반대하는 게 아니라, 그냥 제 개인한테는 35mm가 맞다는 거죠.

김은희: 그러면 프랑스에서는 극장에서 35mm 영사기로 트는 극장들이 많이 있는 건지. 예를 들면 이번 전시의 경우에도 중고 영사기를 살 수밖에 없었거든요. 35mm 영사기 생산이 중단된 지 좀 됐고, 이탈리아에 공장이 한 군데가 있다는 이야기는 들었는데 35mm로 찍고 싶지만 많은 극장에서 35mm 영사기로 상영을 하지 않는다는 게 현실이 되었기 때문에 실용적인 이유로 볼 때에도 결코 쉽지는 않은 작업이 된 것 같습니다. 현상비도 굉장히 비싸잖아요. 이번에 저희 35mm 영사하는 전시 작품만 봐도 현상비가 예전에 비해서 굉장히 비싸졌거든요.

필립 가렐: 필름 영사기가 디지털 영사기보다 더 심플하고 더 싸죠. 왜냐하면 디지털 같은 경우는 계속 새로운 것 구입해야 하고 업그레이드를 해야 하는데, 35mm는 지난 50년간 바뀐 게 없어요. 필름 영사기는 별 기계적 변형 없이도 수십 년간 잘 작동하죠. 그런데 디지털 프로젝터들은 조금 더 손상되기가 쉽고, 프레이밍 하는 것도 더 복잡하죠. 디지털 기술이라는 게 매우 불안정한 거예요. 제 입장에서 중요한 것은 오래된 기술이 요즘 자본주의화 체제와는 연관이 안 되어 있는 것 같다는 것입니다. 디지털 프로젝터와 디지털 카메라들의 제조사들은 이익을 내기 위해서 많이 팔아야 되잖아요. 중고 필름 카메라나 필름 영사기를 구해 쓰면, 이윤 창출도 없고, 자본주의 원리가 배제가 되어 있죠. 언제든지 필름 장비들은 쉽게 찾을 수 있고 살 수가 있죠. 이 장비들로 찍은 영상의 품질도 상당히 좋고, 이 좋은 퀄리티의 영상을

디지털로 변환할 수 있고, 특히 미래의 다른 디지털 포맷, 예를 들어 4K, 8K나 16K 같은 포맷으로도 변환이 가능하다는 거예요. 우리는 언제나 필름으로 회귀할 수 있는 것이고, 언제나 원천은 필름이라는 거죠.

유운성: 저는 루이 가렐에 대해서 질문을 드리고 싶습니다. 영화를 만들 때 경제적인 부분을 고려해야 된다고 말씀하셨는데 혹시 그런 이유에서도 루이 가렐을 감독님의 영화에 계속 출연시키는 건지. 또 하나는 어렸을 때부터 루이 가렐을 계속해서 감독님의 영화에 출연을 시키셨잖아요. 그것은 어떻게 보면 예술에서 진보나 진화가 없다고 말씀하셨는데 어렸을 때의 루이 가렐의 모습과 청년기인 지금의 모습을 담는 데서 오는 즐거움이 또 있으신지 질문드리고 싶습니다.

필립 가렐: 사실 처음에는, 아이가 있기 전에는 아버지와 함께 촬영을 했습니다. 그래서 아버지와 함께한 영화 중에 〈밤에는 자유〉라는 제가 자랑스러워하는 영화가 있었습니다. 아버지가 이 영화에 출연하셨습니다. 저는 항상 가족과 함께 작업하는 것을 좋아했습니다. 누군가는 저에게 서커스나 다른 분야에서는 가족들이 같이 일을 하지만 영화 쪽에서는 그런 경우가 거의 없다고 하더군요. 마흐말바프(Mohsen Makhmalbaf) 가족도 저 같은 경우이기도 해요. 모흐센 마흐말바프와 그의 딸 등이 모두 영화를 하죠. 남자 감독들이 사랑하는 연인과 촬영을 하는 게 더 흔한 경우죠 그런 경우는 매우 많았죠. 그래서 가족과 함께 작업을 하는 것은 어떻게 보면 영화 촬영을 일상생활과 분리되지 않는 시간으로 만드는 방법의 하나가 될 수 있습니다. 아이들 있는 분들은 아시겠지만, 또 일단 아이들을 다 키운 다음에 어른이 되면 우리 자주 못 만나잖아요. 어른이 된 자식과 촬영을 하면 자주 만나게 될 수 있죠. 삶이라는 현실적 측면에서 이런 부분이 있는 것이죠. 루이의 경우를 이야기를 하자면, 제 아버지가 돌아가셨는데, 제가 촬영한 영화에서 할아버지와 손주 역할로 아버지와 루이가 나왔었는데, 이게 어떻게 보면 가장 예술적인 순간이었던 것 같습니다. 자기 가족을 생각하는 사람으로서 제 자신이 가장 예술적으로 느껴지는 순간이었어요. 〈평범한 연인들〉과 〈뜨거운 여름〉에 제 아들 루이와 아버지 모리스가 함께 출연을 했거든요. 나중에 아버지는 돌아가셨고, 요즘은 제 아들 루이와 영화 촬영을 자주하고, 루이보다 좀 어린 제 딸 에스테르(Esther Garrel)와 촬영을 합니다. 〈질투〉에는 루이와 에스테르가 같이 나왔어요. 피카소가 자식들을 그렸을 때 느꼈던 즐거움을 제가 느낀 것 같아요. 내 아들과 딸이 내가 준 대사를 가지고 내 팀과 함께 내 앞에서 내 카메라 앞에서 연기를 하고 있구나, 영화를 촬영하고 있구나, 그러면서 아주 뿌듯한 예술가의 느낌을 갖게 되었습니다. 사실 루이가 저를 많이 도와준 것 같아요. 경제적인 문제가 있어서 영화 촬영을 더 이상 못한다면 아마 루이에게 네가 주인공 안 되겠니 하면 제작사나 투자자를 루이 덕분에 찾을 수 있을 것 같아요. 어떻게 보면 아들 덕분에 제가 영화감독으로서 계속 일할 수 있게 되는 것이 아닌가라는 생각이 듭니다. 제 아들이 프랑스에서 저보다 훨씬 더 유명하거든요. 어떻게 보면 루이가 저를 도와주는 셈이에요, 제가 루이를 도와주는 게 아니라. 그래서 영화를 제가 계속할 수 있도록 아들이 저에게 도움을 주는 것 같습니다. 그리고 왜 아들이나 아버지나 가족과 함께 촬영을 하는지, 혹은

어떤 감독들은 왜 자신의 부인과 또 작업을 많이 하는지에 대해서 말하자면, 저희 세대 같은 경우에는 스펙터클에 대한 비판적인 시선이 참 강했습니다. 상황주의자들은 스펙터클을 뒤집어진 삶이라고 여겼죠. 스펙터클은 가짜 삶이라고. 짐 모리슨(Jim Morrison)의 시를 아시는지 모르겠어요. 도어스(The Doors)의 리드 싱어이고, 오래 전에 죽은 짐 모리슨이요. 그가 쓴 글 중에 상황주의자들의 생각과 비슷한 이야기를 한 글이 있어요. "우리는 산 위에서 춤을 추는 인간 부족이었는데, 이제는 컴컴한 방에서 가짜 인생을 화면을 통해 볼뿐이다"고. 맞는 말이죠. 상황주의자의 비판과 유사하죠. 스펙터클이라는 가짜 인생을 그저 바라보는 관객으로 전락한 것이죠. 그런데 저희 세대에서는 이런 상황주의적 비판의 영향이 강했기 때문에 저는 영화를 하면서도 때로는 거부감도 있습니다. 배우들을 좋아하지만, 배우들과 작업을 하는 것은, 제가 아까 기자 분에게도 그 얘기를 했는데, 앵그르의 초기작과 비슷하다는 생각이 들어요. 그의 작품을 보면 자기가 정말 좋아하는 여성들을 그렸을 때와 주문을 받아서 돈을 벌기 위해 귀족들을 그린 그림의 차이를 느낄 수 있습니다. 저도 배우와 작업을 할 때 제가 애착을 갖고 있는 아들, 아버지, 또는 딸이나 아니면 제가 사랑했던 연인들과 촬영하는 것이 아닐 때는 마치 제가 주문받아서 초상화를 그리는 듯한 느낌이 가끔은 들거든요. 그래서 이 상황주의자들의 비판처럼 저는 그런 느낌이 좀 듭니다. '이건 가짜 인생이다'라는 느낌이 있어요. 촬영을 하기 위해 아들과 약속을 잡으면, 촬영 이전에 우선 아들과 약속을 잡은 것이거든요. 진짜 삶인 거죠. 이 영화가 현실과 괴리가 있는 게 아니라 진짜 현실이라는 느낌이 들거든요. 그래서 제가 아들을 자주 제 영화에 쓰는 것 같아요. 제 부인 카롤린은 영화감독이고 시나리오를 쓸 줄 알거든요. 그래서 카롤린과 작업하다보면 제 일과 삶이 자연스럽게 섞이게 되는 거죠. 그래서 시나리오에 나오는 대사나 그 내용이 무의식에서 나오는 내용도 들어가겠지만 정말 저랑 가까운 사람과 작업을 하면서 제 인생의 일부를 찍는 듯한 그런 느낌이 든다는 겁니다. 서커스도 그래요. 서커스단도 전통적으로 가족 단위로 일을 하잖아요. 서커스단을 보면 가족의 누구는 곡예를 하고, 누구는 광대를 하고, 또 그 형제는 조련사를 하고 그렇잖아요. 가족이 함께 작업하는 건 정상적인 일이에요. 제가 인터뷰할 때도 그 얘기를 했는데, 스펙터클을 대하는 태도랑 다르다는 거죠. 인터넷을 보면 누구누구 아들로, 누구누구 딸로 연기를 한다면서 손가락질 하면서 비난을 하는데 서커스단은 안 그렇거든요. 당연하게 생각을 하고 가족 단위에서 곡예사나 광대나, 아니면 조련사 역할들을 하거든요. 누구의 아들이라는 게 문제가 안 되거든요. 그래서 저도 그렇게 느낍니다. 아티스트의 아들이 당연히 아티스트가 되어야죠. 부당한 특혜 같은 게 있는 게 아니에요. 루이하고 작업을 하는 것은 이런 내면적 논리에 따른 겁니다. 그렇게 작업하는 것이 즐겁고, 가짜 인생 없는 작품을 하는 방법인 것 같아요. 진짜 인생의 무언가를 간직한 작품이 되는 것이죠.

필립 아주리: 조금 전에, 그러니까 1983년에 찍었었던 〈밤에는 자유〉라는 영화에 대한 이야기를 하셨는데, 영화 마지막 부분에, 제 생각엔 당신 작품 중 가장 아름다운 장면이라 할 수 있는 장면이 나옵니다. 60여 세 된 감독님의 아버지가 나오는 장면인데, 매우 정숙하면서도 관능적으로 촬영되었어요. 당신의 영화가 모두 정숙하긴

합니다만. 이 장면은 아버지가 젊은 여자와 침대에 있는 장면인데, 이런 게 참 당신 영화의 멋진 부분 같습니다. 우선 그 남자는 당신의 아버지입니다. 동시에 이 쇼트를 보면 한 남자와 한 여자를 보는 것이죠. 마치 남성하고 여성을 처음으로 본 것처럼 보게 됩니다. 그런데 지금 배우라든가, 그 영화 속 인물 아니면 감독님의 아버님을 보는 게 아니라, 한 남자와 한 여자를 보거든요. 어떻게 설명을 해야 할지 모르겠는데. 어떻게 이 장면을 찍었는지 참 궁금했습니다. 아버지한테 "여기 있는 나체의 여성과 함께 침대에 누워계세요"라고 요청하셨을 텐데. 매우 기묘하고, 뭔가 영화를 벗어난 무언가가 여기서 작동하는 것 같거든요.

필립 가렐: 아, 네. 그 장면 찍던 것 생각납니다. 아이들이 있는 사람들이 어떤지에 대해서 아실 거예요. 사실 꼭 영화감독이어야만 이해할 수 있는 게 아니죠. 예를 들어서 아이가 있을 경우에, 특히 남자친구, 여자친구에 대해서 아이들과 이야기할 때가 있죠. 그렇게 되면 사랑이 무엇인지에 대해서도 이야기하게 되죠. 누가 남자친구니, 요즘 누구를 만나고 있니, 누가 너를 버렸니, 왜 지금 슬픈 거니 하는 그런 얘기를 하게 되죠. 그럼 우리가 굉장히 순수한 방법으로 사랑에 대해서 이야기하게 되죠. 그런데 만약에 영화를 찍게 되는 촬영장이라고 한다면, 사랑에 대해서 찍게 된다면, 제가 보통 그런 영화를 많이 찍지 않습니까? 그러면 여러분이 어떤 각도에서 사랑을 이야기하는 방식이 드러나게 됩니다. 교육의 측면에서 말씀드리는 거예요, 예술로서가 아니고. 그러니까 여기서는 실제 사랑에 대해서 이야기하게 된다는 것입니다. 실제 사랑을 이야기하는 경우는 사실 드물어요. 부모님이나 친한 친구들하고 정도나 얘기를 할 뿐이죠. 그 외의 사람들과 사랑을 얘기할 때는, 보통….

필립 아주리: 솔직하게 이야기기하지 않죠.

필립 가렐: 네, 맞아요. 털어놓고 얘기하지 않아요. 가족과 작업하면 일종의 금기들이 있기는 해요. 예를 들어 아들과 작업하는데 아들의 육체 관계 장면을 찍지는 못하죠. 일종의 근친상간 같은 느낌이 들 수 있거든요. 그런데 제가 아들과 영화를 찍게 될 때에는 실제 사랑에 대해 이야기를 하게 됩니다. 너는 무슨 역할을 어떤 여배우랑 할 거야, 라고 이야기를 합니다. 가족과의 작업에는 성애 장면과 같은 금기가 개입하죠. 예를 들어서 〈인 더 섀도우 오브 우먼〉이라는 영화는 아들과 찍었다면 그렇게 못 찍죠. 저는 굉장히 정숙한 장면들을 주로 찍는 편이고, 사실 성애 장면 같은 걸 적나라하게 찍지는 않지만. 보통 그런 때는 생략 편집을 하죠. 하지만 남자 주인공이 따로 애인도 있는 자기 부인한테 "너 그 남자랑 이렇게 섹스했던 거야?"라고 묻는 장면이 있는데, 그런 대사를 아들에게 하라고는 못하겠죠. 정말 불쾌할 거예요. 왜냐하면 일종의 근친상간적 상황이 되는 것이거든요. 그래서 모든 육체적인 걸 찍지 못하게 되죠. 모든 육체적 사랑에 대한 재현을 못하게 됩니다. 아버지나 아들이랑 찍게 되면 그런 제약이 있습니다. 그러나 동시에 완전히 광적인 사랑, 정신적인 사랑에 대해서는 더 진실하게 이야기할 수 있습니다. 이런 종류의 사랑에 대해서 이야기할 수 있게 됩니다. 육체적인 면은 잃어버리지만 정신적인 면에서는 우리가 얻는 것이 있다고 할 수 있는 거죠. 그래서 〈인 더 섀도우 오브 우먼〉을 아들과 작업할 수 없었죠. 왜냐하면 이 영화는 육체적 배신에 대한 영화이기 때문이죠. 아버지와는 사랑에 대한

이야기는 할 수 있어도, 섹슈얼리티에 대해서는 이야기할 수 없죠. 섹슈얼리티는 각자 개인의 일일 뿐입니다. 그래서 아버지하고는 그런 얘기를 나누지는 않습니다. 가족이랑 영화를 찍는다는 것은 어떤 종류의 영화를 찍을 수밖에 없다는 제약이 있는 건 사실입니다. 그러나 금지된 것만 있는 것은 아닙니다. 어떠한 면에서는 신성화되는 것도 있습니다. 예를 들면 특히 사랑의 정신성에 대해서 다룰 수 있게 되죠. 물론 육체적인 면은 배제하고 찍게 되겠죠.

김은희: 서서히 배가 고파지는 시간이라 시간이 많이 지난 것 같긴 한데요. 관객 분들 질문 있으신지?

관객: 오늘 영화 〈인 더 섀도우 오브 우먼〉를 잘 봤습니다. 보통 우리가 알고 있는 누벨바그 영화에서는 심리적인 묘사가 들어가고 대개 끝부분에 가서 물음표로 끝나는 경우가 많은데 이번에 조금 확실한 답이 나오는 것 같아서 의외라고 생각했습니다. 장면들이 마치 음악으로 치면 이중주처럼 잘 조화를 이루는 것이 인상적이었습니다. 그리고 시나리오가, 감독님이 50년 동안 영화를 하시면서 농축된 미니멀한 짧은 대사가 굉장히 인상 깊었다고 말씀드리면서 두 가지만 질문하도록 하겠습니다. 21세기에는 문화를 주도하는 사람이 큐레이터와 영화감독이라는 말이 있는데, 선생님께서는 왜 영화감독을 하시는지 여러 가지 많은 말씀을 하셨지만 한 번 더 말씀을 해주시구요. 두 번째는 리비도를 예시로 하는 것, 그건 모든 영화에서 공통적인 것 같은데, 선생님께서는 굉장히 차원이 높은 예술적 시도를 하신 것 같은데 앞으로는 어떤 식으로 리비도에 대한 예술화가 이루어질 것으로 예상하시는지 말씀해주시면 감사하겠습니다.

필립 가렐: 통역에서 이해 못한 것이 하나 있는데, 큐레이터(curator)가 뭐죠? 아, 그 미술관 큐레이터(conservateur)군요. 네. 역사가 조용해질 때, 역사적인 일들이 더 이상 일어나지 않고, 그래서 예술이 그 중요성을 잃게 될 때, 그러면 미술관장과 큐레이터, 영화감독이 결국은 인간사의 정신적인 것에 대한 권한을 갖게 되는 것이냐는 질문인 것 같은데, 맞는 것 같아요. 하지만 어떻게 보면 예술은 역사의 적입니다. 예를 들어서 프랑스에 있었던 최근의 사태 들으셨죠? 11월 13일에 있었던 사태. 그때 개봉된 영화들은 다 망했습니다. 왜냐하면 아무도 영화관을 안 갔으니까요. 그때 개봉한 영화들 감독들은 모두 다음 영화나 만들자고 떠나버렸죠, 영화들이 모두 망해서요. 어떻게 보면 역사가 너무 지배적인 시기가 있을 때도 있고 어떤 때는 역사가 침묵할 때면 예술에 힘이 생깁니다. 그래서 큐레이터나 영화감독들은 이럴 때는 힘을 갖게 되죠. 저도 그렇게 생각합니다. 그런데 역사적으로 모든 게 너무 조용해지면 안 되겠죠. 중요한 역사적 사건이 터지면 예술이 사소한 것처럼 보일 때가 있는데 역사가 침묵할 때는 예술밖에 남는 게 없어요. 대학에서 학생들은 예술을 배우고, 사람들은 퇴근 후에 이런 저런 예술을 향유하고, 특히 영화를 보러 가고 그렇게 되는 것 같아요. 맞아요, 그런 것 같아요. 예술은 제가 예술가가 되기로 결정하고 난 다음에 21살이 되어, 역사 대신에 예술을 선택했음을 깨달았습니다. 맞는 얘기인 것 같아요. 예술가가 사회에서 갖는 어떤 권력이라는 것이 있죠. 그 다음에 질문하신 것은, 그러니까⋯ 이제는 특수 안경을 쓰고 버추얼 섹스까지 가능해진

시대가 되었죠. 리비도와 관련해서라면, 이런 일들이 벌어지고 있죠. 그런데 그건 차라리 포르노의 발전 형태겠죠. 그러면 프로이트 같은 사람은 어떤 성적인 태도나 행동이 이렇게 될 수밖에 없고, 또 어떤 종의 진화론적인 입장에서는 이런 원칙이 있다고 하는 틀을 만들었죠. 그러면 영화가 기여할 수 있는 것은 무엇일까 하는 질문인가요? 아, 어떤 진전이 가능할 것인지라는 질문이군요. 버추얼 섹스 같은 포르노의 영역 외에서요. 어떤 진전이 가능할지라는….

관객: 차원 높은 예술로 발전할 수 있는 전망을 말씀해주실 수 있나요? 제 취지는 지금 말씀하시는 것과는 방향이 다릅니다. 프로이트는 성이라는 새로운 신대륙을 발견했잖아요. 동양에서는 원래 컬러라는 뜻이 섹스라는 의미를 가지고 있거든요. 동양도 역시 마찬가지로 프로이트 못지않게 모든 예술의 기본에는 성에 대한 리비도가 있다는 생각을 가지고 있어요. 그것을 어떻게 예술적으로 승화해서 보다 더 차원 높은 예술로 바꿀 수 있느냐 하는 것에 대한 아이디어가 있으신지 물어본 거거든요.

필립 가렐: 매우 어렵습니다. 교양 1년 과정으로 얘기해도 모자를 거예요. 당신 질문은 너무 어려워요. 마치… 왜냐하면, 저는 얘기하기를… 부인의 침대에서 위대한 남자는 없다고 이야기합니다. 부인의 침대에서 위대한 남편이 없다고 얘기하는 이유는, 저한테는… 프로이트 이론으로도 알기 복잡하거든요. 사람들은 프로이트의 성생활에 대해서도 많은 관심을 가졌죠. 성담론의 대가니까. 그런데 프로이트도 연인이 있었다는 걸 알게 되었고, 그 연인은 자기 처제였죠. 그래서 연구를 해보니까 이게 플라토닉 사랑이었어요. 처제를 사랑했지만 프로이트가 부인을 육체적으로 배신은 하지 않았어요. 플라토닉 사랑인 거죠. 그리고 또 연구로 밝혀진 것이, 그 당시에는 또 프로이트가 아이가 많았는데, 피임 방법도 없었기 때문에 37살부터 죽을 때까지 성 관계를 안 가졌습니다. 37살부터 죽을 때까지 전혀 섹스를 하지 않은 거죠. 프로이트가 자기 책에 이런 이야기를 쓰지는 않았죠. 프로이트를 연구한 학자들이 이런 사실들을 밝혀냈습니다. 부인의 침대에는 위대한 남자가 없다, 라는 건 이런 겁니다. 아인슈타인(Albert Einstein)이 조루증이 있었는지 아닌지 알 수 없잖아요. 이를 반증하는 증거도 없고, 증명하는 증거도 없잖아요. 섹슈얼리티에 대해 얘기하는 예술가들을 봅시다. 예를 들어 쿠르베(Gustave Courbet)의 〈세상의 기원(L'origine du Monde)〉이 있잖아요. 그걸 그릴 수 있다고 해서, 그가 자신의 부인에게 침대에서 완벽한 남자였다고 말할 수는 없잖아요. 프로이트나 어떤 천재라고 해서 그들의 성 관계가 보통 사람보다 더 균형적이리란 법은 없죠. 그래서 예술이 위대한 대가들로 인해서 만들어졌다면 그들이 부인의 침대에선 그렇게 위대하지 않을 수도 있다는 겁니다. 예술을 만드는 사람들은 건전하고, 그것을 보는 관객들은 불건전하다고 말할 수는 없지 않습니까? 그럼 그건 예술이 아니라… 종교죠. 저한테는… 굉장히 어려운 질문인 것 같습니다. 부인의 침대에서는 위대한 남자가 없다고 얘기를 하는 이유는 사실 완벽한 성생활을 하는 사람은 없다고 말하기 위해서입니다. 남자들 같은 경우는 조루증에 대해서 고민을 하죠. 체자레 파베세(Cesare Pavese)도 자기가 조루증에 시달린다고,

그래서 여자들이 다 자기를 떠난다고, 그리고 자기가 돈이 없어서 떠난다고도 했습니다. 그리고 성 불능도 있죠. 여성들의 경우에는, 물론 저는 남자라 잘 이해는 못해요. 그래도 들은 바로는, 질 중심적인 여성들과 클리토리스 중심적인 여성들 둘로 구분된다고 들었어요. 이러한 두 경향 사이에서 균형이 이루어지죠. 여성들은 여성들끼리 이렇게 생각하는 것 같아요. 이 클리토리스 중심적인 여성이 된다는 것은 남자로 치면 성불구자가 되는 것처럼 생각을 하는 것 같아요. 결국 예술가라고 해서 다른 사람들보다 더 나은 성생활을 하리라는 이유는 전혀 없는 것이죠. 그래서 예술이 남자와 여자에게 있어서 리비도의 균형을 가져올 수 있을까라는 문제는 너무나 복잡한 문제입니다. 왜 굳이 예술가가 이걸 할 수 있죠? 성적인 부분을 치료한다는 정신분석가들도 모두 균형 잡힌 섹슈얼리티를 가지고 있지는 않잖아요. 모든 인간에게서 다른 정도로 나타나는 잠재적인 성적 불균형이라는 문제를 예술을 통해서 우리가 해결하는 것은 어려운 것 같습니다. 저는 프로이트를 많이 읽었어요. 한 30권의 프로이트 책을 읽었습니다. 제가 읽은 거의 유일한 책이죠. 제가 초인도 아니잖아요. 저는 고다르의 영화와, 베리만의 영화의 팬이었습니다. 프로이트와 고다르 사이에 어떤 상관관계가 있다고 보고, 존재에 대한 그런 시각을 견지하는 영화를 만들려고 했습니다. 저는 상대적으로 성적으로는 균형적이라고 할 수 있을 거예요. 그래도 제 치과의사나 주치의보다 더 균형적이진 않아요. 이게 직접적인 상관관계가 있는 게 아니에요. 반대로 파베세(Cesare Pavese)의 작품 〈삶이란 직업(Le Métier de vivre)〉을 보면… 네, 체자레 파베세요, 이탈리아 작가입니다. 저희 할아버지 세대 작가이고, 죽은 지 꽤 된, 아주 위대한 작가예요. 자신의 섹슈얼리티에 대해 매우 솔직했습니다. 종종 여자들에 대해서 아주 악랄한 얘기를 했었어요. 왜냐하면 다 그를 떠났거든요. 죽기 전에 매우 유명해졌지만, 나중에는 자살을 했습니다. 여자들이 다 떠나가서 그랬죠. 자기가 성적으로 무능하고 가난해서 떠난다고 생각했어요. 그래서 종종 여성들의 속물성을 암시하곤 했죠. 자신의 글에 그런 것들을 썼는데, 그 자신이 일종의 고독의 순교자라고 생각했고, 그가 사랑에 빠진 여자들은 떠나가기만 했죠. 반면에 그가 가진 모든 문제들 때문에 그는 이것들을 극복하게 됩니다. 이전에 경제적 어려움의 극복이 예술에 도움이 되는가에 대한 이야기를 했습니다. 저는 마조히스트가 아니라 그렇게 보지 않는다고 얘기했었죠. 그러면 성적인 어려움이 성적인 균형만큼이나 예술에 기여하는 바가 있을까요? 가능한 것 같아요. 파베세의 경우에는. 그러면 어떻게 이런 측면에서 진보가 가능할까요? 진보라 함은 예술을 통해 리비도의 차원에서 무언가로부터 해방되는 것인데.

필립 아주리: 질문자의 질문과 관계하여 흥미로운 점이, 그러니까 히피 시대를 직접 경험하셨고, 며칠 전에 히피운동이 감독님에게 중요했다 하셨죠. 그런데 감독님의 영화를 보면 남녀간의 독점적인 애정 관계가 나오고, 그래서 배신도 가능한데, 히피운동은 프리섹스를 주장을 했잖아요. 그런데 이것이 당신 영화의 플롯에 동력이 된 적이 전혀 없어요. 68혁명 이전이든, 도중이든, 그 후 지금까지도. 삶에서 성적 해방에 대해 관심을 조금이라도 가져본 적이 있나요?

필립 가렐: 네. 하지만 성적 해방은 실패했잖아요. 그건 불가능하거든요.

필립 아주리: 〈엄마와 창녀〉도 그 실패를 얘기하죠.

필립 가렐: 1960년대 말 세대들이 모두 프리섹스를 일종의 철학으로서 실천하려고 했죠. 그런데 실패했죠. 질투가 훨씬 강하다는 것을 알게 되었죠. 모두가 자기가 사랑하는 존재를 자신만을 위해 소유하고 싶어 하거든요. 인간의 고유한 특성입니다. 자기 자신만을 위해 소유하고 싶어 하죠. 이론적인 얘기가 아니에요.

필립 아주리: 그게 질문자의 질문에 답이 되네요. 사랑이라는 게 원시시대부터 지금까지의 인간에게 변치 않는 상수라는 점에서요. 감독님이 직접 성해방의 시대를 겪으셨고, 그게 거대한 단절이라 생각했지만, 실패했죠. 결국 각자 성적 취향에 따라, 남자와 여자건, 남자끼리건, 여자끼리건, 사랑하는 사람을 소유하고자 하는 욕구가 있고, 그래서 배신감과 고통도 있는 거죠.

필립 가렐: 그렇죠.

김은희: 리비도라는 얘기가 나와서 굉장히 길어졌는데 성적 욕망보다는 어떻게 보면 성적인 관계에서 나오는 권력 관계에 초점이 맞춰져 있는 게 아닌가 싶습니다. 침대라는 것이 남녀의 일종의 권력 형태를 만들어내는 시발점인 것처럼, 아까 이탈리아 작가 이야기도 나왔지만 어쨌든 이 이야기는 이쯤에서 중단하고 화제를 옮겨봤으면 좋겠습니다. 특히 계속 촬영만 하시는 제라르 쿠랑 씨 같은 경우도 예전 1975년, 1979년 당시에 시네필들과의 대화를 영화로 찍기도 하셨는데, 가렐 감독님과의 대화를 지켜볼 때 차이라든가 세월이 흘러서 시네필들이 끌고 오는 담론의 형태가 굉장히 달라지는 것 같아요. 당시만 해도 페미니즘이나 공격적인 토론 주제가 있었던 것 같은데 어떤 느낌을 받는지 듣고 싶습니다.

제라르 쿠랑: 그때는 다른 시대였죠. 1968년 혁명 이후의 시대였죠. 1975년 디뉴(Digne)에서 있었던 필립 가렐과 관객 사이의 대화를 보면 정치에 대한 이야기를 많이 했습니다. 그 다음에 1979년 같은 경우에는 여성주의에 대해서 말을 많이 했었죠. 그런데 지금은 상황이 다르죠. 디뉴에 우선 필립 가렐의 영화를 보러, 감독의 이야기를 들으러 온 분들은 정말 영화광들이었고 일부는 세상을 완전히 뒤바꾸려는 혁명가였습니다. 이들이 그들의 질문에 답할 수 있는 사람과 마주했다고 생각한 것이죠. 서로 편을 나눠가면서요. 마치 권투시합처럼 말이죠. 가렐 감독과 나머지 모든 사람들의 시합 같았죠. 동시에 매우 흥미로운 효과를 내기도 했는데, 어떤 경우에는 질문이 아주 심오했습니다. 그래서 가렐 감독이 매번 논거를 개발해내야 했어요. 1975년에는 정치에 대해서, 1979년에는 페미니즘에 대해서요. 그런 분위기 때문에 가렐은 다른 방식의 사고를 할 수밖에 없었어요. 만약에 훨씬 더 얌전하고 평범한 관객들이었다면 하지 않았을 그런 이야기들을 할 수밖에 없게 된 것입니다. 그런데 당시에는 진짜 싸움을 걸고 싶어 하는 관객들이 있었습니다. 당시에는 정말 그런 측면이 있었다고 봐요. 제가 틀린 말을 하는 걸지도 모르지만, 1970년대에 가렐은 관객과의 대화를 그리 많이 하지 않았던 것 같아요, 오늘날과는 다르게요. 지금은 항상 자신의 영화를 변호하려는 이야기를 하고, 칸이나 베니스 같은 데 가서 기자회견도 하고, 회고전에도 참석하고, 관객들과 만나잖아요. 그런데 그 당시에는 관객들과 직접적인 관계를 갖지 않았던 것 같아요. 당시에는 훨씬 순수했죠. 무슨 얘기냐면,

관객을 대하는 감독으로서의 책략 같은 것이 없이, 자신을 보호할 줄을 몰랐죠. 당시에는 관객과 대면해서 자신을 어떤 식으로든 변호해야 한다는 인상을 가졌었던 같아요. 어떻게 생각하세요?

필립 가렐: 아, 제가 그 다음에 교수가 되었기 때문에 이야기하는 방법을 배운 것 같아요. 조금 전에도 마치 학생들에게 말씀드리는 것처럼 말하잖아요. 사실 예술에서 배움의 나이는 없습니다. 이렇게 사람들 앞에서 이야기하는 거에 대해서 안심을 하게 되고 말할 수 있게 된 게 제가 교직에 있기 때문에 그런 같아요. 연극원에서 8년 동안 가르치고, 2년간 스트라스부르 국립극장에서도 있었고, 파리8대학에서도 2년간 교수로서 일을 하다 보니까 타인과의 소통에 대해서 훨씬 더 많이 배운 것 같아요. 그래서 교수가 되기 전 시절과 달라진 것이죠. 그런데 예술은 학생이거나 교수이거나, 그것이 어떤 분야이건 배움의 나이는 없어요. 음악 교습에 등록하면, 저도 바로 학생이 되는 거죠. 건축 강의에 가도 그렇죠. 그래서 예를 들어 자주 갔던 베니스 같은 데에서 제가 기자회견을 할 때에도 강의를 하고 있는 것 같아요. 미장센이라든가 연기 연출에 대한 강의를 하고 있는 거죠. 교수님이 되는 거죠.

카롤린 데루아스: 페미니스트들과의 대화 기억해요?

필립 가렐: 네, 희미하게 기억납니다. 1970년대 말이었죠. 영화에 대해서, 연기에 대해서 관심이 있으시다면 스타니슬라브스키 연기론을 읽어보셨을 거예요. 스타니슬라브스키의 두 책에서 배우의 연기와 인물 구성에 대해 설명하기 위해 한 클래스에 대한 이야기를 합니다. 스타니슬라브스키의 두 책은 연기 연출에 대한 기초를 이루고 있는데, 책에서 가상의 클래스가 나와요. 토르초프(Tortsov)라는 선생님과 서로 다른 이름을 가진 학생들이 나와요. 러시아에서 있었던 한 가상의 연극 수업 이야기를 하는 겁니다. 이 가상의 이야기를 통해 연기와 연기를 배우는 방법에 대해 이야기합니다. 그런데 이런 연기 교실에 가장 가까운 것이 촬영장입니다. 스태프들과 배우들이 있는 촬영장은 연극원에서의 제 수업 장면과 매우 비슷합니다. 차이라면 촬영장에서 촬영한 것은 그대로 영화의 한 장면이 되지만, 연극원에서 촬영된 장면은 그저 연습이기 때문에 그냥 버려진다는 것뿐이죠. 극예술이라고 하는 것은 연극의 무대이건 촬영장의 영화이건 이런 연기 교실과 매우 비슷합니다. 하는 일들이 비슷해요. 클래스에서의 교수와 학생이 하는 것이나 감독과 배우가 하는 것이나. 그래서 촬영장에서 이야기하거나 교실에서 이야기하는 것은 매우 유사합니다. 영화에 대해서 이야기하는 것도 같은 식입니다. 제가 가르치는 것을 좋아하는 것도 촬영장에서 하는 것과 유사하기 때문입니다. 연출가는 교수이고, 스태프와 배우들은 학생인 것이죠. 이 학생들 중 더 뛰어난 친구들은 영화를 찍기도 되고요. 모든 역학 관계에 있어 매우 유사합니다.

제라르 쿠랑: 어쨌든 간에 1970년대에는 관객들이 영화를 하나의 도발처럼 받아드렸어요. 오늘날에는 고전이 되었지만요. 그게 달라진 거죠. 예를 들어 〈폭로자〉는 관객들에 대한 도발이었어요. 무성영화였고, 1970년대만 해도 더 이상 무성영화가 만들어지진 않았죠. 관객들은 그것을 도발로 받아들였고, 도발로서

응답을 했던 거예요. 뭔가 시합하듯이. 그런데 오늘날 서울이든 파리든, 〈폭로자〉가 상영되면, 극장 관람은 매우 조용하고, 관객들은 경청합니다. 무성영화에 대한 반응으로선 놀랍죠. 관객이 엄청난 집중력을 보이거든요.

　　필립 가렐: 모든 현대 예술가들의 초기 작품들은 관객들을 조롱한 것으로 받아들여지죠. 현대 예술가들이 관객들을 도발하고 비웃는다고 생각합니다. 그런데 좀 익숙해지고 시간이 지나게 되어서야 사람들은 이해하기 시작하죠. 아, 이 작품에도 삶에 관련된 무언가가 있었구나. 이게 단지 예술가가 주목받기 위해서만 이런 짓을 한 게 아니구나, 라고. 현대 예술가는 초기에는 항상 관객들을 비웃는다고 비판받아요. 관객들이 비난하죠. 당연한 일입니다. 그게 바로 현대 예술가의 여정이죠. 가장 위대한 현대 예술가인 피카소 같은 경우도 그랬죠. 그렇게 그림을 대충 그려서 보여주다니 하고 생각했죠. 그런데 요즘은 반대로 생각을 하죠. 요즘에는 오히려 안정감을 줘요. 우리가 살고 있는 삶의 이정표처럼 느끼죠. 도시에서건, 책에서건, 복제본에서건. 하지만 초기에는 그렇지 않았습니다. 그의 측근들만 빼고.

　　제라르 쿠랑: 그러면 어느 때에 당신의 작품이 그런 도발적인 면이 희미해지면서 고전으로 인정되기 시작했다고 생각하세요? 그런 변화를 감지했을 것 같거든요. 감독님의 영화들에 대한 관객의 반응의 변화요.

　　필립 가렐: 저는 별로 놀라지 않았습니다. 왜냐면 저는 카락스나 샹탈 아커만처럼 고다르의 제자거든요. 우리 전에 이미 사람들이 고다르 감독 작품을 보고 자기들을 조롱한다고 생각했던 것을 우린 봤거든요. 다들 고다르는 자기들을 놀리고 있고, 영화 만들 줄도 모른다고 했어요. 제가 참 많은 걸 봤는데요. 어느 정도 흥행을 한 〈네 멋대로 해라(A bout de souffle)〉를 제외하고는, 1963년, 1964년 당시에 고다르 감독 영화를 보러 가면 극장에 3명밖에 없었어요. 진정한 예술가이면서도 대중적 성공을 못 할 수도 있음을, 그리고 그래도 괜찮음을 알게 되었어요. 요즘은 고다르 감독을 프랑스 사람들이 십중팔구 좋아합니다. 하지만 예전에는 다들 자기들을 조롱한다고 생각했죠. 그렇게 제 전에 고다르가 겪은 과정이 있었기 때문에, 진짜 아주 적은 관객만 내 영화를 보고, 제가 관객을 조롱한다고 사람들이 생각해도 겁먹지 않았죠. 고다르가 겪은 걸 봤거든요. 이제는 제 영화를 좋아하는 그런 분들이 계시지만 그게 그렇게 오래된 일이 아니에요. 잘해야 한 10여 년 전부터입니다. 40년 동안 관객이 없었어요. 소수만 시네마테크에서 봤죠. 그래도 불안하지 않았어요. 고다르가 1960년대 내내 이런 사막을 건너가는 모습을 봤거든요. 현대 예술의 전형적인 현상이 있는데, 예를 들어 1960년대에 모두가 그런 얘기를 했어요. 고다르가 아내 안나 카리나(Anna Karina)와 더 이상 안 찍게 되면 좋은 영화가 나올 거라고 하다가, 안나 카리나와 더 이상 안 찍으니까, 안나 카리나 때가 참 좋았는데 이젠 너무 허접해졌네, 라고. 관객들의 이런 모순적인 변화가 있는 것이거든요. 작품이 나왔을 때는 모른 척 하다가, 나중에서야 나왔을 때부터 좋아했던 척을 하는 거에요. 현대 예술은 항상 이랬던 것 같아요. 저는 고다르 감독의 제자였고, 고다르와 동시대의 많은 감독들이 있었기 때문에, 저는 걱정하지 않았던 거죠. 극장에 관객이 하나도 없어도, 내가 감독이라고 불릴 자격도 없다고 사람들이 말해도. 어차피 스승이

그 길을 걸었기 때문에, 나도 제대로 가고 있구나 생각했죠.

김은희: 이 자리에 참석해 주신 다른 패널 분들의 이야기도 들을 수 있었으면 좋겠습니다. 이야기가 없다고 하는 감독님의 예전 작품들도 사실은 이야기가 있다고 보는데, 이야기가 없는 영화는 없는 것 같습니다. 바람이 부는 장면도 그것 자체가 하나의 이야기이니까요. 초창기와 같은 그런 작품, 〈비밀의 아이〉 이전과 같은 작품을 만약에 누군가가 주문을 한다면, 그런 작품을 만들어 달라고 하면 하실 의향이 있으신가요? 그때와는 또 다른 형태로 어떤 작업, 어떤 계획이 있을 수 있는지 궁금합니다.

필립 가렐: 저는 〈비밀의 아이〉를 예로 들고 싶지 않습니다. 제 첫 영화 〈기억 속의 마리〉의 경우에는 지금도 제가 무슨 얘기를 하고 싶어했던 것인지 아무도 이해를 못하더군요. 고다르 감독만 빼고. 너무나 모던하게 찍어서 그랬던 것 같아요. 제가 〈기억 속의 마리〉로 하고 싶었던 얘기를 생각하면, 이걸 다시 만들 필요가 있겠다 싶기도 해요. 사람들이 이해를 못해서요. 제가 만든 방식 때문에 전달이 안 된 거죠. 그래서 다시 만들고 싶은 거예요. 내가 무언가 얘기하고 싶어 만든 영화들인데, 나름 전문가라는 사람도 이해를 못한 영화들, 본의 아니게 너무 난해했던 작품들, 이런 영화들은 다시 만들어보고 싶어요. 같은 이야기로. 왜냐하면 저한테 의미 있는 이야기거든요. 아주리가 〈처절한 고독〉 전후로 많이 바뀌었다고 이야기했지만, 사실 이런 진화는 너무 느린 과정이라 그걸 의식할 수 없고, 의도적으로 할 수 있는 것이 아니죠. 영화는 다른 예술 분야와 마찬가지로 굉장히 물질적인 겁니다. 영화를 만들어도, 얘기하고 싶은 것들이 다 표현되는 게 아니거든요. 가끔 다른 사람들이 내가 만든 영화에 대해서 한마디를 던져주면 아, 그렇구나 싶기도 해요. 마치 정신분석가가 갑자기 당신이 그런 얘기를 하는 것은 이런 이유 때문이라고 말해줬을 때처럼 말이죠. 우리가 의식하지도 못했던 것이지만, 우리가 만든 것에서 나온 것인 거예요. 예술가들은 관객이 생각하는 것보다 자기 작품에 대해 많이 아는 사람이 아닙니다. 관객들 생각엔 예술가가 주제를 우선 정하고, 이걸 표현할 다양한 방법을 고려한 다음, 특정 방법을 선택해 작품을 한다고 생각합니다. 사실 예술은 우리가 생각하는 것보다 훨씬 더 물질적입니다. 회화나 조각이나 영화 모두. 조각이라면 대리석을 깎기 시작하면서도 완성작이 어떻게 나올지 모릅니다. 그냥 대리석을 깎기 시작하는 거죠. 물질적인 거예요. 영화도 마찬가지입니다. 뭔가 구체적인 게 아닙니다. 관객들이 생각하듯 철저히 계획된 것이 아닙니다.

핍 초도로프: 그러니까 감독이 다 통제하는 것이 아니고, 시대의 흔적도 담기는….

필립 가렐: 네. 시대의 흔적도 담기는 것이죠. 그게 무의식이죠. 작품에서 흥미로운 것은 무의식이 작품에 남겨놓은 것이 무엇이냐는 거죠. 자각되는 것뿐이 아닙니다. 자각해서 필름에 담은 것 말고, 하고 싶은 얘기를 하려다가 하게 된 자신에 대한 다른 이야기 말입니다. 그게 훨씬 흥미롭죠. 그건 우리가 통제할 수 있는 것이 아니죠. 말하자면 지문처럼. 그림을 그리면서 지문을 그려 넣는 게 아니라, 그냥 지문이 묻어버리는 것처럼. 그리고 그 지문은 그림 안에 남아 있죠. 영화도

그림처럼 그런 겁니다. 관객들이 생각하는 것처럼 의식적으로 하는 게 아니에요. 반은 무의식적으로 하는 거죠. 그렇게 의미가 발생하는 거예요.

김은희: 우리 패널 분들이 한 분씩 왜 가렐 영화를 왜 좋아하게 되셨는지 짧게 한마디씩 얘기를 듣고 시간을 마무리해야 될 것 같아요. 혹시 질문을 꼭 하셔야 될 분이 있으신가요? 그러면 이 질문을 듣고 패널 분들의 얘기를 한 번씩 들은 다음에 마무리하도록 하겠습니다.

관객: 저는 〈폭로자〉와 〈내부의 상처〉를 굉장히 재미있게 봤는데 약간 일화를 듣고 싶은 욕심도 들어요. 두 번째는 프랑스 안에서 시네아스트로 살아오셨는데, 느끼는 바가 무엇인지 부탁드립니다.

필립 가렐: 우선 처음에 파리와 프랑스 영화에 평화를 기원해주셨는데, 제가 지금까지 살아온 것에 대한 얘기는… 아까 역사와 예술이 서로 대립되는 것으로 말씀드렸죠. 역사가 예술을 아주 부차적인 것으로 환원시키기도 하고 반대로 역사에 평화가 깃들면 예술이 가장 중요한 것으로 등극하기도 한다고. 제가 지금까지 영화인으로 살아왔는데, 제 인생에서 영화가 무슨 의미이냐면… 제가 여기서 보여드리는 영화들, 그러니까 제가 살아오며 찍은 작품 중 15편의 영화들에는 엄청 많은 유령들이 있음을 알아주셨으면 합니다. 제 친구나 가족, 같이 작업한 배우들 중 많은 분들이 돌아가셨습니다. 그래서 영화는, 감독의 삶의 측면에서 주관적으로 보면, 가깝게 지낸 많은 사람들의 유령이 깃든 것이라고 할 수 있어요. 아마도 이들 영화에 나오는 분들의 절반 정도는 돌아가셨을 거예요. 더 이상 이 세상 사람이 아니죠. 그런데 회화나 문학과는 다른 점이 있어요. 영화에는 정말 그 사람들의 움직이는 이미지가 담겨 있는 것이죠. 그래서 정말 유령이죠. 초상화 속의 모델도 화가에게는 유령일 수도 있죠. 실제 인간을 재현한 것이니까. 그런데 영화는 실제 인간의 현존을 기록하는 거죠. 서로 다른 나이대의 제 아버지가 영화에 담겨 있고, 친구였던 배우들도 그렇습니다. 그래서 이런 식으로 그의 과거를 영화가 일종의 기록들을 통해 펼쳐 보여주는 것이 가장… 그런데 예술가는 다른 예술가들과 경쟁해서 볼 수 있는 건 아니라고 생각합니다. 다른 사람의 작품에 비해서 어떤 사람의 작품의 가치를 평가할 수 있는 건 아닙니다. 저는 안토니오니나 베리만, 피알라, 고다르, 트뤼포 등의 작품을 좋아합니다. 그런데 이런 스승의 작품들에 필적하는 작품을 만들 수는 없어요. 왜냐하면 스승과 자신을 비교할 수는 없기 때문이죠. 예술가는… 귀스타브 플로베르 같은 경우에, 매우 가까운 사람에게 보낸 서신을 보게 되면, "너는 이해하는지 모르겠지만 나는 위대한 작가가 아니거든. 다른 모든 작가들처럼 훌륭한 소설가가 아니야"라고 말합니다. 아주 진심으로 그렇게 얘기해요. 예술가들은 계속해서 자신의 부족한 점만 봅니다. 아까 성에 대해서도 이야기를 했는데, 자신의 결핍만 보게 되는 거죠. 예술에서도 이상적인 차원에서는 자기 결핍만 보여요. 그래서 한 작품을 만들었을 때 기쁨을 잘 못 느끼는 것 같습니다. 다른 작가들은 어떠신지 모르겠지만, 어떤 작품을 마쳤다고 그다지 기쁜 것만은 아닙니다. 실패하지 않았다는 기쁨은 있지만, 그건 성공했다는 기쁨과는 다릅니다. 어떻게 설명해야 할지 모르겠네요. 성공하고, 관객을 사로잡고, 또 어느 관객들은 계속 제 작품을 기다리고…. 사실 저는

적지만 전 세계에 제 작품을 좋아하는 관객들이 있습니다. 많은 나라의 수도에 보면
제 작품을 좋아하는 대학생이나 지식인, 예술 애호가 관객들이 있습니다. 많지는
않지만 전 세계에 있으니 나름 성과인데, 그러나 그것이 우월감의 기쁨이라기보다는,
실패하지 않은 것에 만족할 정도일 뿐입니다. 갑자기 생각이 난 것이, 왜
이미지가 영화들을 횡단해가고, 왜 영화가 국경을 횡단하게 되는지에 대해서는
잘 모르겠습니다. 영화는 보편적인 예술이죠. 이미지의 예술이니까. 동시에 많은
영화들이 국경을 벗어나지 못합니다. 한국영화들 중에도 프랑스에서도 볼 수 있는
작품이 있어요. 3–4명 정도의 감독의 작품이죠. 왜 이분들의 작품이 유난히 아시아
영화들 중에서 프랑스에 상영되는 걸까요? 지금은 현재 아시아 영화가 굉장한 위상을
가졌잖아요? 서구 영화가 있고 아시아 영화가 있는데.

핍 초도로프: 국경을 넘어간 한국영화들이 꼭 여기서 가장 인정받는 영화는 또
아니에요.

필립 가렐: 네. 종종 여기서는 가장 성공한 작품이 그렇지는 않죠. 프랑스도
마찬가지이고. 국경을 넘나드는 작품이 꼭 그런 것은 아니죠. 영화가 이미지들이고,
언어의 문제도 아니지 않습니까. 자막도 있고 더빙도 가능합니다. 그런데 어떻게 어떤
영화들은 국경을 넘나들고, 어떤 것들은 그렇지 않는지의 문제는 미스테리입니다.
스스로 국경을 넘을 영화를 찍겠다고 결정할 수 있는 것이 아닙니다. 단지 어떤
영화가 국경을 넘었음을 사후에 확인할 뿐이고, 이는 그렇게 되기 위해 특별한
노력을 기울였기 때문은 아니죠. 인류가 있고, 또 제7예술인 영화가 존재하고, 이런
작품들이 어느 정도 특정 사람들이 본능적으로 만들 수 있는 것은 아닌지… 그런
의미에서 저는 어느 정도 자랑스럽기도 합니다. 만약 제 작품이 그냥 프랑스에서만
보는 영화로 남았다면, 일종의 실패라고 생각했을 것 같습니다. 그래서 많지는
않지만 많은 나라에 저의 영화를 보는 관객들이 있다는 것이 자랑스럽습니다. 그리고
예술가는 자기 작품을 파괴할 수는 없을 거라고 생각합니다. 제가 제 작품을 파괴하면
저 자신도 함께 죽이는 거예요. 목숨과 관련된 문제죠. 물론 그럼에도 불구하고 제가
부끄럽게 생각하는 작품은 다 삭제하고 싶습니다. 자랑스러운 작품도 있지만, 엄청
실패작이라고 생각하는 작품도 있어요. 나쁜 영화라고 생각되는 것들은 없애버리고
싶은데, 그럴 순 없죠. 사실 내가 만들었다고는 하지만, 영화는 집단예술이고,
배우들과 스태프들의 것이기도 하거든요. 그래서 삭제할 수는 없어요. 그래서 스승의
작품이나 다른 감독의 작품과 비교할 수 없는 것입니다. 각자가 자신의 작품과 갖는
관계는 매우 특수하거든요. 객관적인 것이 아니죠. 작가의 신경증과 관계된 것이라고
생각해요. 아무튼 감사드리는 것이….

김은희: 자유롭게 이야기를 나누어보자 했는데, 다소 이 이야기 저 이야기로
종행무진 했던 것 같기도 합니다. 조용히 있었던 우리 패널 분들한테도 좀 말씀을
듣고 싶어서 마지막으로 시간이 많지 않습니다. 곧 끝내야 돼서, 짧게, 1분씩이라도
왜 가렐 감독님 영화를 좋아하시게 됐는지, 왜 좋아하는지에 대한 짧은 고백을 패널
분들에게 말씀할 기회를 드리고 싶습니다. 유운성 선생님부터.

유운성: 어떻게 짧게 말씀드려야 될지는 잘 모르겠습니다만, 아까 제라르 쿠랑

씨께서 필립 가렐 감독님의 영화가 1970년대에 프랑스에서 어떻게 받아들여졌는지에 대해서 말씀을 해주셨는데, 저는 잠깐 그 전에 말씀해주시는 분들 이야기를 재밌게 들으면서 가끔씩 객석을 둘러보면서 여기 앉아 계시는 분들은 어떤 분들인가 살펴보고 있었습니다. 그리고 여러 가지 생각을 하고 있었는데, 감독님께도 좀 흥미로운 이야기가 될 수도 있지 않을까 해서 말씀드리는데, 사실 저는 필립 가렐 감독님의 영화를 처음 본 건 14년 전이에요. 그 전에는 물론 90년대에 발간된 잡지들이나 일부 외국 잡지들 보면서 이름은 알고 있었지만 한국에서 필립 가렐 감독의 영화를 볼 방법은 거의 없었다고 봐도 됩니다. 지금처럼 어떤 디지털 파일이나 DVD나 VHS 형태로 나온 것도 있지 않았고, 그런데 14년 전에 한 출판사에 갔다가 거기 계신 분이, 그 아마도 여기 계신 핍 초도로프 씨의 르브와(Re:voir)에서 출시했던 게 아닌가 싶은데, 이번에도 상영되고 있는 필립 가렐 감독의 〈폭로자〉라는 작품을 비디오로 처음 보게 됐습니다. 대단히 충격을 받았습니다. 그리고 나중에 그 영화가 대단히 추상적으로 보였고 상징적이거나 그런 걸 모르더라도 아까 김은희 선생님께서 말씀하신 대로 이미지가 주는 감각 자체로 다가오는 게 너무 큰 영화였습니다. 그 영화 자체가 또 당시에 보던 프랑스 학생들이나 젊은이들에게는 68혁명 당시라고 하는 어떤 분위기와도 결부되어 있다는 건 아주 나중에서야 알았습니다. 그렇지만 기억나는 건, 그 영화를 보고 난 직후에 당시에도 꽤 한국에서 많이 읽혔고 지금도 읽히는 질 들뢰즈(Gilles Deleuze)의 『시네마 2(Cinéma 2)』에 필립 가렐의 영화들에 대해서 많이 다루고 있는데 선생님과 굉장히 고생하면서 읽었던 기억이 납니다. 선생님은 필립 가렐의 영화를 단 한편도 보신 적이 없었고, 수업에 참여한 학생은 저를 제외하고는 한 편도 본 사람이 없었습니다. 그리고 제가 본 것은 〈폭로자〉 하나였어요. 그런데 이제 결국 읽기는 해야겠고 학생 중의 한 명이 〈폭로자〉의 스틸 사진을 한 장 가져온 다음에, 해당 문장들을 읽으면서 '아마 이런 영화일 것이다'라고 상상하면서 필립 가렐의 영화들을 머릿속으로 그리기 시작했습니다. 저희는 보지 못하고. 그런데 운이 좋게도 그런 일이 있고 나서 일 년 뒤에 서울아트시네마에서 한국에서 처음으로 필립 가렐 회고전이 열렸어요. 6편의 영화로 장 으스타슈의 영화와 함께. 그래서 이 회고전을 통해서 이제 처음 보게 되었고, 그 때 제 기억에는 이 영화들을 보기 위해서 앉아 있었던 사람들은 아까 제가 객석을 살펴볼 때 보고 있었는데 지금 여러분들 또래였습니다. 아마도 제 생각에 여기 앉아계신 분들은 대부분 20대에서 30대 초반으로 보이는데, 아니면 그보다 나이가 많은데 과도하게 동안이신 분들, 아니라면 대략 그쯤으로 생각이 됩니다. 그런데 희한했던 건 그 때 필립 가렐의 영화들을 보기 위해서 모였던 시네마테크의 관객들은 여기에 왜 보이지 않을까 하는 의문이 들었습니다. 그리고 지금 또 이 자리에 모여 있는 20대와 30대 관객들은 어떤 의미에서 모였고 어떻게 필립 가렐 감독의 영화에 관심을 가지게 되었을까가 대단히 궁금해졌습니다. 회고전을 보고 나서 일 년 뒤에 그 영화제에서 일하면서 토론토 영화제에 가게 됐어요. 거기에서 베니스에서 막 상영되고 왔던, 이번 상영작 중 하나인 〈평범한 연인들〉을 한 멀티플렉스 극장에서 보게 됐는데, 영화를 보러 들어갔을 때 한 안내원이 감독님이 오시기로 하셨는데 취소되었다는 말을 해주셨고, 그리고 한 200여 명의 관객이 있는 가운데 영화가 시작되었습니다. 당시에 객석을 둘러보았는데 제 추정으로는 저를 제외하고는 거의 60대 이상의 관객이었던 것 같습니다. 그 영화를 보면서 이 영화를 보기 위해 앉아 있는 이분들은 어쩌면 이 영화 속의 저 시기에 젊음을 보냈던 사람들이 아닐까 생각했습니다. 그런데 한국에서는 그 영화들을 그 때 당시에 저희 또래가 보았습니다. 그러니까 한국의 필립 가렐 영화가 선보이지 않았던 것은 뭐 지금처럼 기술적인 조건이 갖춰지지 않았거나 여기 국립현대미술관처럼 이런 환경의 영화관도 있지 않았고, 블루레이나 DVD 같은 게 있지도 않았지만, 생각해보면 필립 가렐의 영화나 아까 감독님께서도 말씀하셨던 장 으스타슈의 〈엄마와 창녀〉 같은 영화가 한국에 선보이게 된 건 비로소 1990년대 후반이나 2000년대 초반이 되어서야 우리도 그 영화 속의 사랑이나 연애들을 공감할 수 있는 사회가 되었기 때문이라고도 얘기할 수 있을 것 같아요. 과연 1980년대에 필립 가렐의 영화 속의 연인들을 본다는 것은 거의 무의미했을 것 같습니다, 보여진다고 해도. 물론 보여졌다면 또 다른 효과가 있었겠지만. 그런데 어쨌든 우리도 그 영화들을 보면서 저도 그랬고 나도 저 연애를 이해할 것 같습니다. 그리고 오늘 보았던 영화 〈인 더 섀도우 오브 우먼〉에서 마치 거기는 조금 연배가 되는 연인들, 부부들인데, 과거에 레지스탕스라는 걸 통해서 자신들은 접촉하지도 못했고 경험하지도 못한 어떤 역사적인 것들과 교접도 시도하면서 이상하게 깨지고 다시 만나는 연애 때문에 시달리는 그런 관계들을 한국 사람들도 이해할 것 같았습니다. 그런데 그 사람들이 지금 어디 갔을까가 오늘 이 시간에 무척 궁금했습니다. 여러분들은 과연 십 년 후에 다시 필립 가렐 영화가 상영된다면 어디에 가 있을까 대단히 궁금합니다. 그 때는 여기 앉아 계신 분들도 제 나이 정도가 되어서 오거나 아니면 여기 또 앉아 계신 분들처럼 계시고 또 새로운 연애를 이해할 수 있는 관객들도 왔으면 좋겠다는 생각인데, 오늘은 잠깐 이야기 들으면서 그 관객들은 어디로 갔을까, 그 연애를 보면서 공감했던 분들은 지금 뭐하고 있을까라는 생각을 잠시 해봤었습니다. 말이 조금 길어졌는데, 죄송합니다.

김은희: 아닙니다. 재밌었습니다. 아주리?

필립 아주리: 제 차례인가요? 대답하기 아주 어렵네요. 제가 가렐 감독의 영화를 왜 그토록 좋아하는지 이야기할 수 있게 되기 위해, 8년에 걸쳐 300페이지 정도 되는 책을 썼거든요. 1분 안에 이야기를 해달라고 하니, 8년을 허송세월을 했구나 싶기도 한 게, 8년이나 그렇게 보내고도 아직 답을 못하는 상황이란 말이죠, 지금. 끔찍하죠. 으스타슈 감독이 했던 말을 얘기하고 싶어요. 〈엄마와 창녀〉를 보면, 아마 고다르를 염두에 둔 대사 같은데, 레오가 하는 말이, "중요한 영화를 보면 침대 정리 같은 걸 배울 수 있게 된다"라고 하죠. 은유적인 표현이지만, 꼭 은유만은 아닐 수도 있어요. 저는 굉장히 서툰 사람인데, 가렐 감독의 영화를 보면서 제가 침대 정리를 어떻게 하는지 배운 것 같습니다.

카롤린 데루아스: 저 같은 경우에도 말씀드리기 좀 어려운 것 같습니다. 제가 왜 가렐 감독의 영화를 좋아하는지 생각하는 게 쉽지 않은 것 같아요. 그런데 아무튼 말씀드릴 수 있는 것은 필립과 사랑에 빠지기 전에, 먼저 필립의 영화와 사랑에

빠졌다는 거예요. 그의 작품을 처음 본 것은 한 20년 전이었어요. 당시에는 그의 예전 영화를 찾아보기가 어려웠어요. 그 영화를 처음 봤을 때 무슨 생각을 했었냐 하면 '아, 영화들이 너무 아름답다.' 글쎄, 바보 같은 소리같이 들리시겠지만, 필립이 거리를 걸어가는 것을 보면서 이런 생각을 했어요. '아마 유일한 시인-감독이 아닐까.' 그의 작품들이야말로 제가 제 삶에서 봤던 유일한 영화-시였어요. 그런 느낌을 줬어요. 좀 더 생각해볼게요. 존재들, 사람들을 만났을 때에의 연금술 같은 면이 있어요. 그 존재들의 신체들 간의, 물리적이고 물질적인 존재감 사이의, 그리고 생각 사이의 연금술 말입니다. 그것들로 해서 어떤, 꼭 친밀함의 느낌이라기보다는, 우리에게 감동을 주는 실재의 승화의 느낌이 있어요. 우리에게 무언가를 가져다주고, 힘을 주고, 무엇인가를 하고 싶은 욕망도 불러일으키는 무언가가 있는 것이죠. 간단히 말하면 바로 그런 것들을 그의 영화에서 느꼈던 것 같아요. 일종의 예술적인 내밀한 소통, 연금술 같은 거요. 그런 느낌이었어요. 그 이상 설명하기는 힘들 듯해요.

제라르 쿠랑: 2015년 지금 필립 가렐이 없으면 영화는 무엇이 될까라고 자문해봅니다. 제가 좋아하는 현대 시네아스트들 중에 지금까지 남아 있는 사람이 별로 없어요. 필립 가렐이 있고 고다르가 있고 자크 드와이용 등 정도죠. 아주 소수만 남았어요. 제가 영화를 시작했을 때에는, 프랑스만 해도 정말 대가들이 활동 중이었죠. 물론 고다르가 있었고, 엄청난 시네아스트인 자크 타티(Jacques Tati)도 있었죠. 소설가이자 시네아스트인 마그리트 뒤라스, 에릭 로메르, 장 으스타슈 등등이. 제가 거장으로 생각하는 이 감독들 중에, 가렐과 고다르 빼면 다 죽었어요. 그렇다면 20년 뒤에는 우리가 사랑하는 영화는 무엇이 되어 있게 될까라고 질문해봅니다. 이런 영화들이 우리가 살 수 있게 도움을 줬는데, 이런 영화들이 사라진다면 젊은 우리 후세들은 어떻게 살게 될까? 이것이 큰 질문입니다.

필립 가렐: 레오 카락스도 있을 것이고, 분명 계승이 될 거예요. 달라이 라마(Dalai Lama)처럼. 나무 밑이든… 찾아보기만 하면 됩니다. 여러분 중에서도 카락스 영화를 보신 분이 있으시겠지만, 그도 마찬가지예요. 오늘날 레오 카락스는 이미 설명 불가하면서 필수적인 시네아스트가 되어 있죠. 예술이 가진 특수성이라는 것은, 이것이 인간의 본능이라는 거예요. 우리 모두 그리 생각하듯이, 영화도 예술이잖아요. 예술로서 인류와 함께 지속될 겁니다. 앞으로의 세대에서도 시네아스트들이 나올 겁니다. 인류의 본성이 그래요. 없어지진 않을 거예요. 고다르는 영화의 죽음을 주제로 예술을 하고, 어느 정도 맞는 얘기지만, 동시에 이론적으로 영화는 죽을 수가 없어요. 예술이기 때문입니다. 음악이나 회화도 죽을 수 없죠, 모두 알다시피. 언젠가 음악이 없어진다는 것은 상상할 수도 없잖아요. 또한 영화가 없는 세상도 생각할 수가 없는 거죠. 물론 음악은 다른 점이 있죠. 그래도 예술은 시간에, 인류에 속한 것이죠. 계속 인류를 동반해 갈 겁니다. 그래서 예술에 반대해서, 예술 없어도 살 수 있다고 하는 IS는 이상해요. 예술이 거짓말이라고 하면서 예술에 반한다는 사회라니요. 인간의 이성과 지성을 벗어나는 생각이죠.

제라르 쿠랑: 나치들도 예술을 직접적으로 공격하진 않았죠. 그들도 예술은 계속되어야 한다고 생각한 거죠.

필립 가렐: 그래도 나치의 예를 드는 건….

제라르 쿠랑: IS는 나치보다 더 끔찍하다고 말하고자 한 거예요.

필립 가렐: IS가 나치만큼이나 부조리하죠.

핍 초도로프: 저는 약간 다른 분야, 즉 실험영화를 하는 사람인데, 다시 말씀드리자면 영화에서 형식이 내용만큼 중요하다고 생각하는데, 시나리오나 배우 없이 이미지로 표현하는 시네아스트는 영화가 시작되었을 때부터 있었죠. 그 다음에 내러티브 영화가 왔죠. 제가 순수영화, 본질영화라고 생각하는 최초의 실험 이후에 온 거죠. 다른 감독들, 특히 토요일에 왔던 자키 레이날 덕에 가렐의 작품을 처음 볼 수 있었어요. 레이날은 예전 어떤 시네아스트 집단에 속해 있었어요. 제가 DVD 제작을 하고 있기 때문에 그 집단의 영화들을 DVD로 출시하려고 그분이 저를 찾아오신 거였죠. 그래서 그 그룹의 몇 편의 영화를 보게 되었고, 그 시대의 가렐 감독의 작품도 있었습니다. 당시에는 제3세계라는 용어처럼, 영화의 제3영역을 만들고자 하는 사람들이 있었던 겁니다. 삶과 창작의 새로운 방식을 추구하는 이들 말입니다. 영화의 수용과 배급에서도 시스템에 반하여, 시스템 외부에서 하려고 했죠. 선택의 여지가 없기도 했지만, 동시에 그런 선택을 옹호하면서 그랬던 것이죠. 영화에 대한 이런 식의 접근은 이야기를 전달하거나, 오락을 제공하는 것보다 훨씬 더 강렬한 것이라고 생각합니다. 이것은 언어와 다른 방식을 통해 표현하는 삶의 양식이죠. 이것은 정말 왜 우리가 같이 살며, 소통하는가라는 질문의 핵심으로부터 나온 겁니다. 60, 70년대의 이런 영화들의 표현 형식을 보면, 예를 들어 〈내부의 상처〉 한 장면을 보면, 한 인물은 앉아 있고, 한 인물은 서 있어요. 서 있는 인물이 걷기 시작하면, 카메라가 그 인물을 따라가고 앉아 있던 인물은 안 보입니다. 서 있던 사람은 계속 오랫동안 걷습니다. 그러다가 갑자기 앉아 있던 인물이 화면에 들어옵니다. 그때 카메라가 커다란 원을 그리며 움직였음을 알게 되죠. 영화는 이렇게 커다란 원의 형태에요. 이 영화에는 이런 많은 아이디어들이 있는데, 지금 자세한 얘기는 하지 않도록 하죠. 그런데 이런 영화의 접근 방식이 다른 방식보다 훨씬 멀리까지 갈 수 있는 것이라고 생각합니다. 이런 영화에 저는 제 인생을 바치고 있습니다. 지금 프랑스에는 '젊은 영화(Jeune cinéma)'라는 영화 창작집단이 있습니다. 매번, 매 영화마다 혁신한다는 의미에서 젊은 영화죠. 매번 새로운 모험과 새로운 접근법을 창안하는 겁니다. 제라르가 토요일 말했던 것처럼 모든 가렐의 영화는 매번 예외를 만들어내고, 그와 함께 세상과 영화가 변했죠. 그런 식으로 영화를 하며 산다는 것은 그야말로 '산다' 그 자체라고 생각합니다. 그래서 제 인생을 이런 것을 하면서, 영화를 만들면서 살고 있습니다. 아까 '젊은 영화'라고 얘기했는데, 가렐도 아주 젊을 때 영화를 시작했고, 저도 6살 때부터 슈퍼 8mm로 영화를 찍었죠. 영화는 우리의 삶인 겁니다. 가렐과 저는 이걸 공유하고 있습니다. 이것이 우리를 더 가깝게 해주고 서로를 이해하게 해주는 거죠. 저와 가렐과 많지는 않지만 전 세계의 관객이 그렇게 서로를 이해하는 거죠. 그런 게 참 멋진 것 같아요.

김은희: 네, 감사합니다. 많은 좋은 이야기 정말 감사합니다. 이 자리에 꽤 긴 시간 주의 깊게 들어주시고 질문해주신 관객 여러분에게도 감사드립니다. 저는

개인적으로 어떤 영화든 이 분의 영화가 좋다고 느낄 때에는, 어떤 장면을 갑자기 봐도 바로 집중될 수 있는 영화를 만든 감독들의 영화는 말로 설명할 수 없는 엄청난 힘을 가진 영화라는 생각이 듭니다. 바로 필립 가렐 감독님의 영화가 그런 것 같아요. 보통 그렇듯 처음에는 처음부터 끝까지 영화 전체를 보죠. 그리고 어느 날 생각나서 아무 장면이든 비디오로 보게 될 때인데, 감독님의 영화는 갑자기 눈앞에 봐도 그 순간으로 바로 빠져들어가게 하는 그런 힘을 가지고 있고, 그것은 정말 미스터리인 것 같습니다. 말씀하신 것처럼 감독님의 무의식과 꿈이 결합해서 만들어낸 하나의 세계인 것 같아요. 필립 가렐 감독님 첫 내한인데 이렇게 와주셔서 감사합니다. 그리고 귀한 말씀해주셔서 너무 감사드립니다.

김은희
국립현대미술관 서울관 MMCA필름앤비디오
담당 학예연구사

김장언
국립현대미술관 서울관 전시기획2팀장

니콜 브르네즈(Nicole Brenez)
파리3대학 영화과 교수이자 아방가르드
영화이론의 전문가로서 프랑스 시네마테크의
아방가르드 필름 시리즈를 기획하기도
했으며 다수의 영화 서적을 저술하였다. 필립
그랑드리외 감독과 함께 아다치 마사오에
관한 다큐멘터리 〈우리의 결의를 다진 것은
아름다움이 었으리라(It May Be That Beauty
Has Strengthened Our Resolve)〉(2011)를
제작하였다.

니콜라스 엘리엇(Nicholas Elliott)
2009년부터 《카이에 뒤 시네마(Cahier
du Cinéma)》의 뉴욕 통신원이자 잡지
《BOMB》 객원편집자이다. 그의 단편영화
〈이카로스(Icarus)〉는 2015년 링컨센터에서
개최된 뉴욕현대미술관의 '새로운
영화/신인감독들' 섹션에서 소개되었다

도미니크 파이니(Dominique Païni)
영화이론가이자 큐레이터인 그는 1991년부터
2000년까지 프랑스 시네마테크 원장으로서
많은 실험영화와 아방가르드 영화를 소개했으며,
이후 퐁피두 센터에서 알프레드 히치콕,
장 콕토, 장뤼크 고다르의 영화 전시를 개최하는
등 현대미술과 영화의 만남을 이끌었다.

루 카스텔(Lou Castel)
1963년에 루키노 비스콘티의 영화 〈레오파드
(The Leopard)〉(1963)의 엑스트라로 데뷔해
마르코 벨로치오의 영화 〈호주머니 속의 손
(Fists in the Pocket)〉(1965)으로 국제적
명성을 얻는다. 이후 파스빈더, 파솔리니,
벤더스 등 거장들의 작품에 출연하였으며
필립 가렐 감독의 〈그녀는 조명등 아래서
그토록 많은 시간을 보냈다…〉(1985), 〈사랑의
탄생〉(1993)에 출연하였다.

마르크 콜로덴코(Marc Cholodenko)
프랑스의 소설가이자 시인, 시나리오 작가로서
필립 가렐의 〈구원의 키스〉(1989) 시나리오를
쓴 이후부터 〈더 이상 기타소리를 들을 수
없어〉(1991), 〈사랑의 탄생〉(1993), 〈유령의
마음〉(1996), 〈밤에 부는 바람〉(1999), 〈와일드
이노센스〉(2001), 〈평범한 연인들〉(2005),
〈새벽의 경계〉(2008), 〈뜨거운 여름〉(2011),
〈질투〉(2013)에 이르기까지 꾸준히 가렐 영화의
시나리오 작업에 참여하였다.

시릴 베긴(Cyril Béghin)
《카이에 뒤 시네마(Cahier du Cinéma)》의
편집위원으로서 많은 영화평을 기고하였으며
다수의 공저가 있다.

신은실
영화연구가로서 서울환경영화제,
서울아트시네마 등의 프로그래머로 일했으며,
꾸준히 영화 리뷰를 기고하고 있다.

유운성
영화 비평가로서 전주국제영화제 프로그래머로
일했으며(2005~2012), 《인문예술잡지F》
편집위원이다. 한국예술종합학교 영상이론과
겸임교수로 재직 중이다.

자키 레이날(Jackie Raynal)
1968년 필립 가렐, 세르주 바르, 피에르
클레망티 등과 함께 '잔지바르 그룹'의
멤버로 활동하면서 〈두 번(Deux Fois)〉와
같은 실험적 작품들을 만들었으며,
이후에도 실험영화 감독이자 편집자, 배우,
프로듀서로서 지속적인 작품 활동을 해오고
있다. 그녀는 편집자로서 특히 〈몽소빵집(La
Boulangère de Monceau)〉(1963;
에릭 로메르), 〈여성수집가(La
Collectionneuse)〉(1967; 에릭 로메르),
〈집중(La Concentration)〉(1968; 필립 가렐)과
같은 작품에 참여하였다.

장뤼크 고다르(Jean-Luc Godard)
영화가 곧 사유의 수단이 될 수 있음을
혁신적으로 증명해낸 현대영화의 거장.

클로틸드 쿠로(Clotilde Courau)
프랑스 여배우. 자크 드와이옹의 〈리틀

갱스터(Le petit criminel)〉(1991)로 데뷔해
베를린 영화제에서 여우주연상을 받은 이후
꾸준히 여러 작품에서 인상 깊은 연기를
선보였다. 필립 가렐 감독의 신작 〈인 더 섀도우
오브 우먼(L'ombre des femmes)〉(2015)으로
새롭게 주목받았다.

필립 아주리(Philippe Azoury)

영화평론가이자 언론인, 작가이다, 1998년부터
《카이에 뒤 시네마(Cahier du Cinéma)》,
《리베라시옹(Libération)》, 《보그(Vogue)》
등에 많은 리뷰를 기고하였다. 비정기 영화전문
간행물인 《카프리시(Capricci)》에 글을
기고하였고 최근엔 《누벨 오브세르바퇴(Nouvel
Observateur)》의 문화 전문부록인
'오브세시옹'을 위해 일한다. 감독들과의 대담을
담은 책들을 비롯해 감독론을 출간하였다.
2003년엔 장 마크 라란느와의 공저인 『콕토와
영화: 무질서들』로 시네마테크 프랑세즈-필립
아르노상을 받았다. 2013년엔 필립 가렐의 영화
세계를 연구한 『필립 가렐 작업의 본질(Philippe
Garrel en substance)』을 출간하기도 하였다.

핍 초도로프(Pip Chodorov)

프랑스 파리를 중심으로 활동하는 미국
실험영화 감독. 주로 실험영화들의 DVD를
출시하는 '르브와(Re:Voir)'를 1994년에 창립,
운영하면서 수많은 실험영화 작품들의 DVD를
출시하였다. 필름메이커들의 협동필름 랩인
'라보미나블(L'Abominable)'을 공동 창설,
운영하면서 2005년엔 오로지 영화만을 전시하는
필름 갤러리를 창설하였다. 그의 실험영화
작품들은 여러 영화제에서 상영되었으며, 특히
실험영화에 대한 다큐멘터리 〈자유에너지변환:
실험영화사(Free Radicals: A history of
experimental cinema)〉(2010)가 유명하다.
2013년부터 동국대 영화과 교수로 재직 중이다.

1
인 더 섀도우 오브 우먼
In the Shadow of Women
L'Ombre des femmes
2015

2
질투
Jealousy
La jalousie
2013

3
뜨거운 여름
That Summer
Un été brûlant
2011

4
새벽의 경계
The Frontier of Dawn
La frontier de l'aube
2008

5
평범한 연인들
Regular Lovers
Les amants réguliers
2005

6
와일드 이노선스
Wild Innocence
Sauvage innocence
2001

7
밤에 부는 바람
Night Wind
Le vent de la nuit
1999

8
유령의 마음
The Phantom Heart
Le coeur fantôme
1996

9
사랑의 탄생
The Birth of Love
La naissance de l'amour
1993

10
더 이상 기타 소리를 들을 수 없어
I Can No Longer Hear the Guitar
J'entends plus la guitare
1991

11
구원의 키스
The Relief from Kiss
Les baisers de secours
1989

12
우리 시대의 예술가들
Les ministères de l'art
1988

13
그녀는 조명등 아래서 그토록 많은 시간을 보냈다…
She Spent So Many Hours under the Sun Lamps…
Elle a passé tant d'heures sous les sunlights…
1985

14
밤에는 자유
Freedom the Night
Liberte, la nuit
1984

15
퐁텐느 거리 (파리 20년 후…)
Rue Fontaine (Paris seen by… 20 years later)
Rue Fontaine (Paris vu par... 20 ans après)
1984

16
비밀의 아이
L'enfant secret
1979

필립 가렐, 찬란한 절망
필립 가렐 회고전

2015년 11월 25일
– 2016년 2월 28일

주최
국립현대미술관

후원
2015–2016 한-불상호교류의 해
KEB하나은행
주한프랑스문화원
유니프랑스

협력
파리한국영화제

국립현대미술관 서울관
03062 서울시 종로구
삼청로 30(소격동)
전화 02-3701-9500
www.mmca.go.kr

국립현대미술관
National Museum of
Modern and Contemporary Art, Korea

전시
국립현대미술관 서울관
전시실 7, 미디어랩

전시기획 및 진행
김은희, 박덕선

전시 디자인
이민희

전시조성
윤해리

전시운영
정재임, 홍진성, 이길재

전시홍보
정윤정, 이재옥, 이기석, 이정민

교육
정혜인, 조혜리

고객지원
이준호, 박유성, 홍지혜

전시 35mm 프로젝션
유원규, 김대선

사진
전병철, 정재혁

회고전
국립현대미술관 서울관
MMCA필름앤비디오

프로그램 기획
김은희

회고전 기술운영
유원규

디지털복원 관련 자문
기록문화보관소(박민철),
Re:Voir (핍 초도로프, 디아나
비드라스쿠)

35mm 필름 디지털복원
Re:Voir, Film Factory, DIGIMAGE,
YMAGIS, Metropolis, Rich Cutler,
Mistral Artist Management

도움주신 분들
기록문화보관소, 김민주,
김진유, 김현정, 김혜신, 더쿱,
디아나 비드라스쿠, 멀티텍,
미레이유 페리에, 박민철, 박사라,
소금과 레몬, 스튜디오대풍,
시네마테크 프랑세즈, 시네서브자람,
전선영, 엄윤주, 이강옥, 이도현,
이유리, 임나무, 영화사 찬란,
와일드번치, 올파 벤 살라,
유동석, 유동현, 프로파간다,
핍 초도로프, 클로딘 코프만,
허은, 힐긋(선보성, 이창석)

후원

2015–2016 한-불 상호교류의 해 공식인증사업: www.anneefrancecoree.com

프랑스 FRANCE
CORÉE 한국
2015 2016

외교부
Ministry of Foreign Affairs

INSTITUT
FRANÇAIS

문화체육관광부
Ministry of Culture, Sports and Tourism

해외문화홍보원
Korean Culture and Information Service

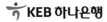
KEB 하나은행   uniFrance films

협력

FESTIVAL
DU FILM CORÉEN
À PARIS

필립 가렐은 1948년에 태어났으며 16살 되던 해에
그의 정직한 자화상이라 할 수 있는 첫 작품 〈어울리지
못하는 아이들〉(1964)을 발표하면서 영화의 신동이라
칭송받았다. 그는 1960년대부터 1970년대 후반까지
궁핍한 환경에서 독특한 실험적인 작품들을 주로
만들었다. 이 시절 그의 삶과 영화에 중요한 영향을
끼친 니코(독일 출신의 가수이자 배우)가 출연한 7편의
영화를 만들었다. 그의 영화는 장 비고 상(Prix Jean
Vigo)을 받은 〈비밀의 아이〉(1979)부터 실험과 서사가
공존하기 시작하며, 파편화된 사랑의 기억이 교차하는
자전적 영화 〈그녀는 조명등 아래서 그토록 많은
시간을 보냈다…〉(1985) 이후부터는 고전적 서사의
형식 안에서 추상적 사실주의의 새로운 형태를
발전시켜나간다. 그의 아들 루이를 주인공으로
68혁명의 내부에 자리한 청춘의 고뇌를 기록한
〈평범한 연인들〉(2004), 무의식 속에 자리한 차가운
상처의 블랙홀을 지나 결국은 거울 속 환영과 마주하게
되는 시적 공포감을 안겨주는 〈새벽의 경계〉(2008),
그리고 불완전한 사랑의 내부에 자리한 공허감을
전달해주는 〈질투〉(2013) 등을 완성한다. 남녀관계의
아이러니를 유머러스하게 보여주는 신작 〈인 더 섀도우
오브 우먼〉(2015)은 변화해가는 가렐 영화의 또 다른
시작을 예고하는지도 모른다.

필립 가렐, 찬란한 절망

기획
MMCA필름앤비디오

글
김은희
김장언
니콜 브르네즈
니콜라스 엘리엇
도미니크 파이니
루 카스텔
마르크 콜로덴코
시릴 베긴
신은실
유운성
자키 레이날
장뤼크 고다르
클로틸드 쿠로
필립 가렐
필립 아주리
핍 초도로프

번역
니콜라스 엘리엇
배유선
백한나
사무엘 자미에(Samuel Jamier)
서미혜
송태미
신은실
유동석
자키 레이날
조경실
최다예
최미경
최윤선
피어스 콘란(Pierce Conran)
핍 초도로프

첫 번째 찍은 날
2016년 4월 30일

펴낸이
김수기

펴낸곳
현실문화연구

편집
김은희, 박덕선

디자인
프랙티스

코디네이터
현오아, 윤나경

마케팅
최새롬

제작
이명혜

등록번호
제25100-2015-000091호

등록일자
1999년 4월 23일

현실문화연구
서울시 은평구 통일로 684
서울혁신파크 1동 403호
전화 02-393-1125
팩스 02-393-1128
전자우편 hyunsilbook@daum.net

이 책은 국립현대미술관 서울관에서
2015년 11월 25일부터 2016년 2월
28일까지 개최된 전시 《필립 가렐, 찬란한
절망》(전시실7, 미디어랩), MMCA
필름앤비디오 상영프로그램 《필립 가렐
회고전》과 더불어 출간되었습니다.

ISBN 978-89-6564-184-1 (03680)
가격은 뒤 표지에 있습니다.